安徽商貿職業技術學院年鉴

2019

安徽商贸职业技术学院年鉴（2019）编辑部　主编

安徽师范大学出版社

·芜湖·

图书在版编目(CIP)数据

安徽商贸职业技术学院年鉴．2019 / 安徽商贸职业技术学院年鉴(2019)编辑部主编．— 芜湖:安徽师范大学出版社,2021.6

ISBN 978-7-5676-5120-3

Ⅰ．①安… Ⅱ．①安… Ⅲ．①安徽商贸职业技术学院 - 2019 - 年鉴 Ⅳ．①F-40

中国版本图书馆CIP数据核字(2021)第089961号

ANHUI SHANGMAO ZHIYE JISHU XUEYUAN NIANJIAN (2019)

安徽商贸职业技术学院年鉴(2019)

安徽商贸职业技术学院年鉴(2019)编辑部◎主编

责任编辑:王　贤　　　　责任校对:吴　琼
装帧设计:刘方义　　　　责任印制:桑国磊
出版发行:安徽师范大学出版社
芜湖市北京东路1号安徽师范大学赭山校区
网　　址:http://www.ahnupress.com/
发 行 部:0553-3883578　5910327　5910310(传真)
印　　刷:江苏凤凰数码印务有限公司
版　　次:2021年6月第1版
印　　次:2021年6月第1次印刷
规　　格:787 mm × 1092 mm　1/16
印　　张:10.75　　　　插　　页:6
字　　数:340千字
书　　号:ISBN 978-7-5676-5120-3
定　　价:128.00元

教育部 财政部关于公布中国特色高水平高职学校和专业建设计划建设单位名单的通知

教职成函〔2019〕14号

各省、自治区、直辖市教育厅(教委)、财政厅,各计划单列市教育局、财政局,新疆生产建设兵团教育局、财政局:

根据《教育部 财政部关于实施中国特色高水平高职学校和专业建设计划的意见》(教职成〔2019〕5号)和《中国特色高水平高职学校和专业建设计划项目遴选管理办法(试行)》(教职成〔2019〕8号),经高职学校自愿申报,省级教育行政部门、财政部门审核推荐,中国特色高水平高职学校和专业建设计划(简称“双高计划”)项目建设咨询专家委员会评审,教育部、财政部审定并公示,现对“双高计划”第一轮建设单位名单予以公布。

各地要将“双高计划”作为落实《国家职业教育改革实施方案》的“先手棋”,优化改革发展环境,加强政策支持和经费保障,动员各方力量支持项目建设。项目学校要按照备案的建设方案和任务书实施建设,教育部、财政部将适时开展项目绩效评价,评价结果作为下一周期遴选的重要依据。

中国特色高水平高职学校和专业建设计划建设单位名单

(同一档次内按国务院省级行政区划顺序及校名拼音排序)

高水平专业群建设单位(A档)

学校名称	专业群名称
北京农业职业学院	园艺技术
北京信息职业技术学院	信息安全与管理
天津电子信息职业技术学院	软件技术
天津现代职业技术学院	无人机应用技术
邢台职业技术学院	汽车检测与维修技术
山西工程职业学校	黑色冶金技术
辽宁农业职业技术学院	园艺技术
长春职业技术学院	计算机网络技术
黑龙江农业经济职业学院	作物生产技术
黑龙江建筑职业技术学院	市政工程技术
江苏建筑职业技术学院	建筑装饰工程技术
浙江建筑职业技术学院	工程造价
安徽机电职业技术学院	工业机器人技术
安徽商贸职业技术学院	电子商务
福建信息职业技术学院	物联网应用技术
江西应用技术职业学院	国土资源调查与管理
山东科技职业技术学院	服装设计与工艺

▲我校成功入选中国特色高水平专业建设单位(A档)

教育部司局函件

教职成司函〔2019〕100号

关于公布2019年第二批职业教育专业教学资源库立项建设项目名单的通知

各省、自治区、直辖市教育厅（教委），新疆生产建设兵团教育局：

为深入贯彻落实《国家职业教育改革实施方案》，根据《教育部办公厅关于做好职业教育专业教学资源库2019年度相关工作的通知》（教职成厅函〔2019〕11号，简称《通知》），通过职业院校自愿申报，省级教育行政部门审核推荐，教育部专家评审，经研究，同意将专家认为基本具备立项条件的76个新申报项目和8个升级改进项目予以立项（名单详见附件）。

2019年第二批立项建设资源库项目名单

编号	名称	主持单位
2019-65	文秘	浙江金融职业学院 安徽商贸职业技术学院 河南经贸职业学院

▲我校主持国家级职业教育专业教学资源库项目实现“零”的突破

▲中国共产党安徽商贸职业技术学院第四次代表大会隆重召开

▲我校教师荣获2019年全国职业院校技能大赛教学能力比赛团体二等奖

▲我校成功举办2019“一带一路”人才培养论坛

▲我校成功举办国外学生来华短期文化交流活动

▲我校代表队荣获2019年全国大学生数学建模竞赛(安徽赛区)一等奖

▲我校代表队荣获2019年全国职业院校技能大赛高职组计算机网络应用赛项一等奖

▲ 我校代表队荣获2019年全国职业院校技能大赛高职组物联网技术应用赛项一等奖

▲ 我校第五次夺得全国职业院校技能大赛高职组会计技能赛项一等奖

《安徽商贸职业技术学院年鉴(2019)》编纂工作委员会

主　　任:章顺来　李　忠

副 主 任:朱光应　郑承志　王　炜

委　　员(以姓氏笔画为序):

丁　婷　丁增稳　卜天然　马　创　王珠强　王锦坤　吕立新　朱文杰
朱吉玉　刘　宝　刘知国　关进国　汤　飏　阮进军　孙握瑜　孙颖荪
杨　欣　杨卫宏　杨克玉　吴　昊　吴松飞　汪　伟　汪正法　汪圣佑
张　强　季学芳　周震宇　郑　伟　郑晓明　胡传山　胡增芳　俞木传
秦宗槐　夏名首　徐　翔　徐明友　高道友　黄义兵　韩　飏　韩成勇
鲁　楠　鲁学生　疏　靖　翟建华　魏　力　魏　强　魏建和

《安徽商贸职业技术学院年鉴(2019)》编辑部

编辑部主任:刘　宝　张　强

编辑部副主任:朱文杰　陶绍兴　赵海东　汤太祥

成　　员(以姓氏笔画为序):

于晓霞　刘玉林　刘启佳　江　芳　杨　兵　杨　钺　杨　楠
陈　辉　夏　莹　詹海朋

编辑说明

《安徽商贸职业技术学院年鉴(2019)》收录了2019年1月1日至12月31日期间学校的重大活动、事件和各系部、各处室的主要工作情况,反映了2019年安徽商贸职业技术学院在人才培养、专业建设、校企合作、科学研究、社会服务等方面的发展进程与最新成就。

2019年是贯彻落实全国教育大会和学校第四次党代会精神的开局之年,是实施学校“十三五”规划的关键之年,更是争创国家“特高校和特高专业”的起步之年。在这一年中,全校上下以习近平新时代中国特色社会主义思想为指导,深入学习贯彻党的十九大精神和全国教育大会精神,贯彻落实省委教育工委、省教育厅决策部署和学校第四次党代会精神,坚持以教育现代化八大基本理念统领发展全局,按照围绕中心、强化内涵、注重变革、强优补短的思路,落实立德树人根本任务,以创建“特高校和特高专业”、建设地方技能型高水平大学为中心任务,以深化综合改革为动力,以校企合作、产教融合为主线,大力推进实施五大发展战略,全面推进学校高质量发展。本着“以史为鉴、深化内涵、改革创新、锐意进取”的目的,我们开始了年鉴的编纂工作,对2019年学校在人才培养、专业建设、校企合作、科学研究、社会服务等方面的工作和取得的成绩进行总结、回顾和介绍,同时也为学校今后发展规划、决议决策、管理运行提供依据,为学校各系部、各处室交流信息与经验提供了新的平台,更是作为宣传学校的重要窗口,为广大热心关注学校发展的社会各界人士奉送的珍贵资料。

为了做好年鉴编纂工作,学校成立了由校党委书记章顺来,党委副书记、校长李忠为主任,党委副书记、纪委书记朱光应,党委委员、副校长郑承志和党委委员、总会计师王炜为副主任的编委会,并组织人员成立了编辑部,具体负责年鉴的编纂工作。在年鉴的编纂过程中,学校领导及时给予了指导,各系部、各处室也给予了大力支持,在此谨表衷心感谢!

目　录

一、学校基本情况

(一)学校概况

【概　况】 安徽商贸职业技术学院是2000年经安徽省人民政府批准、教育部备案，由安徽省商业学校和安徽商业职工大学合并建立的公办全日制专科层次的高等职业院校，隶属于安徽省教育厅。学校是国家优秀骨干高职院校、首批安徽省示范性高等职业院校，是安徽省首批地方技能型高水平大学立项建设单位，是省内唯一一所被列入安徽省高校综合改革首批试点的高职院校。同时，学校还是教育部职业院校教育类专业教学指导委员会副主任委员单位、全国商业高职教育研究会副会长单位、全国财经职业教育集团常务理事单位，安徽省财经商贸职业教育集团理事长单位、安徽省商业经济学会副会长单位、安徽省商科高职院校与企业合作教育联盟首轮轮值主席单位。

学校坐落在具有“长江巨埠、皖之中坚”美誉的国家级开放城市——芜湖，至今已有116年的办学历史，前身是1903年创办于湖南长沙的安徽旅湘公学。1904年，安徽旅湘公学迁回芜湖，更名为安徽公学，李光炯与邓绳候先后担任监督，礼聘刘师培、陈仲甫(即陈独秀)、柏文蔚、陶成章、苏曼殊、谢无量、周震鳞、江彤侯等知名人士来校任教和讲学。多年来，学校始终秉承“厚德弘商 笃学砺能”校训，不断发扬“创新超越 诚信图强”的安徽商贸精神，励精图治，改革创新，办学水平与人才培养质量不断提高，百年老校焕发出新的生机与活力。

学校占地面积44.92万平方米，校舍建筑面积23.02万平方米，图书馆藏书60.06万册，办学条件优良，基础设施完善，达到省内同类院校一流水平。学校现有全日制在校生12120人，在职教职工524人。专职教师中具有教授、副教授职称113人，“双师”素质专业教师占专业课教师总数90%以上，拥有省级教学团队12个、省级专业带头人13人、获省部级表彰优秀教师17人次。获得国家级教学成果二等奖1项，省级教学成果奖102项；先后承担省部级教科研课题100余项，主持建设国家级专业教学资源库项目1项，国家教学资源库课程7门。教职工在省级以上刊物公开发表论文2000多篇；出版教材、专著600余部，其中国家级精品教材1种，国家“十一五”规划教材9种，“十二五”规划教材16种，“十三五”规划教材12种，安徽省“十二五”规划教材21种，获批安徽省“十三五”规划教材建设、高水平教材建设项目23项。《安徽商贸职业技术学院学报(社会科学版)》两次荣获全国优秀社科期刊和全国高职院校优秀学报，并入选“武汉大学中国科学评价研究中心(RCCSE)核心学术期刊”。

学校目前设有经济贸易系、工商管理系、会计系、财务金融系、电子信息工程系、艺术设计系、人文外语系、体育教学部和思想政治理论课教学部等9个教学系部，共36个专业。其中，有7个国家级重点建设专业，21个省级特色专业，市场营销专业为国家级教学改革试点专业，物流管理、市场营销、计算机信息管理、动画设计为国家骨干高职院校重点建设专业，会计电算化、连锁经营管理为中央财政支持提升专业服务产业发展能力建设项目专业。拥有省级精品开放课程84个，其中省级精品视频公开课2门，省级精品资源共享课程9门，省级大规模在线开放课程(MOOC)示范项目66项。

学校积极创新工学结合人才培养模式，着力培养现代服务业高素质技术技能人才。在成立校企合作理事会的基础上，学校牵头组建了安徽省财经商贸职业教育集团，与成员单位和知名企业深化合作，形成了学校与行业、专业与企业、学校指导老师与企业指导教师"三层次双元"校企合作长效机制，催生了以"迪科金服学院""松鼠新商业学院""金陵酒店管理学院""账道会计班""顺丰班""三站两室一坊"等为代表的校企深度融合的优秀实例，走出了一条具有引领和示范效应的产教融合、校企合作办学之路。学校目前建有设备先进、配套齐全的校内实训基地106个，其中物流管理实训基地为中央财政重点支持的国家高职高专实训基地，计算机应用实训中心、现代物流管理实训中心、会计实训中心、安徽商贸-上海晓庄校园实训基地为省级示范实验实训中心，多媒体设计与制作(动画方向)为省级校企合作人才培养模式创新试验区；建有三只松鼠股份有限公司、安徽新中天会计师事务所等校企合作紧密的校外实训基地167个，形成了融教学、培训、教科研、技能鉴定与技术开发和服务于一体的校内外实习实训体系。

学校强化高素质技能培养，强调"非商融商"，培养具有我校特色的复合型技术技能人才。近年来学生共获全国职业院校技能大赛全国职业院校技能大赛一等奖19项、二等奖26项、三等奖19项，2017年国赛总得奖数量以及一等奖获得数量均进入全国前10名。2018年获全国数学建模大赛"Matlab创新奖"，为安徽省高校历史最好成绩。

学校坚持完善德技并修的育人体制，办学模式和人才培养模式得到同行的认可和社会的好评，毕业生深受用人单位欢迎，毕业生就业率一直保持在98%以上，系全国普通高等学校毕业生就业工作先进集体，连续三年被评为安徽省普通高等院校毕业就业工作先进集体，连续六年被评为安徽省普通高等院校毕业生就业工作标兵单位。近年来，学校先后入选全国毕业生就业50强、全国职业院校实习管理50强、教育部"现代学徒制"试点单位、安徽省大学生创新创业教育改革示范校。

学校实施多元开放，近年来不断加强与美国、英国、加拿大、爱尔兰、马来西亚、泰国、菲律宾、韩国、新西兰、德国、澳大利亚等国家多所高校和教育机构的交流与合作。自2014年学校开展中英合作教育项目以来，现有毕业生25人，在读学生67人。该项目毕业生均获得英国高等教育第五等级毕业证书。近年来，我校参加马来西亚北方大学、英国博尔顿大学、泰国职教集团等国外高校、教育机构交流活动的学生共计30人。我校教职员工赴境外访问、培训、交流累计114人次，接待境外来访人员100余人次。

时光流转，岁月更迭，新时代经济社会发展赋予百年商校新使命。站在新时代的历史新起点上，全体商贸人将以习近平新时代中国特色社会主义思想为指导，全面贯彻落实党的十九大和全国教育大会精神，围绕"国家特色高水平高职学校"建设目标，坚持"质量立校、人才强校、开放活校、文化兴校、特色亮校"五大战略，努力实现学校各项事业发展的新突破和新提升，为高教强省和五大发展美好安徽做出更大贡献！

（二）基础数据统计

【学生情况】 学校共有各类在籍学生12120人。

【教职工情况】 学校现有教职工524人，其中正高职称17人、副高职称96人，拥有博士学位4人，硕士学位343人，专任教师386人(含行政兼课)。

【办学条件】 学校占地面积449200平方米，产权建筑面积230252平方米，其中教学及辅助用房106942平方米、行政办公用房6846平方米、生活用房116464平方米，拥有教学用计算机4800台、图书96.73万册，教科研仪器设备总值8972.59万元，拥有固定资产总值52242.43万元。

（供稿单位：学生工作处、组织人事处、科研处、办公室）

二、机构与人员

（一）学校党政领导

党委书记　章顺来　全面主持党委工作。主管组织人事处、宣传统战部。联系经济贸易系、财务金融系。

党委副书记、院长　李　忠　全面主持行政工作。主管办公室、监察审计处、信息管理中心，协管组织人事处（人事工作）。联系会计系、思想政治理论课教学部。

党委副书记、纪委书记　朱光应　协助党委书记负责学校日常党务工作。分管纪律检查委员会、学生工作部（处）、招生就业处、工会、团委、党总支（直属党支部）、关工委。联系工商管理系、人文外语系。

党委委员、副院长　郑承志　分管教务处、实验实训中心（校企合作处）、教学督导室、科研处、学报编辑部、教学系（部）。联系电子信息工程系。

党委委员、总会计师　王　炜　分管财务处、后勤管理处、图书馆、继续教育学院、国有资产管理办公室、校医院。联系艺术设计系、体育教学部。

（供稿单位：办公室）

（二）中共安徽商贸职业技术学院第四届党委委员名单

书　记：章顺来
副书记：李　忠　朱光应
委　员：郑承志　王　炜　汤　飚　高道友　郑　伟　汪正法

（三）中共安徽商贸职业技术学院第四届纪委委员名单

纪委书记：朱光应
纪委副书记：吴松飞
委　员：魏　力　夏名首　王锦坤

（供稿单位：组织人事处）

（四）处、室设置及负责人名单

处、室设置及负责人名单

序　号	机构名称	负责人	职　务
1	办公室	刘　宝	办公室主任
2	组织人事处	高道友	党委委员、组织人事处处长
3	纪委办公室（与监察审计处合署办公）	吴松飞	纪委副书记兼任监察审计处处长
4	宣传统战部	汤　飚	党委委员、宣传统战部部长
5	教务处	汪　伟	教务处处长
6	实验实训中心（校企合作处）	汪伟（兼）	实验实训中心主任（校企合作处处长）
7	教学督导室	俞木传	教学督导室主任
8	科研处	翟建华	科研处处长
9	学生工作处（部）	郑　伟	党委委员、学生工作处处长
10	招生就业处	张　强	招生就业处处长
11	财务处	杨　欣	财务处处长
12	工　会	杨克玉	工会主席
13	团　委	孙握瑜	团委副书记
14	后勤管理处	汪正法	党委委员、后勤管理处处长
15	保卫处	徐明友	保卫处副处长
16	图书馆	季学芳	图书馆馆长
17	继续教育学院	马　创	继续教育学院院长
18	学报编辑部	翟建华（兼）	学报编辑部主任
19	校医院	朱　琳	校医院副院长
20	信息管理中心	韩成勇	信息管理中心主任
21	国有资产管理办公室	胡传山	国有资产管理办公室主任

（五）系、部设置及负责人名单

系、部设置及负责人名单

序　号	机构名称	负责人	职　务
1	经济贸易系	夏名首	经济贸易系主任
2	工商管理系	孙颖荪	工商管理系副主任
3	会计系	王珠强	会计系主任
4	财务金融系	胡增芳	财务金融系主任
5	电子信息工程系	阮进军	电子信息工程系主任
6	艺术设计系	吴　昊	艺术设计系副主任
7	人文外语系	王锦坤	人文外语系主任

续　表

序　号	机构名称	负责人	职　务
8	体育教学部	魏建和	体育教学部主任
9	思想政治理论课教学部	杨卫宏	思想政治理论课教学部副主任

（六）党总支、直属党支部设置及书记名单

党总支、直属党支部设置及书记名单

序　号	机构名称	姓　名	职　务
1	经济贸易系党总支	秦宗槐	总支书记
2	工商管理系党总支	韩　飚	总支书记
3	会计系党总支	丁增稳	总支书记
4	财务金融系党总支	徐　翔	总支书记
5	电子信息工程系党总支	胡传山(兼)	总支书记
6	艺术设计系党总支	魏　力	总支书记
7	人文外语系党总支	朱吉玉	总支书记
8	体育教学部党支部	周震宇	支部书记
9	思想政治理论课教学部党支部	杨卫宏	支部书记
10	行政第一党支部	郑晓明	支部书记
11	行政第二党支部	俞木传	支部书记
12	行政第三党支部	郑　伟	支部书记
13	行政第四党支部	季学芳	支部书记
14	离退休党支部	黄家珍	支部书记

三、重要文件与领导重要讲话

安徽商贸职业技术学院2019年党政工作要点

院党字〔2019〕1号　2019年3月18日

2019年学校工作的总体要求是：以习近平新时代中国特色社会主义思想为指导，深入学习贯彻党的十九大精神和全国教育大会精神，贯彻落实省委教育工委、省教育厅决策部署和学校第四次党代会精神，按照围绕中心、强化内涵、深化改革、强优补短的思路，建设地方技能型高水平大学、创建"特高校和特高专业(群)"，全面推进学校高质量发展，以优异成绩庆祝中华人民共和国成立70周年。

一、立足新时代，把握新要求，高质量推进党建和思想政治工作

1. 深入开展理论学习。学习贯彻习近平新时代中国特色社会主义思想和全国教育大会精神。按照上级部门统一部署，扎实开展"不忘初心、牢记使命"主题教育。学习贯彻《国家职业教育改革实施方案》《安徽省技能型高水平大学建设标准》《安徽省特色高水平高职专业建设标准》等制度文件。

2. 推动全面从严治党向纵深发展。贯彻落实十九届中央纪委三次全会精神，夯实全面从严治党主体责任和监督责任，开展"严规矩、强监督、转作风"专项行动，集中整治形式主义官僚主义。积极践行监督执纪"四种形态"，进一步深化"三转"，强化监督执纪问责。加强党风廉政教育，扎实推进廉政文化进校园，营造风清气正的干事创业氛围。

3. 加强思想政治工作。贯彻全国、全省高校思想政治工作会议精神，落实党委意识形态工作责任制，深入实施学校思想政治工作质量提升工程。落实"三全育人"方案的具体措施，完善育人的政策和制度导向，充分挖掘教学、科研、管理、服务等各方面的育人元素。积极创新工作方式方法，初步搭建"易班"大学生思想政治教育网络互动平台。贯彻落实高校共青团改革实施方案，巩固和创新基层团组织建设。

4. 加强基层党建工作。以"教育系统党建质量年"为抓手，继续推动基层党组织建设质量提升行动，认真开展基层党组织书记述职评议考核工作，推动基层党组织2019年全部达到标准化要求。设立党建工作理论研究专项课题，鼓励基层党务工作者开展党务理论和实践探索。深入开展"双创"工作，培育基层党建工作典型。实施"对标争先"计划和"双带头人"培养工程，全力做好"双带头人"的保障工作。

5. 加强干部队伍建设。选优配强中层干部，加强干部队伍的教育培训，进一步提高干部队伍的思想政治素质、政策理论水平和工作能力，实现干部培训全覆盖。完善年度考核办法，加强效能建设，强化日常监督。坚持领导干部个人有关事项报告制度，着力打造忠诚干净担当的高素质干部队伍。

二、加强内涵建设，进一步提升人才培养质量

6. 对标创建国家"特高校和特高专业(群)"。对照"一方案""两标准"和国家"特高计划"遴选条件，积极补缺补差，实施强优补短，提升专业内涵建设水平。构建招生、培养、就业联动机制，出台专业动态调整办法，加大专业群的整合力度，优化专业布局，完善国家级、省级和校级重点专业体系。启动实施8大专业群建设计划，建设3个左右国家级骨干专业（群）。

7. 提升校企合作的广度、深度和高度。根据人才培养需要，主动与行业内有影响力的企业开展合作，每个专业至少与1家企业开展深度合作。加强调查研究，切实了解行业、企业对技术技能型人才的真实需求，认真修订人才培养方案，促进“教育链—人才链—产业链”有机衔接。建设3个左右具有辐射引领作用的国家高水平专业化产教融合实训基地，促进产教融合校企“双元”育人。充分发挥安徽省财经商贸职业教育集团作用，推进集团化办学。

8. 完善内部质量保证体系建设。以目标链、标准链为抓手，完善学校内部质量保证体系。在学校、专业、课程、教师、学生不同层面建立起完整且相对独立的自我质量保证机制，完善质量标准体系。提升教育教学管理信息化水平，通过省教育厅的“内部质量保证体系制度建设”抽样复核。

9. 深化教育教学改革。整合校内外资源，积极争取开展本科层次职业教育试点工作。进一步深化教学改革，引导教师通过学习指导、心理辅导、组织兴趣小组等方式关爱学生、服务学生。对接最新职业标准和岗位实际工作过程，优化课程内容。充分利用现代信息化技术，改革教学方法。加强教学督导。启动“1+X”证书制度试点准备工作。促进创新创业教育与专业教育紧密结合，提升大学生创新创业品质。

10. 进一步强化学生职业能力和综合素质培养。做好全国职业院校技能大赛、全国职业院校教师教学能力大赛、“互联网+”大学生创新创业大赛等“三大赛事”以及其他各级各类职业技能大赛的组织与训练工作，强化激励措施，力争标志性赛项成绩有新突破。实施“第二课堂成绩单”制度，推动工作的规范化、课程化。成立大学生美育中心，整合美育师资，加强公共美育教育。开展春之声、“一系一品牌”等一系列文化育人活动，以品牌活动提升学生综合素养。积极开展“职业教育活动周”活动，扩大我校职业教育的社会影响力。

11. 提升学生管理与服务水平。不断完善学生评价体系，扎实推进大学生综合素质标准实施工作。探索大学生事务中心一站式管理路径，加强与学校大数据平台对接，“多从系统作分析，少向部门要数据”。成立大学生心理素质发展中心，高质量开展心理咨询活动。完善奖、贷、助、补、减等资助体系，努力解决大学生的实际困难。

12. 加大招生就业工作力度。进一步增强全员参与意识，调动全校一切力量支持学校招生工作。大力拓展生源地，创新招生宣传方式，注重实际效果。加强就业指导与服务，推行以学校为主导、系部为主体、分级负责、层层落实的就业工作机制。

13. 推进国际交流与合作。积极主动服务“一带一路”，拓展现有的中外合作关系，扩大合作办学项目，推进马来西亚语言文化交流中心和海外师资培训基地建设，提升合作办学质量。积极争取招收国（境）外留学生，开展来华留学生教育。

三、加大人才引育力度，强化师资队伍和管理队伍建设

14. 推进人才强校工作。落实学校《高层次人才引进实施办法》《柔性引进人才管理办法》，加大高层次技术技能型人才引进力度，继续鼓励教师提升学历层次。进一步实施“师企对接”，加强兼职教师队伍建设，强化“双师型”教师培养培训，不断提升实践教学能力。建设2—3个高水平教师创新团队。

15. 深化人事制度改革。坚持以质量和贡献为导向，突出育人成效，修订完善职称评聘、评先评优等管理办法，形成奖勤激优、全员育人的良好氛围。

16. 关注教师发展与成长。加强“教师发展中心”建设，分方向、定选题、深拓展，面向学校不同职业生涯阶段的教师开展有针对性的培训活动。制定教师培训学时认证机制，将教师培训认证与各类考核精准挂钩，为教师创造更多的学习交流机会。开展形式多样、内容丰富的文娱健身活动，关心教职员工的身心健康。

四、持续激发科研创新活力，着力提升科学研究与社会服务能力

17. 提高科研工作管理水平。启动专业技术人员聘期科研考核制度，调整管理方式和激励措施，激发各系、部加大职业培训和科技研发的积极性。实施“科研创新团队建设工程”，加大高层次科研成果奖励力度，重点扶持高水平项目研究，力争获得高水平项目立项。进一步拓展学术交流与合作的领域和渠道，邀请知名专家来校开展学术讲座。依托安徽省高校“协同创新联盟”制度创新和治理创新合作委员会，积极参与安徽省高校协同创新活动。

18. 提升社会服务能力。加速技术成果推广与转化，加大社会服务项目奖励力度。加强与政府、行业、企业的联系和合作，积极为政府或有关部门提交研究与咨政报告，开展现代服务业等应用研究，力争完成应用研究课题和社会服务项目100项以上，专利成果30项以上，力争实现社会服务到账额有较大提升。按照育训结合、长短结合、内外结合的要求，大力开展职业培训，进一步提高继续教育水平。做好精准扶贫工作，巩固潜山市龙潭乡漆铺村脱贫成果，提升脱贫质量；继续做好安徽金寨职业学校的对口支教工作；加强与黄山职业技术学院结对帮扶。

五、完善内部治理结构，提高办学治校水平

19. 完善内部治理结构。进一步贯彻落实学校《章程》，切实提高制度的执行力。推进上规模的系实施二级管理，增强系部办学活力。加强内控工作，推动审计全覆盖。发挥工会、教代会在学校改革发展中的重要作用。

20. 提高管理效能。全面推行“最多跑一次、一次就办成”的工作制度，优化办事流程。完善目标管理和绩效考核，让教师安心从教、热心从教、舒心从教。大兴调查研究之风，切实改进文风会风，大力减少会议文件。

21. 推进民主治校。做好统战、群团和老干部工作，成立安徽商贸职业技术学院共青团工作指导委员会。发挥民主党派和无党派人士、学生组织、关工委等在办学治校中的积极作用。保障学术委员会在教学、科研等学术事务中有效发挥作用。筹建校友会，设立爱心基金。

六、进一步加强后勤服务，提高综合保障能力

22. 提供优质保障服务。推进后勤现代化建设，进一步增强后勤保障、管理和服务功能。抓好综合实习实训中心大楼建设，做好校园现有基础设施的维修与提质改造工作。进一步加大“节能减排”工作力度，做好保洁、绿化、餐饮、卫生、医疗等服务保障工作。

23. 加强财务与资产管理工作。充分发挥预算对学校各项活动的服务保障作用，推进全面预算管理。逐步推进人员费用定额和分项费用定额管理制度。力争对全校所有部门预算和项目开展预算执行情况进行绩效评价。进一步提升招标组织和监管水平，规范国有资产管理行为，提高资产使用效率，完善经济合同管理，落实合同履约监管责任。

24. 加强智慧校园建设。推进综合数据平台和校园无线网建设，更新学生宿舍网络。建设校本数据中心库，推动信息资源共享共用。加强教学与学生管理等业务管理系统的建设与使用，推进信息技术与教育教学的深度融合。

25. 提升图书档案工作水平。开辟专业展厅，充分发挥图书馆、校史馆和档案馆的文化育人作用。加大文献资源的应用分析。做好《安徽商贸职业技术学院年鉴》编撰工作。组织承办好档案工作会议，提高档案工作精细化服务水平。

26. 持续推进文明校园创建工作。开展庆祝中华人民共和国成立70周年系列活动。加强绿色、生态、人文校园建设，创造“处处显文化、处处能育人”的文化环境。组织师德标兵评选活动。广泛开展教室文明、实训室文明、寝室文明、办公室文明、食堂文明的“五个文明”群众性精神文明创建活动。深入开展防范邪教、校园贷等教育工作，提升应急处理突发事件的能力，维护校园安全稳定。

安徽商贸职业技术学院发展党员工作实施细则

院党字〔2019〕28号　2019年3月29日

第一章　总　则

第一条　为进一步规范学院发展党员工作，保证新发展党员的质量，保持党的先进性和纯洁性，根据《中国共产党章程》《中国共产党发展党员工作细则》和党内有关规定，结合实际，制定本实施细则。

第二条　各级党组织应当把吸收具有马克思主义信仰、共产主义觉悟和中国特色社会主义信念，自觉践行社会主义核心价值观的先进分子入党，作为一项经常性重要工作，重点做好在教学、科研一线的优秀中青年教师和优秀大学生中发展党员工作。

第三条　发展党员工作应当贯彻党的基本理论、基本路线、基本纲领、基本经验、基本要求，按照"控制总量、优化结构、提高质量、发挥作用"的总要求，坚持党章规定的党员标准，始终把政治标准放在首位；坚持慎重发展、均衡发展，有领导、有计划地进行；坚持入党自愿原则和个别吸收原则，成熟一个，发展一个。禁止突击发展，反对关门主义。

第二章　入党积极分子的确定、培养、教育和考察

第四条　各级党组织应当通过宣传党的政治主张和开展深入细致的思想政治工作，提高党外群众对党的认识，从大学生入学、教职工入职抓起，坚持早教育、早发现、早培养，不断扩大入党积极分子队伍。

第五条　年满十八岁，在学校学习、工作的中国籍师生员工中的先进分子，承认党的纲领和章程，愿意参加党的一个组织并在其中积极工作、执行党的决议和按期交纳党费的，可以申请加入中国共产党。

入党申请人应当向工作、学习所在单位党支部提出入党申请。全日制在校学生不能向户籍所在地、居住地党支部递交入党申请书。

第六条　党支部收到入党申请书后，要对申请人的资格进行初步审查，及时登记在册，在一个月内派支部委员会成员或正式党员找其谈话，了解其基本情况。

第七条　在已提交申请书3—6个月的入党申请人中确定入党积极分子，应当采取党员推荐、群团组织推优等方式产生人选，由支部委员会研究决定，报上一级党组织审核，并将《入党积极分子登记备案表》报学院组织人事处备案。

确定学生团员为入党积极分子，要经所属团组织推荐；确定教职工为入党积极分子，要经所属工会推荐。

第八条　党支部应当指定一至两名正式党员作为入党积极分子的培养联系人，并填写《入党积极分子培养教育考察登记表》。培养联系人的主要任务是：

（一）向入党积极分子介绍党的基本知识；

（二）了解入党积极分子的政治觉悟、道德品质、现实表现和家庭情况等，做好培养教育工作，引导入党积极分子端正入党动机；

（三）及时向党支部汇报入党积极分子情况；

（四）向党支部提出能否将入党积极分子列为发展对象的意见。

第九条　院级党组织应当采取吸收入党积极分子听党课、参加党内活动，给他们分配一定的工作以及集中培训（集中培训时间一般不少于十个学时）等方法，对入党积极分子进行马克思列宁主义、毛泽东思想和中国特色社会主义理论体系教育，党的路线、方针、政策和党的基本知识教育，党的历史和优良传统、作风教育以及社会主义核心价值观教育，使他们懂得党的性质、纲领、宗旨、组织原则和纪律，懂得党员的义务和权利，帮助他们端正入党动机，确立为共产主义事业奋斗终生的信念。

第十条　入党积极分子至少每半年要向党支部递交一次书面思想汇报，内容主要包括：对党的理论、路线、方针、政策的认识，参加党组织活动的体会与收获，在学习、工作等方面取得的成绩，个人的思想状况和努力方向等。

第十一条　党支部每半年要对入党积极分

子进行一次全面考察，并及时将考察情况填入《入党积极分子培养教育考察登记表》。

第十二条 对因调动、升学或毕业等转出的入党积极分子，院级党组织应当及时将培养教育等有关材料转交接收单位党组织。对转入的院级党组织应当对有关材料进行认真审查，审查合格的，接续做好培养教育工作，重新填写《入党积极分子培养教育考察登记表》，原单位培养教育时间可连续计算。

第三章　发展对象的确定、考察和培训

第十三条 对经过一年以上培养教育和考察、基本具备党员条件的入党积极分子，在听取党小组、培养联系人、党员和群众意见的基础上，公示无异议，经支部委员会讨论同意，上一级党组织审核通过，报学院组织人事处备案后，可列为发展对象，备案需提交《发展对象登记备案表》。

对学生入党积极分子，征求意见座谈会参会人员一般为团组织负责人、辅导员、班主任、任课教师以及学生代表等；对教职工入党积极分子，参会人员应本着知情的原则确定。也可采取个别谈话的方式征求意见。

支部委员会应在适当范围内对发展对象人选的基本情况进行公示，公示时间为五个工作日。公示情况应记录在《发展对象人选公示情况登记表》内，并把该表作为发展党员的必备材料。对公示无异议的，经集体讨论认为合格的，或公示期间有异议，经党支部指定专人调查核实后，集体研究认为不影响发展的，及时提交支委会讨论。

第十四条 确定发展对象，要始终把政治标准放在首位，着重看发展对象是否具有坚定的理想信念和良好的道德品行，是否自觉为党的纲领而努力奋斗。

确定教职工为发展对象的，还要看是否坚持教书育人、管理育人、服务育人，在教学、科研、管理、服务等方面业绩是否突出，是否具有较好的群众基础。

确定学生发展对象，还要看是否在学习、工作和生活中积极向上，表现突出。要坚持把综合素质作为发展学生党员的重要考察内容，注重把学生的一贯表现和关键时刻表现、自我评价和群众评议、学习情况和社会实践情况相结合。综合表现应达到如下条件：二年级、三年级发展的，发展前一学年无不及格课程和违纪行为。一年级和毕业前一学期原则上不发展。

第十五条 各级党组织年初要召开发展党员工作专题会议，分析入党积极分子队伍现状，针对存在的问题进行整改落实；根据学院要求制定发展党员年度计划，并报组织人事处备案。未列入发展计划的，一般不予发展。

第十六条 发展对象应当有两名正式党员作入党介绍人。入党介绍人一般由培养联系人担任，也可由党组织另行指定。

受留党察看处分、尚未恢复党员权利的党员，不能担任入党介绍人。

入党介绍人的主要任务是：

（一）向发展对象解释党的纲领、章程，说明党员的条件、义务和权利；

（二）认真了解发展对象的入党动机、政治觉悟、道德品质、工作与学习经历、现实表现等情况，如实向党组织汇报；

（三）指导发展对象填写《中国共产党入党志愿书》，并认真填写自己的意见；

（四）负责向支部大会介绍发展对象的情况；

（五）发展对象批准为预备党员后，继续对其进行教育帮助。

第十七条 党组织必须对发展对象进行政治审查。

政治审查的主要内容是：对党的理论和路线、方针、政策的态度；政治历史和在重大政治斗争中的表现；遵纪守法和遵守社会公德情况；直系亲属和与本人关系密切的主要社会关系的政治情况。

政治审查的基本方法是：同本人谈话、查阅有关档案材料、找有关单位和人员了解情况以及必要的函调或外调。在听取本人介绍和查阅有关材料后，情况清楚的可不再函调或外调。

政治审查必须严肃认真、实事求是，注重本人的一贯表现。审查情况应当形成结论性材料。

凡是未经政治审查或政治审查不合格的，不能发展入党。

政治审查工作一般由党支部负责进行。

第十八条 学院组织人事处对发展对象进

行短期集中培训。培训时间一般不少于三天(或不少于二十四个学时)。培训时主要学习党章、《关于党内政治生活的若干准则》等文件和党的基本知识等内容。

未经培训的,除个别特殊情况外,不能发展入党。培训考核不合格的,不能发展入党。

第四章　预备党员的接收和审批

第十九条　接收预备党员应当严格按照党章规定的程序办理。

第二十条　支部委员会应当对发展对象人选进行严格综合审查,逐级上报至院党委预审,需向组织人事处提交《发展对象预审表》。

组织人事处对发展对象的条件、培养教育情况等进行审查。对担任学校中层领导干部的发展对象,还要听取学校纪检监察部门的意见。审查结果以书面形式通知党支部,并向审查合格的发展对象发放《中国共产党入党志愿书》。

第二十一条　经审查合格的发展对象要认真填写《中国共产党入党志愿书》,支部委员会要对发展对象填写的《中国共产党入党志愿书》和有关材料进行严格审查,经集体讨论认为合格后,再提交支部大会讨论。

审查的其他材料主要包括:优秀青年入党推荐表、入党积极分子培养教育考察登记表、思想汇报、群众座谈会记录、政审材料、公示情况登记表等。

召开讨论接收预备党员的支部大会,有表决权的到会人数必须超过应到会有表决权人数的半数。

第二十二条　支部大会讨论接收预备党员的主要程序是:

(一)发展对象汇报对党的认识、入党动机、本人履历、家庭和主要社会关系情况,以及需向党组织说明的问题;

(二)入党介绍人向大会介绍发展对象的有关情况,并对其能否入党表明意见;

(三)支委会向大会报告对发展对象的审查情况,包括群众座谈会意见、学习工作情况、日常表现、政审结论、公示结果等;

(四)与会党员对发展对象能否入党进行充分讨论;

(五)发展对象对大家所提意见表态;

(六)支部大会采取无记名投票的方式对发展对象能否入党进行表决,赞成人数超过应到会有表决权的正式党员的半数,才能通过接收预备党员的决议。因故不能到会的有表决权的正式党员,在支部大会召开前正式向党支部提出书面意见的,应当统计在票数内;

(七)通过支部大会决议。

支部大会讨论时,对发展对象分歧意见较大的应暂缓表决,提交上级党组织审议。支部大会讨论两个以上的发展对象入党时,必须逐个讨论和表决。

第二十三条　党支部应结合工作实际,探索和创新支部大会形式。发展对象可以采取图文演示的演讲式汇报,党员分散的党支部可以召开网络视频形式的支部大会,支部大会还可以邀请入党积极分子旁听接受教育,邀请上级党组织派人列席发展党员支部大会等,不断丰富支部大会的形式。

第二十四条　预备党员必须由党委审批,审批程序是:

(一)党支部应当及时将支部大会决议写入《中国共产党入党志愿书》,连同本人入党申请书、政治审查材料、培养教育考察材料等,一并报上级党委审批。

支部大会决议主要包括:会议的时间、地点和形式;发展对象的主要表现;应到会和实际到会有表决权的党员人数;表决结果;通过决议的日期;支部书记签名。

(二)上级党组织指派专人(总支书记、直属党支部书记或总支委员)同发展对象谈话并审查《中国共产党入党志愿书》和有关材料,作进一步的了解,并帮助发展对象提高对党的认识。谈话人应当将谈话情况和自己对发展对象能否入党的意见,如实填写在《中国共产党入党志愿书》上,并向党委汇报。

(三)党委审批预备党员,必须集体讨论和表决;党委会审批两个以上的发展对象入党时,应当逐个审议和表决。

党委主要审议发展对象是否具备党员条件、入党手续是否完备。发展对象符合党员条件、入党手续完备的,批准其为预备党员。党委审批意见写入《中国共产党入党志愿书》,注明预备期的起止时间。

系党总支不能审批党员,但应当对支部大

会通过接收的预备党员进行审查，审查意见写入《中国共产党入党志愿书》“总支部审查意见”栏后，报学院党委审批。

（四）对已批准为预备党员的同志，院党委应当以文件形式予以批准并通知报批的党总支和党支部，党支部应当及时通知本人并在党员大会上宣布。对未被批准入党的，应当通知党支部，并由党支部通知本人，做好思想工作。

（五）党委对党支部上报的接收预备党员的决议，应当在三个月内审批。如遇特殊情况可适当延长审批时间，但不得超过六个月。

追认党员按中央有关规定执行。

第五章 预备党员的教育、考察和转正

第二十五条 党支部要对上级党委批准的预备党员继续进行教育和考察。

第二十六条 预备党员必须面向党旗进行入党宣誓。入党宣誓仪式，一般由系党总支或党支部组织进行。

宣誓仪式一般程序是：奏《国际歌》；宣布参加宣誓的新党员名单；预备党员宣誓；预备党员代表发言（同时也可请老党员代表、入党积极分子代表发言）；党组织负责人讲话。

第二十七条 党支部应当通过党的组织生活、听取本人汇报、个别谈心、集中培训、实践锻炼等方式，对预备党员进行教育和考察。

预备党员至少每半年要主动向党支部书面汇报一次思想、学习、工作等方面情况。党支部至少每半年讨论一次预备党员的表现情况，发现问题及时同本人谈话，并将考察意见填入《中国共产党预备党员考察表》。

第二十八条 预备党员的预备期为一年。预备期从支部大会通过其为预备党员之日算起。

预备党员预备期满，党支部应当及时（一个月内）讨论其能否转为正式党员。认真履行党员义务、具备党员条件的，应当按期转为正式党员；需要继续考察和教育的，可以延长一次预备期，延长时间不能少于半年，最长不超过一年；不履行党员义务、不具备党员条件的，应当取消其预备党员资格。

预备党员违犯党纪，情节较轻，尚可保留预备党员资格的，应当对其进行批评教育或延长预备期；情节较重的，应当取消其预备党员资格。

预备党员转为正式党员、延长预备期或取消预备党员资格，应当经支部大会讨论通过和有审批权限的上级党委批准。

党支部不能提前讨论预备期未满的预备党员转正问题。

第二十九条 预备党员转正的程序是：

（一）本人在预备期满半月前提出书面转正申请；

（二）党支部提出初步转正意见。党支部在征求党内外师生意见、审查其预备期表现的基础上，提出能否转为正式党员的初步意见；

（三）转正公示。预备党员转正须在支部大会讨论表决之前进行公示，公示时间为五个工作日。对公示无异议的，或公示期间有异议，经党支部指定专人调查核实后集体研究不影响转正的，提交支部大会讨论；

（四）支部大会表决。讨论预备党员转正的支部大会，对会议形式、到会人数、赞成人数等要求与讨论接收预备党员的支部大会相同。

第三十条 党委对党支部上报的预备党员转正的决议，应当在三个月内审批。党委应当以文件形式予以批准并通知报批的党总支或党支部；党支部书记应当同本人谈话，并将审批结果在党员大会上宣布。

党员的党龄，从预备期满转为正式党员之日算起。

第三十一条 预备期未满的预备党员因工作、学习等原因转出学校的，各基层党组织要及时将对其培养教育和考察的情况以及材料，认真负责地介绍给接收预备党员的党组织。

对转入我院的预备党员，党总支和党支部要严格审查其入党材料，对符合党员条件的继续进行教育和培养。对无法认定的预备党员，经支部大会讨论通过，报学院组织人事处批准，不予承认。有关情况由学院组织人事处及时通报原单位党组织。

党支部对转入的预备党员，在其预备期满时，如认为有必要，可推迟讨论其转正问题，推迟时间不超过六个月。转为正式党员的，其转正时间自预备期满之日算起。

第三十二条 预备党员转正后，党支部应当及时将其《中国共产党入党志愿书》、入党申请书、政治审查材料、转正申请书、公示材料和培养教育考察材料等，交至组织人事处存入本人党员档案。

第六章　发展党员工作的领导和纪律

第三十三条　各级党组织应当把发展党员工作列入重要议事日程，纳入党建工作责任制，作为党建工作述职、评议、考核和党务公开的重要内容。

第三十四条　各级党组织每学期结束前要对本总支、支部发展党员工作情况进行一次自查，并向党委提交发展党员工作情况报告。学院党委每半年对各级党组织发展党员工作进行检查，并将检查结果作为年度考核和评先评优的重要依据。

第三十五条　各党组织要重视基层党务工作者队伍建设。重视党支部书记的选拔和配备，加强教育培训，为他们开展工作创造条件，充分发挥他们在发展党员工作中的作用。

第三十六条　各级党组织对发展党员工作中出现的违纪违规问题和不正之风，应当严肃查处。对不坚持标准、不履行程序、超过审批时限和培养考察失职、审查把关不严的党组织及其负责人、直接责任人应当进行批评教育，情节严重的给予纪律处分。典型案例应当及时通报，对违反规定吸收入党的，一律不予承认，并在支部大会上公布。

对采取弄虚作假或其他手段把不符合党员条件的人发展为党员，或为非党员出具党员身份证明的，应当依纪依法严肃处理。

第七章　附　则

第三十七条　本细则自颁布之日起施行，由组织人事处负责解释，之前有关规定凡与本细则不一致的，按本细则执行。

第三十八条　今后中央及上级党组织如有新的条例和办法，就按照上级党组织新办法执行。

中共安徽商贸职业技术学院委员会党委中心组学习管理办法(修订)

院党字〔2019〕82号　2019年12月17日

第一章　总　则

第一条　为进一步提高领导班子成员的政治理论水平,推进党委中心组学习制度化、规范化,推动理论武装工作深入开展,提高领导干部的理论水平和工作能力,加强领导班子思想政治建设,根据中办2017年印发《中国共产党党委(党组)理论学习中心组学习规则》和省委教育工委的有关规定,结合学院实际,特制定本学习制度。

第二条　党委中心组学习是党委领导班子和领导干部在职理论学习的重要组织形式,是严肃党内政治生活、强化党性修养的重要内容,是加强各级领导班子思想政治建设的重要制度,是建设学习型服务型创新型的马克思主义执政党、提高党的执政能力和领导水平的重要途径。建立党委中心组学习制度,旨在发挥中心组的示范引领作用,促进全院理论学习深入、持久开展,推动学院进一步深化改革、稳定发展。

第三条　党委中心组学习以政治学习为根本,以深入学习中国特色社会主义理论体系为首要任务,以深入学习贯彻习近平新时代中国特色社会主义思想为重点,以掌握和运用马克思主义立场、观点、方法为目的,坚持围绕中心、服务大局,坚持知行合一、学以致用,坚持问题导向、注重实效,坚持依规管理、从严治学。

第二章　组织与职责

第四条　党委中心组成员为党委委员,各党总支(直属党支部)书记和相关职能部门负责人列席。根据学习内容和工作需要,可召开党委中心组学习扩大会议。

第五条　党委中心组学习实行组长负责制,院党委书记为组长,负责审定学习计划,确定研讨专题,提出学习要求,主持集中研讨活动,检查和指导中心组成员的学习情况。党委书记因公出差期间,可由党委书记委托党委副书记负责党委中心组学习。

第六条　党委中心组学习的日常工作,由学院党委宣传统战部负责。在党委书记指导下,党委宣传统战部主要负责制定年度学习计划、编印学习资料、邀请联系专家讲课、印发学习通知、做好学习记录、管理学习档案、撰写学习总结等工作。

第三章　学习内容与形式

第七条　党委中心组学习内容包括马克思列宁主义、毛泽东思想、邓小平理论、“三个代表”重要思想、科学发展观、习近平新时代中国特色社会主义思想,党章党规党纪和党的基本知识,党的基本理论、基本路线和基本方略,国家法律法规,社会主义核心价值观,党中央和上级党组织要求学习的重要内容,现代高等职业教育的知识和理论等。

第八条　党委中心组以集中学习研讨和自学为基本形式。集中学习次数原则上为每月1次,全年集中学习时间不少于12次。以理论学习、辅导培训、集体讨论、中心发言、经验交流等方式进行,每年集中研讨不少于4次。个人自学是党委中心组集体学习研讨的基础,中心组成员要根据自身思想与工作实际,制订个人学习计划,自学参考书目等资料,切实提高理论水平和修养。

第九条　党委成员要根据自己的工作业务特点,围绕学院中心工作,深入基层进行专题调研。每人每年至少要撰写1篇理论联系实际的论文或调研报告,在理论中心组学习时交流。

第四章　学习要求

第十条　党委中心组成员要增强学习意识,大力弘扬理论联系实际的学风,用最先进的理论成果武装头脑,自觉加强学习成果转化,学以致用。

第十一条　要深入学习和领会党的基本理论、基本路线和基本方略,党的创新理论等,及时学习领会党和国家重大战略部署和重要会议精神,了解和掌握党的大政方针,提高领导班子及领导干部的政治觉悟和决策水平以及科学发展的办学治校能力。

第十二条 要坚持学以立德、学以修身、学以益智、学以增才，把提高理论素质与增强党性修养、提升工作本领结合起来，坚定理想信念、加强党性锻炼、提高精神境界。

第五章 学习管理

第十三条 实行中心组学习考勤备案制。严格考勤制度，无特殊情况，不得挤占学习时间，不得无故缺席。因事因公不能参加学习，须向院党委书记请假。

第十四条 建立中心组学习档案。记录学习计划、学习资料、考勤记录、个人学习笔记、集体研讨学习发言和中心组学习成果等资料。

第六章 附 则

第十五条 学院所属各党总支、直属党支部等参照本制度执行。

第十六条 本制度由学院党委宣传统战部负责解释，自公布之日起实行。

安徽商贸职业技术学院新媒体管理办法

院党字〔2019〕83号 2019年12月17日

第一章 总 则

第一条 为了规范我校新媒体的建设和管理，满足师生、校友及公众对新媒体信息的需求，充分发挥新媒体平台在展示学校形象、发布新闻信息和提供社会服务等方面的积极作用，结合学校实际情况，制定本规定。

第二条 本办法中的新媒体平台，是指校内各部门及其下属机构和师生团体在微信、微博、QQ、抖音、快手、今日头条等网络平台注册的公众号，在知乎、百度贴吧、新闻网站、视频网站等网络平台注册的账号，以及开发和使用的各种移动客户端。任何个人未经授权不得以安徽商贸职业技术学院以及其他校内单位名义申报、运营各类公众号或开发移动客户端。

第三条 新媒体平台是我校新闻舆论以及宣传思想文化工作的重要阵地，必须从学校工作全局出发把握定位，坚持党的领导，坚持正确政治方向，符合党和国家的教育方针，要从有利于学校内涵发展、大学文化传播和落实立德树人根本任务的角度出发，弘扬社会主义核心价值观。

第四条 党委宣传统战部是学校新媒体平台的主要管理部门，负责校级平台的运营、维护、管理，指导系部处室新媒体平台的运营管理。校新媒体工作室是学校官方新媒体平台的运营单位，负责学校官方微信、官方微博、官方QQ校园号、QQ空间、抖音、快手等官方新媒体平台建设。

第二章 管理机制

第五条 学校新媒体平台的建设管理严格，遵循“谁主管、谁负责，谁主办、谁负责”的工作原则。安徽商贸职业技术学院官方微信、官方微博、QQ校园号、今日头条、抖音、快手、企鹅媒体平台公众号等校级新媒体平台由党委宣传统战部下设新媒体工作室具体建设和管理，各系部处室的新媒体平台由各部门具体管理。

第六条 学校新媒体平台建设主体不得与校外单位以“协办”等形式注册运行。各部门如因具体工作需要协办运行的，未开通的需在申请开通之前到党委宣传统战部备案；已开通的需在本办法公布15个工作日内到党委宣传统战部备案。各部门通过自查，如若发现存在冒用本单位或组织名义的新媒体平台，可提请党委宣传统战部协助处理。校园新媒体平台不建议开通相关支付功能，财务处、网络信息管理中心等经学校有关部门批准的单位除外。

第七条 学校各系部处室负责人为本单位官方新媒体平台建设与管理的第一责任人。校内有关单位联合注册，第一责任人由合作部门选定。第一责任人对官方新媒体平台内容建设及信息管理负主要责任。

第八条 各部门应在每年年底对管辖范围内开通的新媒体平台进行摸底、甄别、审批并登记，对未经部门许可擅自以单位名义开通的新媒体平台及时予以清查、规范和处理；对于连续6个月不更新内容或一年更新少于20条的新媒体平台，予以关停；年审结果于每年12月31日前报送党委宣传统战部。

第九条 各部门建设新媒体平台应保障：

（一）管理方面，要重视内容制作、审核、发布的流程管理，确保管理员账号的使用安全，制定相关运营管理制度。

（二）内容方面，发布内容应紧扣本部门实际工作，推出原创精品，注重新媒体平台与网络、纸媒的差异性，提升内容质量，推出贴近师生、校友，趣味性、可读性强的文章；关注学校重大新闻信息，及时在新媒体平台宣传报道。

（三）审核方面。

1.审核标准。

（1）政治立场鲜明，主题积极向上，有感染力、影响力；

（2）内容真实，时效性强，符合国家政策、学校校情；

（3）表述准确，角度新颖，逻辑严密，语言流畅。

2.校对标准。

(1)用语规范,表述准确;

(2)格式规范,版面精美;

(3)认真严谨,差错率低。

3.微信、微博等新媒体平台。

“三审三校”具体流程:

(1)“三审”:媒体团队负责人一审,业务指导老师负责人二审,各系部处室宣传工作老师负责三审。

(2)“三校”:媒体团队负责人一校,业务指导老师负责人二校,各系部处室宣传工作老师负责三校。

如遇重大事项或特殊情况,需请示单位主要领导或学校分管领导审定。

(四)队伍方面,要以教职员工为主体,充分发挥学生团队力量,加大培训力度,建立奖惩机制。

第十条 党委宣传统战部会同新媒体工作室对新媒体中的内容建设、信息管理、技术方案进行综合评定与监管,对于不符合国家、学校相关制度要求的新媒体将采取责令整改、关停整改、注销账号等处罚措施。

第三章 备案程序

第十一条 学校各部门因工作需要拟创办或开发新媒体的,均需向党委宣传统战部申报备案,填写《安徽商贸职业技术学院新媒体建设备案及审批表》(以下简称《备案及审批表》),并上交相关内容发布流程和信息安全管理制度,经党委宣传统战部审批通过后方可创办或开发。开通账号主体必须为安徽商贸职业技术学院,如个人主体注册的单位账号建议重新注册账号,原则上一个单位在一个新媒体平台上只能开设一个主体账户。

第十二条 根据归口管理原则,各单位填写的《备案及审批表》须先经所在部门新媒体负责人审批。

第十三条 《备案及审批表》中的备案信息如发生更改,应在3个工作日内重新按照审批流程进行备案登记;如决定停办,应及时到党委宣传统战部注销备案。

第十四条 未经党委宣传统战部最终核准或者包括但不限于冒用安徽商贸职业技术学院名义注册的新媒体平台,应主动撤销。若经核准需要撤销但拒不撤销的,学校将依规申请关闭,并追究相关责任人的责任。

第十五条 以个人、机构或团体名义在微博、微信、今日头条、QQ公众平台、企鹅媒体平台等新媒体平台注册和运营的公众号,以机构或团体名义在知乎、百度贴吧、新闻网站、视频网站等网络平台注册和运营的账号,名称前缀或关键词以“安徽商贸职业技术学院”“安商贸”“安徽商贸学院”“文昌西路24号”等或具有我校特征专属名词命名的,也须在所在部门备案。

第十六条 本办法公布前已开设运营的新媒体平台,须在本办法公布后15个工作日内,按第十一、十二、十三条规定向党委宣传统战部补交《备案及审批表》和相关管理制度。

第四章 建设要求

第十七条 学校各类新媒体平台必须严格遵守中华人民共和国各项法律法规,遵守学校各项规章制度,自觉维护学校声誉。发布单位必须对所发布信息的真实性负责,并预判可能造成的社会影响。

第十八条 学校各类新媒体平台不得发布、复制和传播以下信息:

(一)违反国家法律法规或泄露国家机密的信息;

(二)违反学校管理规定的信息;

(三)损害学校形象及扰乱学校正常秩序的信息;

(四)未经证实的谣言;

(五)与学校无关的商业广告宣传信息。

对违反以上规定的新媒体平台,一经发现,学校将责令其及时纠正。发生重大失误或产生恶劣影响的,学校将按有关规定处理相关责任人。

第十九条 学校各类新媒体平台必须明确直接责任人,全面负责平台的内容建设及信息管理。平台运营管理人员要积极参加校党委宣传统战部组织的专题培训及研讨。如遇学校重大节庆日、活动宣传和重要信息发布,活动主办方或信息发布方应主动向党委宣传部提供资料,由校级新媒体平台首发。如发现负面舆情,事态严重或事件敏感,传播范围有扩散趋势,平台运营管理人员应迅速了解情况并第一时间上报党委宣传统战部。

第五章　附　则

第二十条　学校将依照新媒体发展情况不断完善本管理办法。

第二十一条　在新媒体建设管理中涉及的其他数据信息管理，依据学校有关规定严格执行。

第二十二条　本办法由学校宣传统战部负责解释，自发布之日起执行。原《中共安徽商贸职业技术学院委员会关于印发〈安徽商贸职业技术学院官方微信微博管理办法〉的通知》(院党字〔2017〕20号)同时废除。

中共安徽商贸职业技术学院委员会党委会议事规则（修订）

院党字〔2019〕84号　2019年12月31日

第一章　总　则

第一条　根据《中国共产党章程》《中华人民共和国高等教育法》《中国共产党普通高等学校基层组织工作条例》《关于坚持和完善普通高等学校党委领导下的校长负责制的实施意见》等法规文件，制定本规则。

第二条　坚持和加强党对学校工作的全面领导，以政治建设为统领，全面加强党的建设，全面贯彻党的教育方针，坚持社会主义办学方向，落实立德树人根本任务，把党的领导贯穿办学治校、教书育人全过程。

第三条　坚持党委领导下的校长负责制。学校党的委员会对学校工作实行全面领导，履行管党治党、办学治校的主体责任，发挥把方向、管大局、作决策、抓班子、带队伍、保落实的领导作用，支持校长依法独立负责地行使职权，保证完成以人才培养为中心的各项任务。

第四条　坚持民主集中制，实行集体领导和个人分工负责相结合的制度。凡属重大问题必须按照集体领导、民主集中、个别酝酿、会议决定的原则，由党委集体研究决定。

第五条　学校党的委员会经党员代表大会选举产生，对党员代表大会负责并报告工作。学校党代会闭会期间，由其产生的委员会统一领导学校工作。

第二章　议事决策范围

第六条　党委会讨论决定以下事项：

（一）学校党的建设重要事项。

1. 学习贯彻习近平新时代中国特色社会主义思想，落实党的路线方针政策和上级党组织决策部署的重要措施；

2. 加强党的政治建设的重要事项、重要措施；

3. 学校党建工作规划和年度工作计划；

4. 师生思想政治工作、师德师风建设的重要事项；

5. 意识形态工作和民族宗教工作的重要事项；

6. 基层党组织和党员队伍建设的重要事项；

7. 党的纪律检查工作、党风廉政建设和巡察工作的重要事项；

8. 加强对学校工会、共青团、学生会、学生社团等群众组织，学术委员会等学术组织，教职工代表大会、统一战线、老干部和离退休等工作领导的重要事项；

9. 需要党委会讨论决定的学校党的建设的其他重要事项。

（二）事关学校改革发展稳定及教学、科研、行政管理工作的重要事项。

1. 教师队伍建设、学生培养、专业建设、产教融合、校企合作、校园建设等学校内涵发展的重要工作规划和工作计划，重要改革措施，重要规章制度；

2. 学校内部组织机构和人员编制的设置与调整；

3. 学校年度财务预算方案、决算情况的审定，大额度支出和年度追加预算，重大捐赠，以及其他大额度资金运作事项；

4. 学校重要资产处置、重要办学资源配置、无形资产授权使用方案；

5. 国家或地方各类重点建设项目、国内国（境）外科学技术文化交流与合作重要项目、重大合资合作项目、重要设备和大宗物资采购或购买服务、重大基本建设和大额度基建修缮项目等学校重大项目设立和安排方案；

6. 学术委员会等学术组织建设，以及学校学术评价、审议、评定工作中的重要事项；

7. 市厅级以上重大表彰推荐，校级重大表彰事项；

8. 学校安全稳定重要事项和重大突发事件的处理。

（三）干部选拔任用和干部队伍建设的重要事项。

1. 学校干部队伍建设规划和干部教育、管理、监督的重要事项；

2. 学校党政机构、二级学院（系、部）、直属附

属机构、科研机构等内部组织机构领导班子成员的选拔任用;

3.学校全资、控股企业校方董事、监事及企业主要负责人人选;

4.学校中层以上干部在企业、社会团体的兼任职务;

5.推荐优秀年轻干部和上级党代会代表、人大代表、政协委员等人选。

(四)人才工作的重要事项。

1.学校人才工作规划、重要人才政策和重要人才工程计划;

2.人才工作体制机制创新、人才成长环境优化的重要措施;

3.人才政治把关的重要措施。

(五)大学文化建设和校风教风学风建设的重要事项。

(六)教职工薪酬体系、收入分配及福利待遇、奖励、惩处和其他事关师生员工切身利益的重要事项。

(七)决定召开党员代表大会,并对提议事项先行审议、提出意见。

(八)需要党委会讨论决定的其他事项。

第三章 议事决策原则和程序

第七条 党委会一般每月举行2—3次,遇有重要情况经党委书记同意可以随时召开。会议由党委书记召集并主持。党委书记不能参加会议的,可以委托党委副书记召集并主持。

第八条 党委会的出席成员为党委委员。会议必须有半数以上党委委员到会方可召开;讨论决定干部任免等重要事项,必须有三分之二以上党委委员到会。党委委员因故不能出席时,须在会前向党委书记请假。

不是党委委员的行政领导班子成员可以列席党委会,议题相关单位负责人可以列席会议,纪委负责人列席研究"三重一大"事项相关议题会议,团委书记列席研究党员发展相关议题会议。列席人员有发言权,没有表决权。

第九条 党委会议题由党委书记提出,也可以由党委其他委员或学校领导班子其他成员提出建议、经党委书记综合考虑后确定。重要议题党委书记应当在会前听取校长意见,意见不一致的议题应暂缓上会。集体决定重大事项前,党委书记、校长和有关领导班子成员要个别酝酿、充分沟通。

凡属学校党委委员自身职权范围内决定的事项,一般不提交党委会研究讨论。

第十条 党委会应当健全决策咨询机制,对拟研究讨论的重要事项,议题相关单位应深入开展调查研究,充分听取各方面意见,进行合法合规性审查和风险评估。对专业性、技术性较强的重要事项,应经过专家评估及技术、政策、法律咨询,涉及学术事务的重要事项,应充分听取学术委员会等学术组织意见;对事关师生员工切身利益的重要事项,应通过教职工代表大会或其他方式,广泛听取师生员工的意见。

第十一条 党委会议题实行一事一报制度,议题相关材料应提前提交至学校党委办公室,学校党委办公室应提前将会议议题及相关材料送达有关参会人员。

第十二条 党委会按既定议程逐项进行,无特殊情况或未经会议主持人同意,一般不临时动议议题。

第十三条 党委会议题由党委委员或分管校领导汇报,相关单位也可以参加汇报。

第十四条 党委会议事和决策实行民主集中制,在充分讨论的基础上,按照少数服从多数的原则形成决议或决定。如对重要问题发生较大意见分歧,一般应当暂缓作出决定。党委书记、校长应当最后表态。

第十五条 党委会讨论决定重要事项时应当进行表决,表决可以根据讨论和决定事项的不同,采用口头、举手、无记名投票或者记名投票等方式进行,赞成票超过应到会党委委员半数为通过。未到会党委委员的意见可以用书面表达,但不得计入票数。会议讨论和决定多个事项,应当逐项表决;决定多名干部任免时,应当逐人表决。

紧急情况下不能及时召开党委会决策的,党委书记、副书记或者党委其他委员可以临机处置,事后应当及时向党委会报告并按程序予以确认。

第十六条 党委会议题审议时应当通知相关单位负责人到会,听取意见,回答问询。

第十七条 党委会决议分为以下几种:批准或通过;原则批准或通过,按要求作相应修改后实施或发布;暂不形成决议,责成相关单位另行提出意见再行研究;不予批准。

第十八条　党委会议题涉及与会人员本人及其亲属的,本人必须回避。

第十九条　党委会做出的决定或决议,适合公开的应当依据有关规定及时公开。对需保密的会议内容和尚未正式公布的会议决定,参会人员应当遵守保密规定。

第四章　议定事项执行与监督

第二十条　党委会决定的事项,由学校分管领导或相关单位负责组织实施。执行情况应当及时向党委书记或党委会汇报。明确由相关单位负责的,由学校党委办公室负责传达和督促检查。

学校党委应当建立有效的督查、评估和反馈机制,确保决策落实。

第二十一条　党委会决定的事项,学校单位和个人应当及时执行;对执行不力的,应当依照有关规定问责追责;决策执行过程中需作重大调整的,应当提交党委会决定;需要复议的,按第九条规定重新提交议题。

第五章　附　则

第二十二条　学校党委办公室负责党委会的会务工作,主要包括:收集议题、印发会议材料、通知参会人员、做好会议记录、归档会议材料。

第二十三条　本规则由学校党委会负责解释,具体工作由学校党委办公室承担。

第二十四条　本规则自2020年1月1日起施行。原《中共安徽商贸职业技术学院委员会党委会议事规则(修订)》(院党字〔2018〕86号)同时废止。

安徽商贸职业技术学院校长办公会议议事规则(修订)

院党字〔2019〕85号　2019年12月31日

第一章　总　则

第一条　根据《中华人民共和国高等教育法》《中国共产党普通高等学校基层组织工作条例》《关于坚持和完善普通高等学校党委领导下的校长负责制的实施意见》等法规文件,制定本规则。

第二条　坚持党委领导下的校长负责制。校长在学校党委领导下,组织实施学校党委有关决议,行使高等教育法等规定的各项职权,全面负责教学、科研、行政管理工作。

第三条　校长办公会议是学校行政议事决策机构,坚持全面贯彻党的教育方针,坚持社会主义办学方向,落实立德树人根本任务,紧密围绕学校改革发展稳定,科学决策、民主决策、依法决策,推进学校人才培养、科学研究、社会服务、文化传承创新、国际交流合作等工作。

第二章　议事决策范围

第四条　校长办公会议主要研究提出拟由党委会讨论决定的重要事项方案,具体部署落实党委会决议的有关措施,研究决定教学、科研、行政管理工作。

第五条　校长办公会议研究提议的重要事项:

1.教师队伍建设、学生培养、专业建设、产教融合、校企合作、校园建设等学校内涵发展的重要工作规划,学校教学、科研、行政管理的重要改革措施、重要规章制度、重要工作计划等。

2.学校行政管理组织机构和人员编制的设置与调整方案,学术组织机构的设置与调整方案。

3.学校人才工作规划、重要人才政策、重要人才工程计划,涉及人才工作体制机制创新、人才成长环境优化等重要事项。

4.学校年度财务预算方案、决算情况的审定,未列入学校年度预算的预算追加和大额度支出,重大捐赠,以及其他大额度资金运作事项。

5.学校重要资产处置、重要办学资源配置、无形资产授权使用方案。

6.国家或地方各类重点建设项目、国内国(境)外科学技术文化交流与合作重要项目、重大合资合作项目、重要设备和大宗物资采购或购买服务、重大基本建设和大额度基建修缮项目等学校重大项目设立和安排方案。

7.学术委员会等学术组织建设,以及学校学术评价、审议、评定工作中的重要事项。

8.教学、科研、行政管理的市厅级以上重大表彰推荐和校级重大表彰事项。

9.大学文化建设和校风教风学风建设的重要事项。

10.教职工薪酬体系、收入分配及福利待遇、奖励、惩处和其他事关师生员工切身利益的重要事项。

11.校长认为需要提交党委会讨论决定的其他事项。

12.党委会认为需要先由校长办公会议审议的事项。

第六条　校长办公会议讨论决定的事项:

1.贯彻落实党的教育工作方针政策以及上级部门决策部署,加强教学、科研、行政管理的工作措施。

2.执行学校党委会决定或决议事项的实施方案和重要措施。

3.学校教学、科研、行政管理等具体规章制度和工作计划安排。

4.学校人才引进、培养、使用工作的重要事项。

5.学校教师以及内部其他工作人员的人事聘任、解聘、考核、晋升、管理等重要事项。

6.学校年度财务预算方案的执行,大额度支出和年度追加预算的执行,大额度资金调动、使用和运作的具体安排,以及财务管理与监督审计的重要事项。

7.学校重要资产处置、重要办学资源配置、无形资产授权使用方案实施中的重要事项。

8.学校重大建设、合作、采购项目实施中的重要事项。

9.学校年度审计计划安排、重点审计项目执行等年度审计事项。

10.学校产教融合与校企合作、专业建设与评估、专业设置与调整等重要事项。

11.人才培养方案制定与修订,课程体系建设和调整,教材编审,年度招生就业和学生毕业等重要事项。

12.科研项目设立,科研经费管理,科研成果申报、奖励与转化等重要事项。

13.学校服务国家和地方经济社会发展的重要事项。

14.学校对外交流与合作的重要事项。

15.实施思想品德教育,推进课程思政建设和教师、学生社会实践的重要措施。

16.学校学术委员会等学术组织提交审议的相关事项。

17.教师及内部其他工作人员政纪处分,学生学籍管理、奖励及违规处理等重要事项。

18.学校安全稳定和后勤保障工作的重要事项。

19.教职工代表大会、学生代表大会、工会会员代表大会和团员代表大会有关行政工作的提案、意见办理事项。

20.其他事关学校事业发展、师生员工切身利益的重要行政事项。

21.按规定需要由校长办公会议审议的其他事项。

第三章　议事决策原则和程序

第七条　校长办公会议原则上每月举行2—4次,遇有重要情况经校长同意可以随时召开。会议由校长召集并主持。校长不能参加会议的,可以委托副校长召集并主持。

第八条　校长办公会议成员一般为学校行政领导班子成员。

会议必须有半数以上成员到会方能召开。会议成员因故不能出席时,应当在会前向校长请假。

议题相关单位负责人可以列席会议;纪委负责人列席研究“三重一大”事项相关议题会议;涉及师生切身利益的重大议题可以邀请师生代表列席。

第九条　校长办公会议议题由校长提出,也可以由学校领导班子其他成员提出、校长综合考虑后确定。重要议题校长应当在会前听取党委书记意见,意见不一致的议题应暂缓上会。集体决定重要事项前,党委书记、校长和有关领导班子成员要个别酝酿、充分沟通。

凡属学校行政领导班子成员自身职权范围内决定的事项,一般不提交校长办公会议研究讨论

第十条　校长办公会议应当健全决策咨询机制,对拟研究讨论的重要事项,议题相关单位应深入开展调查研究,充分听取各方面意见,进行合法合规性审查和风险评估。对专业性、技术性较强的重要事项,应经过专家评估及技术、政策、法律咨询,涉及学术事务的重要事项,应充分听取学术委员会等学术组织意见;对事关师生员工切身利益的重要事项,应通过教职工代表大会或其他方式,广泛听取师生员工的意见。

第十一条　校长办公会议议题实行一事一报制度,议题相关材料应提前提交至学校办公室,学校办公室应提前将会议议题及相关材料送达有关参会人员。

第十二条　校长办公会议按既定议程逐项进行。无特殊情况或未经会议主持人同意,一般不临时动议议题。

第十三条　校长办公会议议题由分管校领导或相关单位负责人汇报。出席人员应当充分讨论,对决策建议明确表示同意、不同意或缓议的意见,并说明理由。未到会领导班子成员的意见可以书面形式表达。校长应当最后表态。

第十四条　校长办公会议研究讨论议题时,校长应当广泛听取与会人员意见建议,在此基础上对研究讨论的事项做出决定。如对重要问题发生较大意见分歧,一般应当暂缓做出决定。

第十五条　紧急情况下不能及时提交校长办公会议研究讨论的事项,可由校长与分管校领导共同商议临机处置,事后应及时向校长办公会议通报。

第十六条　校长办公会议审议议题时应当通知相关单位负责人到会,听取意见,回答问询。

第十七条 校长办公会议议题涉及与会人员本人及其亲属的，本人必须回避。

第十八条 校长办公会议做出的决定，适合公开的应当依据有关规定及时公开。对需保密的会议内容和尚未正式公布的会议决定，参会人员应当遵守保密规定。

第四章 议定事项执行与监督

第十九条 校长办公会议讨论决定的事项，由学校分管领导或相关单位负责组织实施。执行情况应当及时向校长或校长办公会议汇报。明确由相关单位负责的，由学校办公室负责传达和督促检查。

学校应当建立有效的督查、评估和反馈机制，确保决策落实。

第二十条 校长办公会议讨论决定的事项，学校行政领导班子成员、相关单位和个人应当及时执行；对执行不力的，应当依照有关规定问责追责；决策执行过程中需作重大调整的，应当提交校长办公会议决定；需要复议的，按照第九条规定重新提交议题。

第五章 附 则

第二十一条 学校办公室负责校长办公会议的会务工作，主要包括：收集议题、印发会议材料、通知参会人员、做好会议记录、编发会议纪要、分送校领导和有关部门、归档会议材料。

第二十二条 本规则由学校校长办公会议负责解释，具体工作由学校办公室承担。

第二十三条 本规则自2020年1月1日起施行。原《安徽商贸职业技术学院校长办公会议事规则（修订）》（商职院字〔2018〕124号）同时废止。

安徽商贸职业技术学院柔性引进人才管理办法(试行)

商职院字〔2019〕15号　2019年1月25日

为建立更加科学合理、充满活力的人才引进机制,充分借助校外优秀专家、学者和杰出人才的学术资源和研究能力,推动我校教学、科研工作,加快我校专业及课程建设和学术研究及特色发展步伐,根据国家、安徽省有关规定和学校"十三五"师资队伍建设规划,结合实际情况,制定本办法。

一、柔性引进及原则

本办法所称人才柔性引进,是指不受国籍、户籍、身份、档案、人事关系等在人才流动中的制约,在不改变人才与原单位人事关系前提下,适应我校实际发展需要,实行契约管理的人才引进方式。

柔性引进人才原则:按需引进,不求所有,但求所用。建立"户口不迁,关系不转,双向选择,合同约束"的柔性引进机制,确保引进工作服务学校中心工作、服务各教学单位专业及课程建设。

二、柔性引进人才方式

(一)合作引进。引进人才与学校签订合作合同书,承担课题研究,以我校为第一作者单位发表论文,与我校联合申报省、部级以上科研项目和相关科技奖项,为我校专业课程建设提供智力服务。合作引进人才每年到校进行相关前沿领域的讲座,讲座时间不少于4次。

(二)兼职引进。有时间和能力进行兼职的高层次人才,与我校签订兼职合同书,兼职到我校开展教学和科研工作,兼职引进人才每年到校为学生讲授专业课程及相关前沿领域的讲座工作时间累计在四个月以上或60学时以上。

三、柔性引进人才基本条件

(一)具有教授或相当职务;在企业从事技术技能服务或管理工作,担任高级管理或技术职务。

(二)多年从事教学科研工作,具有较高的教学科研工作能力,学术造诣较深,在所从事学科领域已取得显著成绩,得到同行专家公认;或在企业从事技术技能服务工作十年以上,具有较高的技术技能水平,在所从事技术技能服务领域取得显著成绩,得到同行专家公认。

(三)学校专业、课程建设急需,对青年教师培养、教学科研工作有引领示范作用。

(四)学风严谨、品德良好,富有敬业与创新精神,具有团结协作精神。

(五)身体健康,能够胜任相应岗位工作。

四、柔性引进人才待遇

(一)柔性引进人才实行年薪制议价薪酬。

(二)柔性引进人才科研成果奖励按学校有关制度执行。

(三)学校为柔性引进人才提供必要的工作条件,包括临时住房、教科研配套经费、往返差旅费等。

五、柔性引进人才程序

(一)学校成立柔性引进人才工作领导小组,领导小组下设办公室,具体负责柔性引进人才工作。

(二)由各人才需求部门向学校提出书面申请。申请材料包括:拟聘人员简历、聘用理由、考察情况,拟聘期限,引进方式,工作目标等,并填写《柔性引进人才登记表》。

(三)组织人事处汇总情况,人才工作领导小组审议,党委会审定。

(四)学校与受聘人签订有关协议。

六、管理与考核

(一)柔性引进人才受聘期间,日常管理由用人部门负责。用人部门要积极创造良好的工作环境,切实帮助他们解决工作中存在的问题和困难,确保其聘期任务的顺利完成。

(二)柔性引进人才在协议服务期内,以我校名义承接的科研项目所取得的科研成果及专利归我校所有,受聘人员不得泄露和私自转让。

(三)聘期内,若订立协议所依据的法律、法规、政策发生变化,致使协议无法全面履行,或订立协议所依据的客观情况发生重大变化,与原签订的协议中某些条款已不适应,经双方协商同意,可变更聘用协议。

（四）对柔性引进人才实行聘期目标管理责任制，职能部门与相关专家组成考评组，对柔性引进人才完成工作任务情况进行考核，考核结果作为是否续聘的依据。

七、其他

本办法自发布之日起执行。未尽事宜由学校组织人事处负责解释。

安徽商贸职业技术学院高层次人才引进实施办法(试行)

商职院字〔2019〕16号　2019年1月25日

第一章　总　则

第一条　为建设地方技能型高水平大学,满足我校师资队伍建设、优化师资队伍结构,提升我校教育教学及科研能力,适应学校提升办学层次及学科专业发展对人才的需求,根据国家、安徽省有关规定和我校教育事业发展规划,制定本实施办法。

第二条　高层次人才引进必须坚持统筹规划、科学设岗、因需招聘,公开透明、平等竞争、择优录用,规范操作、有效监督、全面考核的原则。

第三条　引进高层次人才,必须围绕学科专业建设需要,坚持德才兼备的原则,既要考察其业务水平和实际工作能力,又要考察其政治思想表现和职业道德状况。

第二章　引进类别和具体条件

第四条　引进人才根据类别确定待遇。

一类人才:在本学科或专业领域具有一定影响,取得国(境)外公认的成就,年龄一般不超过50周岁,并符合下列条件之一:

1.省部级青年科技奖获得者;

2.“皖江学者计划”入选者(特聘教授);

3.省级“百人计划”入选者(含外专);

经论证,具有与以上人员相当学术地位和成就的专家学者。

二类人才:近5年科研业绩成果不低于我校教授聘任条件者的教授。年龄一般在45周岁以下(其中人文社会科学一般在50周岁以下)。紧缺专业的人才,可适当放宽。

三类人才:近5年科研业绩成果不低于我校副教授聘任条件具有博士学位的副教授,年龄一般不超过45岁。

四类人才:博士毕业生(具有学历、学位证书),年龄不超过35周岁。

第五条　特别优秀的人才、企业能工巧匠或学校急需的技术技能型人才,实行“一人一议”,具体条件由学校组织专家进行评定。

第六条　积极鼓励引进创新学术团队,领军人才引进后也可由其自主组建团队,实行“一事一策”,具体条件由学校组织专家进行评定。

第三章　引进待遇和政策

第七条　学校为引进人才提供国家规定的工资、福利、保险待遇等。

第八条　学校为引进人才提供的其他待遇:

学校设立人才引进专项基金,主要用于引进高层次人才购房补贴和科研启动经费。学院在教科研项目上给予支持。鼓励引进人才面向社会购房,学校给予住房补贴等安家费。其标准如下:

人才引进专项基金信息表

人才类别	科研支持经费(万元)		工资福利待遇(万元/年)	安家费(万元)
	人文社会科学类	自然科学类		
一类人才	30—50	50—100	40—50	100
二类人才	10	15	享受校内同等人员待遇	60
三类人才	6	10	享受校内同等人员待遇	40
四类人才	5	8	享受校内同等人员待遇	20
学术团队	一事一策			

第九条　引进人才人事关系(含人事档案)。到校后,须与学校签订人才引进协议并全职在校工作,方可享受一次性领取安家费。

第十条　配偶安置:二类及以上人才若需配偶安置,学校相关部门协助用人单位落实其配偶的工作,配偶学历为大专及以上学历的,以人事代理人员进行聘用，薪酬享受同岗在编人员待遇并按国家有关规定参加社会保险；配偶学历达不到以上要求的，根据岗位按劳务派遣或合同制人员进行聘用；聘用须签订聘用协议，夫妻同进同出。配偶没有工作，学校又不能解决配偶工作，给予10—20万元的经济补助，实行有偿安置。三类、四类人才学校原则上不予解决配偶安置。配偶调动须同时符合上级主管部门人员调动政策。

第十一条 经费发放(拨付)方式。

(一)年薪制：实行分期发放，年薪按90%逐月发放，聘期期满考核合格后，补发所有年薪余额。

(二)安家费：人才到岗、档案到校且协议签订后以借款形式一次性发放。待试用期考核、聘期考核合格，借款协议自动失效。个人所得税按国家相关政策规定执行。

(三)配偶有偿安置的经济补助金，根据人才服务年限折算按月发放。

(四)学术团队经费：根据具体工作情况，按年度拨付。

(五)科研支持经费由人才根据科研工作的需要，按年度申报拨付。

第四章 引进程序和考核

第十二条 引进程序。

(一)制定计划。根据学校整体发展目标和专业需要，人事部门会同各教学单位研究制定下一年度高层次人才引进计划，经学校批准后，报省编制办批准。

(二)发布公告。学校根据引进高层次人才计划和有关规定，通过网站及其他相关媒体和渠道，面向社会发布招聘公告。

(三)资格审查。达到高层次人才引进条件的应聘人员向组织人事处提供应聘材料。学校对应聘人员材料初步审核，并提出审核意见。应聘人员提供的材料及填报的信息如有不实，一经发现，随时取消应聘资格。

(四)组织考核。各系、部制定考核方案，经系、部党政联席会审定，报学校人才工作领导组审批，由学校组织实施，学校纪委参与监督。

(五)专家论证。对拟引进三类以上人才和学术团队进行综合评价和考核，学校人才工作领导组办公室组织专家面试，邀请应聘者进行公开学术答辩，必要时可采取组织校外专家进行行评或实地考察。

(六)组织考察。对拟引进的高层次人才进行考察，考察采取走访、侧面了解以及谈话等形式。全面了解考察人员思想道德水平、业务能力和发展潜力等。

(七)审核确定拟聘人员。对拟引进的高层次人才，根据面试成绩、体检结果、考察情况，经党委会集体研究，择优确定拟聘人员。

(八)正式聘用。体检、公示无异议后，组织人事处会同系、部与引进人才签订聘用协议，明确相关岗位职责和工作目标。

第十三条 学校对高层次人才聘用实行协议管理，首个聘期一般为5年，服务期原则上不少于10年。

第十四条 对引进的高层次人才在服务期限内的考核，分为年度考核、聘期考核。年度考核、聘期考核结果均为合格以上，享受学校规定的优惠待遇且可续聘；年度考核结果为不合格，学校将调整岗位待遇；试用期和聘期考核结果为不合格，学校将解除合同，不兑现任何优惠待遇，并给予辞退。

第十五条 对一类人才仅实行聘期考核，考核可采取述职答辩、同行专家评议等多种形式，学术团队职责和考核另行制定。

第五章 引进人才管理

第十六条 学校与引进人才签订相关协议，包含在学校服务期限，购房补贴、科研启动费等待遇及教学、科研和学科专业建设等要求。服务期限未满而提出解除劳动合同的，全额退还购房补贴和科研启动经费等款项。

第十七条 引进人才应自觉遵守国家法律法规及学校各项规章制度，认真履行与学校签订的协议。

第十八条 考核不合格或服务期未满而要求提前终止聘用合同的引进人才，应按规定承担相应违约责任。

第六章 组织保障

第十九条 高层人才引进与管理采取校系两级工作机制。

第二十条 学校人才工作领导组负责制定高层次人才引进与管理的有关政策及规划，人才工作办公室具体组织实施，有关部门协作配合。

第二十一条 学校成立人才工作领导小组,主要负责人任组长,党政领导、专家教授、专业负责人、有关代表任成员。按照学校统一部署,制定人才引进计划,负责人才考核与管理工作。

第七章 附 则

第二十二条 学校对特别优秀的高层次人才引进实行一人一策,具体由组织人事处提出,党委会审定。

第二十三条 本办法只适用从外部全职引进高层次人才,本校现有高层次人才有关激励政策在学校收入分配制度中另行规定,柔性聘请人才办法另行规定。

第二十四条 本办法自发布之日起执行,同时原商职院字〔2011〕80号文件《关于印发〈安徽商贸职业技术学院人才引进和人才稳定工作暂行办法〉(修订稿)的通知》废止,未尽事宜由学校组织人事处负责解释。

安徽商贸职业技术学院工会经费使用办法(试行)

商职院字〔2019〕25号　2019年3月7日

为进一步加强和规范学校工会经费的使用和管理,充分发挥好工会经费的应有作用,维护好教职工会员利益,根据《安徽省基层工会经费收支管理实施办法(试行)》和学校有关规定,结合我校实际,特制定本暂行办法。

一、工会经费的使用原则

(一)遵纪守法原则。严格遵守国家法律法规,严格执行学校和上级工会有关制度规定,严肃财经纪律,严格工会经费使用,认真执行工会财务制度。

(二)预算管理原则。工会一切费用均应纳入预算,经费年度收支预算(含调整预算)需经工会委员会讨论通过和工会经费审查委员会审查同意,并报上级主管工会批准。基层分工会各项活动经费按年度在指标额度内按学校财务和工会财务规定进行规范报销。

(三)服务职工原则。坚持工会经费正确的使用方向,优化工会经费支出结构,严格控制一般性支出,将更多的工会经费用于为职工服务和开展工会活动,维护职工的合法权益,增强工会组织服务职工的能力。

(四)勤俭节约原则。按照党中央、国务院和安徽省委、省政府关于厉行勤俭节约反对奢侈浪费的有关规定,严格控制工会经费开支范围和开支标准,经费使用要精打细算,少花钱多办事,节约开支,提高工会经费使用效益。

(五)民主管理原则。依靠会员管好用好工会经费。年度工会经费收支情况应定期向会员大会或会员代表大会报告,建立经费收支信息公开制度,主动接受会员监督。同时,接受上级工会和相关工会经费审查委员会监督,依法接受国家审计监督。

二、工会经费的使用范围

本工会经费是指学校工会的会费收入、拨缴经费收入、上级工会补助收入、行政补助收入等渠道形成的经费。主要用于为职工服务和开展工会活动。具体可以用于以下支出:

(一)职工集体福利和困难帮扶慰问。

1. 限额范围内的逢年过节和生日慰问的福利支出。根据有关文件精神,会员全年每人福利支出总额根据实际情况,由相关会议集体研究具体决定。

2. 教职工年度体检支出,支持职工互助保障支出。

3. 工会会员结婚、符合政策的生育,采用现金形式向本人表示祝贺,金额600元。

4. 工会会员生病住院,由工会组织相关人员前往探视一次,视情况给予不超过1000元的慰问品(慰问金)。

5. 工会会员退休离岗,发放金额不超过1000元的纪念品。

6. 工会会员本人及家庭因大病、意外事故、子女就学等原因致困时,根据会员困难情况一次性给予不超过2000元的慰问金。

7. 工会会员去世,可给予不超过2000元的慰问金;工会会员直系亲属(限于配偶、子女、父母)去世,可给予不超过1000元的慰问金。送花圈(或挽幛)一个。

(二)职工活动支出。

1. 学校工会和上级工会组织的相关文体活动经费支出。

2. 根据工会财务状况,原则上按照分工会会员人数,按年确定相应的经费预算额(人均一般不超过150元),由各分工会开展活动后据实报销支出。经费的使用范围为分工会开展教育、文体、宣传等各类活动产生的支出。

3. 学校工会举办的“三八”妇女节系列活动经费支出。

4. 用于工会组织开展的劳动模范和先进职工疗休养补贴等其他活动支出。

(三)职工教育支出。

用于工会举办的专题培训所需的教材资料、教学用品、场地租金等方面的支出,用于支付职工教育活动聘请授课人员的酬金。授课人员酬金标准参照学校有关规定执行。

(四)有关先进奖励种类与标准。

1. 获全国总工会表彰。先进集体:配套奖励3000元;先进个人表彰:配套奖励1500至2000元。

2. 获全国教科文卫体工会表彰。先进集体:配套奖励2500元;先进个人表彰:配套奖励1000至1500元。

3. 获省总工会表彰。先进集体:配套奖励2000元;先进个人:配套奖励800至1000元。

4. 获省教科文卫体工会表彰。先进集体:配套奖励1500元;先进个人:配套奖励300至500元。

5. 获校级工会表彰。先进集体:1000元;先进个人:500元。

6. 各类文体活动奖励。文体活动奖励应以精神鼓励为主、物质激励为辅,奖励范围不得超过参与人数的三分之二。根据活动的实际情况、规模、影响力和参与度进行奖励,集体奖励:800至2000元;个人奖励:最高不超过500元。

7. 教代会优秀提案、劳动技能竞赛等。工会组织开展的合理化建议、岗位练兵等劳动和技能竞赛活动等优胜者奖励,范围不超过三分之一,人均不超过500元;教代会优秀提案奖励500元。

(五)兼职工会干部补贴。

1. 补贴范围:各分工会主席、女工委主任、财务人员。

2. 补贴标准:每月200元。

(六)其他支出。

经工会委员会研究通过的除上述支出以外的其他有关支出。

三、本办法(试行)自2019年1月1日起实施,相关未尽事宜按照上级有关文件精神,根据学校具体情况办理

四、本办法(试行)由学校工会负责解释

安徽商贸职业技术学院专业技能竞赛管理与奖励办法(修订)

商职院字〔2019〕36号　2019年4月8日

为进一步推进我校教育教学改革,促进各专业"以赛促学、以赛促练、以赛促教、以赛促改",提高技术技能型人才培养质量。根据《安徽省教育厅关于2019年安徽省大学生学科和技能竞赛工作安排的通知》(皖教秘高〔2019〕20号)、《安徽省教育厅关于进一步加强大学生学科和技能竞赛项目管理的意见》(皖教秘高〔2016〕3号)等文件精神,特修订《安徽商贸职业技术学院学生专业技能竞赛管理与奖励办法》(商职院字〔2016〕156号)如下:

一、学生专业竞赛的组织管理

(一)学校学生专业技能竞赛项目分为四类,具体如下:

一类、二类赛事:分别对应安徽省大学生学科和技能竞赛A、B类项目列表(2019年版、非体育艺术类)以及其他学校认定的竞赛项目,若安徽省教育厅出台新的赛事类别,将以新版的A、B类项目为准;

三类赛事:省级组织的学生专业技能竞赛项目以及其他非一、二类的专业全国性竞赛赛事;

四类赛事:市级和我校组织的学生专业技能竞赛项目以及其他非一、二、三类的专业全省性竞赛赛事。

(二)一类、二类赛事报名由各系部指定的赛事指导教师在线提出参赛队申请,经教学系部、教务处审核后,报分管校领导批准。

(三)三类、四类赛事首次参赛,由各系部指定的赛事指导教师在线提出新赛项申请,经教学系部、教务处审核后,报分管校领导批准。导出《安徽商贸职业技术学院专业技能竞赛项目申报表》,交教务处留存。非首次参赛可以直接提交参赛队申请。

(四)在组织、培训学生参赛时,团体赛项中同项目参赛队原则上安排指导教师数不超过2名,个人赛项中参赛选手原则上只安排1名指导教师。全国职业院校技能大赛赛项可以申报辅助指导教师团队,辅助团队成员数1—3人。

二、学生参加专业竞赛的奖励办法

为鼓励学生积极参赛,学校对学生参加专业竞赛给予奖励,具体包括:比赛优异成绩奖励、比赛优秀表现奖励和训练奖励。

(一)比赛优异成绩奖励。

1.学校对在专业竞赛中取得优异成绩的学生进行奖励和表彰,奖励标准由学校统一规定。其中参加全国职业院校技能大赛的学生,所在学期没有违纪违规行为,且比赛后及时参加教学活动,均可以申请课程免修,不申请则视为正常参加课程考核。申请课程免修的,课程学分具体置换如下:

获得一等奖,所有非实习实训类课程均认定95分,实习实训课均认定为优秀等级;

获得二等奖,所有非实习实训类课程均认定85分,实习实训课均认定为优秀等级;

获得三等奖,所有非实习实训类课程均认定80分,实习实训课均认定为良好等级;

未获奖,所有非实习实训类课程均认定75分,实习实训课均认定为中等等级;

同一系列的比赛按最高等级奖励,不重复奖励;以个人成绩决定团体名次时,只奖励个人名次。

2.由指导教师在线提交获奖证明材料(获奖证书等)后申报奖励,经教学系部、教务处审核,分管校领导批准后,导出《安徽商贸职业技术学院专业技能竞赛获奖学生奖励申报表》报教务处留存,公示后发放奖金。

3.根据《关于印发安徽省职业院校升学考试改革试点方案(试行)的通知》(皖教办〔2014〕2号)文件精神,凡在校期间,获得安徽省职业院校技能大赛一等奖或全国职业院校技能大赛三等奖及以上的应届毕业生,在个人意愿的基础上,可以直接参加相应专业的专升本面试。

(二)比赛优秀表现奖励。对于外出参加比赛并在比赛期间表现优秀的学生给予奖励:参加全国职业院校技能大赛比赛期间每人每天180元,其他比赛每人每天100元。

（三）训练奖励。对学生参赛训练给予训练奖励。训练天数综合赛队申报时间、比赛时间和训练计划计算。学生训练奖励费分别为：全国职业院校技能大赛每人每天40元，安徽省职业院校技能大赛每人每天20元，其他比赛每人每天10元，对于外出参加比赛集训与交流的每人每天100元。原则上给予学生的训练奖励费不超过一个月，对于不足一个月的，按实际训练天数计算。

三、教师指导学生参赛获奖奖励办法

学校对在专业竞赛中指导学生取得优异成绩的指导教师和辅助指导教师团队实行“以奖代补”的奖励办法。比赛结束后，指导教师在线提交获奖证明材料（获奖证书等）后申报奖励，经教学系部、教务处审核，分管校领导批准后，导出《安徽商贸职业技术学院专业技能竞赛指导教师奖励申报表》报教务处留存，公示后发放奖金。同一个赛项中既有团体赛又有个人赛，以团体赛获奖等级为准，同一系列的比赛按最高等级奖励，不重复奖励。具体奖励标准为：

（一）一类赛事。

参赛选手获一等奖，指导教师个人一次性奖励15000元；参赛选手获二等奖，指导教师个人一次性奖励10000元；参赛选手获三等奖，指导教师个人一次性奖励5000元。

其中，针对全国职业院校技能大赛，参赛选手获一等奖，指导教师个人一次性奖励20000元；参赛选手获二等奖，指导教师个人一次性奖励13000元；参赛选手获三等奖，指导教师个人一次性奖励7000元。同时，设立“辅助指导教师团队奖”“蝉联奖”“进步奖”“突出贡献奖”“优秀教练”和“金牌教练”荣誉称号。

辅助指导教师团队奖：参赛选手获一等奖，辅助指导教师团队一次性奖励5000元；参赛选手获二等奖，辅助指导教师团队一次性奖励3500元；参赛选手获三等奖，辅助指导教师团队一次性奖励2000元。

蝉联奖：对当年国赛成绩继续保持一等奖的项目，指导教师团队（含指导教师）一次性再奖励10000元。

进步奖：当年国赛成绩比往年成绩有提升的项目，每上升一个等级，指导教师团队（含指导教师）一次性再奖励5000元。

突出贡献奖：奖励在赛项训练组织安排方面有创新，以赛促教成效显著，并在本年度全国职业院校技能大赛中荣获一等奖2项以上（含2项）或对当年国赛成绩继续保持一等奖的系（不重复计），给予奖励10000元，具体获奖人员名单由系里确定。

优秀教练：指导学生参加全国职业院校技能大赛获得二等奖的指导教师，学校颁发证书。

金牌教练：指导学生参加全国职业院校技能大赛获得一等奖的指导教师，学校颁发证书。

（二）二类赛事。

参赛选手获一等奖，指导教师个人一次性奖励5000元；参赛选手获二等奖，指导教师个人一次性奖励3000元；参赛选手获三等奖，指导教师个人一次性奖励2000元。

（三）三类赛事。

参赛选手获一等奖，指导教师个人一次性奖励2000元；参赛选手获二等奖，指导教师个人一次性奖励1500元；参赛选手获三等奖，指导教师个人一次性奖励800元。

（四）四类赛事。

参赛选手获一等奖，指导教师个人一次性奖励800元；参赛选手获二等奖，指导教师个人一次性奖励500元；参赛选手获三等奖，指导教师个人一次性奖励300元。

四、教师参加教学能力比赛获奖奖励办法

（一）奖励标准。

教学能力比赛专指全国和安徽省职业院校技能大赛（教师组）教师教学能力比赛。奖励标准如下（以团队为单位）：

赛事级别	一等奖（元）	二等奖（元）	三等奖（元）
国赛	45000	27000	18000
省赛	15000	9000	6000

（二）其他奖励

当年在全国职业院校技能大赛（教师组）教师教学能力比赛中荣获一等奖的系（部），奖励5000元，具体获奖名单由系（部）提出。

五、本办法自文件发布之日起执行，解释权归教务处。原《安徽商贸职业技术学院学生专业竞赛管理与奖励办法》（商职院字〔2016〕156号）同时废止

安徽商贸职业技术学院社会服务促进与管理暂行办法

第一章　总　则

第一条　为贯彻落实《国家职业教育改革实施方案》，充分利用学校资源，调动教职工开展社会服务的积极性，发挥学校在服务行业、企业和地方经济建设中的作用，进一步提升学校社会服务能力，根据国家和安徽省相关政策文件规定，结合学校实际情况，制定本办法。

第二条　本办法所称的社会服务是指校内机构或个人，在完成学校日常教学、科研和管理工作任务外，以学校名义或利用学校资源开展的各类社会服务活动，包括教育培训服务、资源使用服务、技术应用服务和其他服务等。

第三条　学校积极鼓励校内机构或个人开展各种类型的社会服务活动，并从合同管理、财务管理、场地、设施设备和人员等方面积极为社会服务活动开展提供服务和支持。

第四条　学校开展社会服务应坚持“统一领导、集中核算、收支平衡、结余留用”原则，实行“收支两条线”管理。

第五条　学校必须严格遵守国家有关法律法规和财经纪律的规定开展社会服务，不得影响日常教学、科研和管理工作。

第六条　学校开展社会服务实行合同登记备案制和项目专户管理。校内机构或个人开展社会服务应签订合同，其中拓展性社会服务项目需向科研处办理登记备案手续，学校财务处据以设立项目专户，进行项目收支明细核算。

第七条　未经学校同意不得以学校名义或利用学校资源私自开展社会服务活动。对私自开展服务活动的，一经发现，除补偿学校资源使用费外，没收不当所得，并追究相关人员责任。

第二章　收入管理

第八条　学校开展各类社会服务取得的收入应全部纳入预算。属于非税收入的应按照《安徽省非税收入管理条例》的规定及时、足额缴入国库；属于应税收入的，学校应代扣代缴相关税费。

第九条　学校独立开展社会服务取得的收入由财务处按照合同或文件规定统一收缴，并开具非税收入票据或税务发票。未经财务部门授权，学校任何部门或个人不得向校内外单位或个人收取任何费用。

第十条　校内机构或个人与校外单位联合开展社会服务，如合同或文件规定由我校财务部门统一收缴相关费用并开具非税收入票据或税务发票的，应按照票据总额确认收入；如为外单位开具票据的，应按照合同或文件规定的分成金额确认收入。

第十一条　校内任何机构或个人不得隐瞒、截留、转移、挪用、坐支、私分各类社会服务收入，不得私设“小金库”。发现上述违反财经纪律的行为，学校将依法依规追究相关部门及人员责任。

第三章　支出管理

第十二条　学校开展各类社会服务发生的支出应全部编列预算。校内机构或个人在签订社会服务合同后应及时根据支出需要填报预算申请表，财务处根据批复的预算设立项目专户。

第十三条　各类社会服务项目在编列支出预算时，应根据收入金额编列管理费，其中100万元以内部分按3%编列，100万元以上部分按2%编列；如使用学校场地、耗费学校水电材料等资源的，应按照收入金额编列资源使用费，其中100万元以内部分按5%编列，100万元以上部分按3%编列；如需开具税务发票的，应按照规定的税费比率编列税费。

第十四条　社会服务发生的其他各项支出，按项目性质进行归口分类管理。

（一）常规性社会服务项目。

常规性社会服务项目是学校目前已经开展的常规教育培训服务、资源使用服务活动，包括省培项目，面向本校学生的自考助学、职业技能鉴定、各种考证辅导培训等项目，承接的各种社会考试类项目，教室、机房、实验室、体育场馆等国有资产临时短期对外出租项目等。常规性社会服务项目支出预算由现有归口部门编制，其开支范围和标准执行学校相关制度规定。

（二）拓展性社会服务项目。

拓展性社会服务项目是除上述常规教育培训服务、资源使用服务活动以外的社会服务项目，如各部门、各系部举办的社会培训辅导班、国培等教育培训服务，校内机构或个人开展的各类技术应用服务等。拓展性社会服务项目支出预算由承办部门或个人编制，其开支范围和标准按照合同规定执行；合同未明确规定的，按学校相关制度规定执行。

第四章 结余管理

第十五条 社会服务项目结余是指项目完成后，收入减去支出后的余额。校内机构或个人在开展社会服务时，应及时凭合法有效单证和票据办理财务报销手续；社会服务项目完成后，应及时到财务处办理项目支出结算手续，计算项目结余。

第十六条 跨年度未完成的社会服务项目只办理年度结算，不计算项目结余；下年度在项目可使用资金额度内继续安排支出预算。

第十七条 常规性社会服务项目的结余，可用于弥补学校的办学经费不足、教职工超工作量奖励等；拓展性社会服务项目的结余，可用于弥补主办部门或系部的运行经费不足、教职工超工作量奖励等。

第五章 附 则

第十八条 社会服务项目支出中的教职工劳务费、超工作量奖励暂不计入绩效工资总额。技术应用服务的扶持与奖励办法按照相关科研管理制度的规定执行。

第十九条 校内其他制度与本办法不一致的按本办法执行。

第二十条 本办法自 2019 年 7 月 1 日起执行。

安徽商贸职业技术学院国外学生来华短期文化交流项目管理办法

第一章 总 则

第一条 开展短期文化交流项目旨在贯彻国家教育对外开放政策和“一带一路”建设倡议，加强与各国高校开展人文交流，提升我校国际交流与合作水平以及与国外友好院校的校际关系。项目的开展将使国外学生更好地了解、学习优秀的中国文化，了解中国的历史和发展状况，促进中外学生之间对彼此文化的理解和包容，促进不同国家间学生在职业教育领域的交流。

第二条 本办法适用于我校组织开展的国外学生来华短期文化交流项目，交流时间一般为三个月及以下。

第二章 组织与管理

第三条 学校建立“国外学生来华短期文化交流”项目领导组。

组长由学校党委书记、校长担任。

副组长由分管学生工作的校领导、分管教学工作的校领导、总会计师担任。

成员：学校办公室、教务处、学生工作处、后勤管理处、团委、宣传统战部、保卫处、财务处、信息管理中心及相关系部的负责人。

学校办公室统筹协调短期文化交流项目工作，相关职能部门和系部共同负责实施。

第四条 统筹协调工作由学校办公室负责。工作职责包括：前期沟通，活动方案制定；市内外交通安排；校外研学活动安排，外地研学餐食住宿管理；接待沟通；典礼组织等。

第五条 教学管理工作由教务处负责。工作职责包括：教学场所安排，教师安排，教学班主任（兼课堂翻译）安排；教学设施设备保障；教学材料和工具准备；日常教学管理；学习证件和证书制作；其他相关教学管理工作。

第六条 学生管理服务工作由学生工作处和团委共同负责。工作职责包括：学生管理规定教育，中国法律法规教育；生活班主任安排；协助学生日用品购置，引导学生了解校园设施设备；中外学生结对活动安排；其他相关学生管理工作。

第七条 后勤及安保工作由后勤管理处、保卫处、信息办公室、校医院共同负责。工作职责包括：校内宾馆住宿安排，设施安全保障，卫生检查和日常服务，食堂就餐安排，餐饮安全保障；校园安全保卫、交通管理；网络信息安全保障；医疗健康保障等。

第八条 宣传工作由宣传统战部负责。工作职责包括：教学等活动场景拍摄、活动新闻宣传、媒体报道等。

第三章 工作量核算

第九条 校内外教学课时由教务处负责核算工作量。校内教学课时计算标准为每位教师每半天4课时（基本课时津贴）；校外研学课时计算参照学院实习实训课时计算标准，按照每位教师每天4课时（基本课时津贴）执行。行政兼课教师参加上述工作的，工作量核算不打折。教学班主任和生活班主任的津贴由学生工作处负责核算工作量，标准为960元/期（每15天为一期，不足15天的根据15天计算）。参与项目值班的人员的管理服务工作奖励根据商职院字〔2018〕36号文件标准由学校办公室负责核算。

第四章 其 他

第十条 本办法相关规定由学校办公室负责解释。

第十一条 本办法自公布之日2019年10月8日起实施。

安徽商贸职业技术学院教职工攻读学历学位管理暂行办法

第一章 总 则

第一条 为实施“人才强校”战略，加强师资队伍建设，鼓励教职工攻读学历、学位，提高教职工整体学历层次、学识水平，改善教职工队伍结构，规范教职工攻读学历、学位管理，根据学校实际，特制订教职工攻读学历、学位管理暂行办法。

第二条 本办法中的攻读学历、学位指的是教职工攻读硕士学历、学位，攻读博士学位（含攻读博士学历、学位）。

第三条 学校选派教职工攻读学历、学位，坚持政治思想和业务素质并重、理论学习与实践锻炼统一、学以致用、注重实效的原则，以非脱产学习为主，多形式、分批次实施。

第四条 学校对专业带头人、优秀中青年骨干教师、重点建设专业有关人员实施重点培养，优先选派。

第五条 学校及各相关部门积极为教职工攻读学历、学位提供便利，适当减少教职工在职攻读期间承担的教学工作量，便于专心学习，顺利完成学业。

第二章 申请攻读学历、学位条件

第六条 申请攻读学历、学位的教职工必须拥护中国共产党领导，热爱社会主义祖国，具有良好的思想品德和职业道德，为人师表，认真履行岗位职责，服从教育教学工作安排，近三年年度考核均为合格以上。年度教学测评（辅导员测评）在本系、部排名后10%的教师（含行政兼课教师）在测评后的一年内不得提出申请（后10%不足1人的按1人计算）。

第七条 教职工攻读学历、学位实行计划管理。各系、部应根据实际情况制定教职工攻读学历、学位计划，合理安排教职工学习深造；行政兼课教师申请攻读学历、学位须先取得部门负责人和分管领导的书面同意后再由所在系、部按计划安排。

第八条 教职工申请攻读学历、学位要满足专业对口要求。教职工报考专业应为本人现从事的专业或学校发展急需的专业。

第九条 教职工申请攻读学历、学位应符合工作年限规定。教职工须在学校连续工作满两年后方可申请报考；在学校工作期间取得硕士学历、硕士学位的教职工原则上应在取得学位后再工作满两年方可申请攻读博士学位。

第三章 申报、审批程序

第十条 符合学校相关规定，拟攻读学历、学位的教职工于每年9月15日前向所属系、部递交申请。

第十一条 各系、部应根据本部门教职工队伍现状，在确保工作任务落实的情况下合理安排教职工攻读学历、学位，并于每年9月30日前将《教职工攻读学历、学位报考计划申报表》报送组织人事处。

第十二条 组织人事处将各系、部《教职工攻读学历、学位报考计划申报表》汇总报学校审批后，下达下年度教职工攻读学历、学位报考计划。

第十三条 教职工不能两次及以上申请同层次学历、学位攻读计划。

第十四条 未经学校同意私自攻读学历、学位的，学校与其解除聘用关系。

第四章 攻读学历、学位期间管理

第十五条 申请攻读学历、学位的教职工，在取得录取通知书后，须与学校签订《选派教职工攻读硕士（博士）学历、学位协议》。如未办理相关手续擅自离开学校参加学习，学校有权停发其工资、奖金、津贴及取消一切福利待遇。

第十六条 攻读学历、学位的教职工应严格遵守培养学校的规章制度，加强专业理论知识和技能的学习，了解并掌握学科发展前沿，更新知识结构，提高教学、科研水平。

第十七条 攻读学历、学位期间，不得随意调整攻读专业、时间和形式，不得无故中断学习。确需调整或因故不能坚持攻读的，应经所在部门批准（行政兼课人员和专职辅导员还要征得相应系部同意），报组织人事处，由学校研究决定。无正当理由未完成攻读任务的，退还本办法第二十一条所规定的全部借款，三年内不得再次申报攻读计划。

第十八条 教职工攻读学历、学位期间应与所在部门和组织人事处保持联系，及时办理请假和销假手续。教职工所在部门要及时了解攻读学历、学位教职工的思想和学习情况。

第十九条 攻读学历、学位教职工完成学业后，必须将学历、学位证书、科研成果（论文、论著）原件、复印件以及学习成绩表等有关材料送组织人事处，由组织人事处存档，作为费用报销、奖励发放、履职考核的依据。

第五章 攻读学历、学位期间的待遇

第二十条 攻读学历、学位教职工脱产学习期间能正常完成学业、表现良好的，其教育教学工作量全部减免，年度考核视为合格。

第二十一条 教职工在脱产学习期间的工资福利正常计算（学校另有规定的除外），办理借款手续，以向学校借款方式发放。完成学业返校工作且服务期满后，该借款协议自动失效，已经领取的借款视为该教职工脱产学习期间的正常工资福利待遇。

第二十二条 教职工攻读硕士学历、学位原则上采用非脱产学习方式，经学校批准最多只允许脱产一年。攻读博士学位，脱产不得超过两年，特殊情况经学校批准最多可延长一年，但不再享受当年学校的各项奖励、福利待遇；教职工攻读学历、学位脱产时间超过上述规定仍不返校工作的，学校与其解除聘用关系。

第六章 攻读费用报销与完成学业奖励

第二十三条 费用报销。

1.教职工攻读博士学位期间，以正式学费票据为凭证按照100%的比例报销学费（不包括教材费、资料费、论文指导费等），但报销学费总额最高不超过6万元 。属于国家公费培养的，则以培养学校相同类型学位学费为计算基数予以奖励，奖励比例为50%，最高不超过3万元。

教职工攻读硕士学历、学位期间学费由个人自理（2008年7月1日以前进校工作人员享受3年过渡期，2022年底前未入学开始攻读硕士学历学位的不再报销学费）。

2.教职工攻读学历、学位期间城市间往来交通费（不包括乘坐软卧、飞机等超标准费用和出租车费用）按照每学期往返一次的标准报销，住宿费按不超过1200元/学期的标准报销。

3.除上述费用外，其他相关费用一律由教职工本人自行承担。

4.教职工未能完成学历、学位攻读任务，未取得相应学历、学位的，已报销的费用全额退回学校。

第二十四条 完成学业奖励。

1.学校对完成学业取得博士学位回校工作的教职工给予一次性奖励人民币8万元。

2.学校对完成学业取得博士学位的教职工，在未取得副教授技术职务之前给予三年的校内副教授待遇。

3.在政策许可以及学校有编制空额的前提下，学校将积极为同时取得博士学历、学位的编外教师办理入编手续。

第七章 服务期及违约规定

第二十五条 服务期规定。

1.攻读学历、学位的教职工，在完成学业后应为学校服务满五年方可申请离校。教职工在学校工作期间先后攻读硕士、博士学历、学位的，其服务期叠加计算。

2.教职工从取得学历、学位返校工作的当月起计算服务年限，实际工作满一年算一年服务期，不满一年不计算。服务年限计算不包含以下时间：半年以上病假时间，一个月以上事假时间，其他各种原因离开学校半年及以上时间。

第二十六条 违约规定。

1.教职工在未完成攻读任务或未完成服务期的情况下离校（具体含义见第二十七条），须退回按照上述第二十三条、二十四条规定从学校领取的费用报销金额和奖励金额，偿还按照上述第二十一条规定向学校的借款，并按以下标准交纳培养补偿金：按未完成的总服务期限计算，博士20000元/年，其他人员10000元/年。

2.对于违约并拒绝退回报销金额和奖励金额、不偿还借款或拒绝支付培养补偿金的，学校有权冻结其人事关系并通过法律途径解决。

第八章 附 则

第二十七条 本办法中“离校”是指离开学校半年以上的人员，包括：个人申请调出；自费出国留学、进修、研修；以及因辞职、辞退、开除等原因学校与其解除聘用关系。

第二十八条 本办法自公布之日2019年11月7日起执行，原学校颁布的《教师攻读学位及进修学习管理办法》、《安徽商贸职业技术学院教师进修培养管理暂行规定》（商职院字〔2007〕

33号)、《安徽商贸职业技术学院教师进修培养管理暂行规定的补充规定》、《安徽商贸职业技术学院教职工学历 学位进修培养管理暂行规定》(商职院字〔2015〕26号)同时废止。其他文件中有与本办法不一致的,以本办法为准。

第二十九条 本办法由组织人事处负责解释。

安徽商贸职业技术学院“第二课堂”活动学分认定管理办法(试行)

第一章　总　则

第一条　为促进大学生思想政治素养、社会责任感、创新精神、实践能力等全面发展，培养德智体美劳全面发展的社会主义建设者和接班人。学校决定将“第二课堂”活动学分纳入学校人才培养体系，为做好活动学分认定工作，特制定本办法。

第二条　“第二课堂”活动学分制度是学校人才培养模式改革的重要组成部分，全日制在校生必须修满办法规定的“第二课堂”活动学分方可毕业，“第二课堂”和“第一课堂”成绩单一并装入毕业学生档案。

第二章　“第二课堂”活动课程和学分体系

第三条　根据构建素质养成、知识传授、能力培养和创新创业教育“四位一体”的教育模式精神，第二课堂活动主要涵盖思想政治素养、社会责任担当、创新创业能力、文体素质拓展、工作成长履历五大课程模块。

(一)“思想政治素养”模块主要记载学生入党、入团情况，学生参加党校、团校、青马工程培训经历，参加主题党团日活动、专题讲座、思政理论实践等思想引领类活动经历以及获得的相关荣誉。

(二)“社会责任担当”模块主要记载学生参与践行社会主义核心价值观、支教助残、无偿献血、社区服务、公益环保、赛会服务、“三下乡”社会实践、“西部计划”等各类志愿公益和实践活动的经历，以及获得的相关荣誉。

(三)“创新创业能力”模块主要记载参与各级各类学术科技、创新创业竞赛和活动的经历及获得的相关荣誉，以及发表论文、出版专著、取得专利、获取“1+X”及其他职业技能证书等情况。

(四)“文体素质拓展”模块主要记载学生参与文艺、体育、人文素养、美育教育等各级各类校园文化活动的经历以及获得的相关荣誉。

(五)“工作成长履历”模块主要记载在校内外党团学(含学生社团)组织的工作任职经历。

第四条　学生在完成第一课堂学习要求的基础上，至少修满12个“第二课堂”学分方可毕业，学分构成为思想政治素养3学分、社会责任担当3学分、创新创业能力3学分及文体素质拓展3学分，分三年完成，所有“第二课堂”学分应于第五学期结束时修满(五年制完成2个学分即可，第三学期结束时修满)。思想政治素养、社会责任担当、文体素质拓展三个模块，每个学期至少完成0.5个学分(最后一个学期除外)。

第五条　学生思想素质素养、社会责任担当、文体素质拓展模块的二课活动成绩采用积分换算学分方式计量。同一模块项目每16个积分，计相应模块1个学分，以此类推，累计积分换算结果；各模块积分独立计量，工作成长履历模块不设置必修学分，只记录学生校内外党团学(含学生社团)组织的工作任职经历。

第六条　社会责任担当模块和创新创业能力模块学分参照学校出台的相关办法执行。其中创新创业能力模块学分由招生就业处具体实施，其他模块由团委具体实施。

第七条　学生“第二课堂”思想素质素养、社会责任担当、文体素养拓展模块成绩分五级评定：每学年16个积分以下的为“不合格”，16—18个积分的为“合格”，19—21个积分的为“中等”，22—24个积分的为“良好”，25个积分以上的为“优秀”。

第三章　组织实施

第八条　学校成立“第二课堂”活动学分实施领导小组，学校党委书记和校长任组长，由分管学生工作和教学工作的校领导任副组长，各相关部门和系部党政负责人为成员。全面统筹规划和领导学校“第二课堂”活动学分实施各项工作。

第九条　领导小组下设“第二课堂”活动学分实施工作办公室，挂靠校团委。办公室负责“第二课堂”活动的统筹规划、指导、考评和网络系统管理培训等工作，与学校易班发展中心统筹协同开展相关工作。

第十条　各系部成立“第二课堂”活动学分实施工作组，工作组和各系部易班工作站合署办公，由系部党总支书记、系主任任组长，系团总支书记任副组长，辅导员为成员。负责组织系部“第二课堂”活动学分实施工作，内容主要为规划系部“第二课堂”活动项目设置、保障网络系统管理员队伍建设、支持第二课堂活动开展、审核班级团支部“第二课堂”活动学分认定结果并公示。

第十一条 各班级成立由辅导员、学生干部和学生代表5—7人组成的“第二课堂”活动学分认定小组，由辅导员任组长，团支部书记和班长任副组长，负责班级学生“第二课堂”活动学分成绩的认定、公示和上报等工作。

第十二条 “第二课堂”活动发布和学分记录认定使用学校采购的网络管理系统进行综合管理。

第十三条 各年级学生须完成相应“第二课堂”活动学分方可参加学年评奖评优、推优入党等。

第十四条 每学年内因特殊原因未修满“第二课堂”各模块最低限定积分的学生，在下一学年开学一周内向二课管理部门提交申请，审核通过后学生可按照“差多少补多少”的原则，补修上学年未完成的“第二课堂”活动学分。

第十五条 非毕业班学生“第二课堂”活动学分以学年为认定期限，每学年九月开学三周内完成认定、审核、公示、备案。符合毕业条件的，在“第二课堂”活动成绩单上盖章，成绩单装入档案；不符合毕业条件的，按照在毕业前三个月内完成补修方可毕业。领取毕业证前还未完成学分的按学校学籍管理规定处理，延期毕业。因身体健康等客观原因不能按期修满“第二课堂”课程学分的，由学生所在系部实施工作组提交相关材料报学校“第二课堂”活动学分实施领导小组研究处理。

第四章 附 则

第十六条 “第二课堂”活动学分实施工作中，针对弄虚作假获得学分的学生，经查实认定，取消其相应项目积分；针对违规操作项目的学生组织，经查实认定，取消该组织的活动组织权，追究负责人责任，并根据学生管理相关规定给予处分。

第十七条 本《办法》自公布之日2019年12月5日起开始施行，由“第二课堂”活动学分实施工作办公室负责解释。

坚持立德树人 强化内涵发展 为争创国家特色高水平高职院校而努力奋斗

——中共安徽商贸职业技术学院第四次党员代表大会党委工作报告

党委书记 章顺来

（2019年1月23日）

各位代表,同志们:

现在,我代表中国共产党安徽商贸职业技术学院委员会向大会作报告,请予审议。

中国共产党安徽商贸职业技术学院第四次代表大会,是在中国特色社会主义进入新时代,国家职业教育发展进入“黄金时期”,学校事业发展站在新起点的背景下召开的一次十分重要的会议。

本次大会的主题是:以习近平新时代中国特色社会主义思想为指导,全面贯彻落实党的十九大和全国教育大会精神,团结带领全校党员和广大师生员工,坚持立德树人,强化内涵发展,为争创国家特色高水平高职院校而努力奋斗。

一、过去五年的工作回顾

五年来,学校党委在省委和省委教育工委的正确领导下,坚定不移抓党建,聚精会神谋发展,充分把握高职教育办学规律,重内涵、提质量、抓创新,圆满完成学校第三次党代会确定的主要目标任务,学校各项事业呈现出生机勃勃的发展态势,综合实力明显增强,社会影响不断扩大。

(一)坚定不移抓党建,党的领导核心地位全面加强

总揽全局作用有效发挥。学校党委牢牢把握社会主义办学方向,把党和国家重大决策部署落实到办学治校全过程,努力培养德智体美劳全面发展的社会主义建设者和接班人。不断增强“四个意识”,坚定“四个自信”,践行“两个维护”,始终在思想上政治上行动上同以习近平同志为核心的党中央保持高度一致。深入开展“三严三实”专题教育,扎实推进“两学一做”学习教育常态化制度化。统筹抓好从严治党、战略规划、综合改革、依法治校等重点工作,党委总揽全局、协调各方的能力不断增强,把方向、管大局、保落实的领导核心和政治核心作用有效发挥,学校领导班子考核连续三年被省委教育工委评为优秀等级。

思想政治工作成效明显。认真组织学习贯彻党的十八大、十九大精神和习近平新时代中国特色社会主义思想,不断健全和完善党委中心组学习制度,形成了领导干部带头、总支和支部分层学习的长效机制。严格落实意识形态工作责任制,牢牢把握意识形态工作领导权主动权,大力培育和践行社会主义核心价值观。发挥思政课堂主渠道作用,打造“教师热爱、学生喜爱”的思政理论课,学校思政理论课质量不断提高,荣获全国高职高专院校微课教学比赛一等奖和安徽省高职院校教学能力大赛一等奖,学生对思政课教学的获得感不断增强,对教学与教师的满意度分别达到92%和96%。加强辅导员工作与思政理论课教学一体化合作平台建设,推进辅导员和思政理论课教师“双向兼岗”“结对交流”。创新开展晨读经典、钢笔字练习等活动,强化中华传统文化教育。学校共青团建设不断改革创新,被评为省“五四红旗团委”、全国高校践行社会主义核心价值观“示范团支部”,在全国第五届大学生艺术展演活动中获艺术实践工作坊二等奖,“喜迎十九大,庆祝祖国68周年华诞”快闪活动获中央电视台报道。

基层党建质量不断提高。积极开展基层党组织标准化建设和质量提升行动,不断健全二级系部党总支会议和党政联席会议议事规则,落实党组织对办学方向、教师队伍建设、师生员工切身利益等重大事项的政治领导。建立基层党组织标准化建设平台信息系统,扎实开展年度党组织书记抓基层党建工作述职评议考核,建立基层党建督查机制,严格落实“三会一课”

等制度,6个基层党组织已通过达标验收,支部的战斗堡垒、党员的先锋模范作用不断增强。各基层党组织利用"两微一端"等工具,不断创新活动内容与方式,一系列"微党课"使党建工作呈现蓬勃生机。电子信息工程系第二党支部"三单制"服务进社区的经验做法登上全省党建"微经验"大平台,在全省范围内被宣传推介。

干部队伍建设持续加强。认真学习贯彻《党政领导干部选拔任用工作条例》,严格按要求开展干部交流轮岗,共交流中层干部30人次,新提拔中层干部32人次,一批能力强、素质高的年轻干部走上了系部、处室领导岗位,选人用人的公信度进一步提高。每年通过选派干部培训、举办暑期中层干部培训班等形式,加大干部的教育培训力度,完成了630人次的校本培训。实行中层正职及以上干部述职述廉和干部个人有关事项申报等制度,切实加强干部的监督管理。完善干部管理和考核方式,广大干部干事创业的积极性和主动性进一步增强,能力不断提升,为推动事业发展提供了坚强的组织保证。

全面从严治党深入推进。认真落实党风廉政建设责任制,履行党委主体责任和纪委监督责任,制定修订全面从严治党规章制度16项,强化重点领域和关键岗位工作开展的事前、事后监督。认真做好省委巡视组巡视反馈意见的整改落实,制订52项整改任务、176条整改措施,确保全部问题整改到位。贯彻落实中央八项规定和省委"三十条",扎实开展了制度建设年、作风建设年等活动,组织237人次赴廉政基地学习,不断推进教育、制度、监督并重的惩治和预防腐败体系建设。以"六聚焦六整肃"为主要内容开展"讲严立"专题警示教育,得到上级部门的充分肯定,学校政治生态持续优化,营造了风清气正的良好发展环境。

(二)聚精会神谋发展,高水平大学建设取得实质进展

专业建设水平大幅提升。面向现代服务业,立足财经商贸,建立专业结构动态调整优化机制,不断加大对特色优势专业的建设投入,重点建设10个骨干专业,积极培育新兴专业,申报15个新专业,构建了"以服务现代服务业为主体、以服务新一代信息技术与文化艺术产业为两翼"的专业格局。市场营销专业获全国商业教指委人才培养方案评选"优秀"等级,电子商务、物流管理专业双双位列全国高职院校竞争力排行榜第10名,旅游管理专业获批全国职业院校旅游类示范专业点。扎实推进课程教学改革,建设国家级教学资源库课程2门、备选库课程3门,省级精品开放课程11门,获得省级大规模在线开放课程示范项目47项。获批各类省级质量工程项目190余项,获得国家级教学成果二等奖1项、省级教学成果奖46项,其中特等奖1项、一等奖11项。

校企合作机制不断完善。牵头组建安徽省财经商贸职业教育集团,加强校企合作理事会建设,不断完善学校与行业、专业与企业、学校老师与企业指导教师"三层次双元"校企合作长效机制。与近20个行业协会建立了密切联系,入选近10个行业协会和职教集团的副会长或副理事长。引企入校共建"松鼠新商业学院""迪科金服学院"等一批校企联合体,积极探索混合所有制办学和实施现代学徒制试点,推进产教深度融合,形成了10多个具有典型示范效应的校企协同育人模式。学校物流管理专业获批省快递行业人才培养基地、三只松鼠校外实习就业基地入选省首批校企合作示范基地。学校获"安徽省物流教育优秀机构""会计工厂产教融合试点单位"等称号。

创新创业教育逐步深化。以省级创业学院建设为抓手,积极推动创新创业教育与专业教育相结合,创新创业工作取得较大进展。获得省级创业大赛一等奖9项、省级就业创业指导课程教学大赛一等奖5项。在"互联网+"大学生创新创业大赛中,获国家铜奖2项,省级金奖2项,银奖10项。建设完成校内大学生创业园,首批入驻14个创业团队,与弋江区政府合作共建大学生商务创新创业园,入驻10个创业团队,其中两个年销售收入近2000万元。

内部质量保证稳步开展。推进内部质量保证体系诊断与改进工作,以专业诊改和课程诊改为突破口,成立质量保证委员会,建立健全质量标准,打造"目标链"和"标准链",初步建立了校情数据智能分析平台。建立质量报告制度,每年发布人才培养质量年报。完善质量保障制度,形成了比较完善的质量评价机制。

人才培养质量明显提高。落实立德树人根

本任务，推出十大“筑梦”育人工程，育人意识逐步增强。坚持教学中心地位，狠抓课堂教学质量，课程教学改革逐步深化。电子信息工程系获批安徽省“三全”育人综合改革试点院系，经济贸易系获安徽省“工人先锋号”荣誉称号。涌现出全国百佳团支书谷光辉、全国优秀青年志愿者孟繁锦等一批先进青年典型。学生学习技能水平不断提高，在全国各级各类大赛中屡获佳绩，获得全国职业院校技能大赛一等奖12项，其中“会计技能”赛项连续四年获得全国团体一等奖，“云计算技术与应用”赛项连续三年获得全国团体一等奖。2017年学校国赛总得奖数量以及一等奖获得数量双双进入全国前10名。2018年获得全国数学建模比赛“Matlab创新奖”，为安徽省高校的历史最好成绩。学校每年新生录取率达100%，新生报到率持续保持在94%左右，就业率一直保持在98%以上，位居全省前列。

师资队伍建设扎实推进。坚持把教师队伍建设作为基础工作来抓，通过举办新教师入职、老教师光荣退休仪式，开展教师节表彰大会、“师德标兵”评选等活动，大力营造尊师重教的良好风尚。大力开展教师“双培养双考核”活动，加强教学技能和实践技能的双向培养，强化教学业绩和育人业绩的双重考核，高素质“双师型”教师队伍正在加速形成，5年来获批认定“双师型”教师195人，中级以上职称教师通过“双师型”教师认定的比率达90.8%。加强专业带头人、专业领军后备人才、中青年骨干教师队伍建设，遴选与培养62名专业带头人、144名中青年骨干教师，资助专业领军后备人才项目10项。不断加强对中青年教师的支持和培养力度，选派国内访问学者5名，教师学历进修取得博士、硕士学位18人。在国家级教学能力大赛中，学校教师共获一等奖2项、二等奖1项、三等奖3项。大力推进辅导员队伍建设，获全国辅导员年度人物提名奖1项，获安徽省辅导员年度人物、优秀辅导员等荣誉称号6项。

科研服务能力持续增强。坚持科研服务人才培养、科研服务经济社会发展，成立3个应用研究创新平台和2个研究基地，组建一批应用研究所和研究团队，初步形成了具有我校特色的科研与社会服务体系。科研成果总量和层次不断提升，获批各类课题立项300余项，发表论文1000余篇，出版教材200余种，获得专利330多项，各类获奖300余人次，位居全省高职院校前列。学报蝉联全国高职院校优秀学报和“RCCSE中国核心学术期刊”。积极开展多种形式的继续教育和社会服务，开展非学历培训班60多个，完成省培和国培共计406人次，完成技术服务项目40余项，承担各类社会化考试和技能鉴定工作近百项，社会服务收入达1200余万元。选派3名干部赴潜山县开展扶贫工作，2名教师分别赴省内外中职学校支教，他们的先进事迹在全校师生中引起强烈反响，得到当地政府和受援学校的高度肯定。

国际交流合作有效拓展。重视国际化要求，不断扩大国际交流合作的领域和范围，与9所高校签订校际交流合作框架协议或合作备忘录，其中与美国布莱诺大学签订“3+2”中美合作办学项目协议，并合作组建海外师资培训基地。与英国南埃塞克斯学院开展合作办学，中英合作班25名毕业生获得英国5级高等教育文凭。持续开展海外师生交流学习和学术夏令营活动，选派教师、干部赴境外访学、进修、交流34人次，学生参加海外交流和学术夏令营活动19人次，丰富师生海外学习实践。开展国外学生来华短期文化交流项目，首批13名泰国职业院校学生来我校学习交流，很好地传播了中国理念，提升了安徽文化影响力。举办“一带一路”人才培养论坛，推动学校与泰国、马来西亚等“一带一路”国家在高等职业教育领域的合作，有效促进了学校国际影响力的提升，受到主管部门的充分肯定。

（三）开拓创新激活力，办学治校水平获得有效提升

办学治校方略不断明晰。加强顶层设计和统筹协调，编制“十三五”规划以及专业建设、师资队伍建设等6个子规划，同时以重点领域突破带动事业整体发展，制定了高水平大学建设、创新发展行动计划、内部质量保证体系诊断与改进、管理水平提升行动计划等一系列方案，形成了“规划引领、项目驱动”的战略发展体系。通过强化战略谋划和顶层设计，抓住事关全局、事关长远的关键问题，逐步明晰引领学校发展的办学治校总体布局。

内部治理结构日益规范。贯彻落实党委领导下的校长负责制，严格执行"三重一大"决策制度，完善党委会、校长办公会议事规则。正式发布学校《章程》，先后制定、修订规章制度200余项，以章程为核心的制度体系基本建立。完善教代会和工代会制度，开展党代会常任制试点工作，积极推进党务校务公开和民主管理。以管理水平提升行动计划为抓手，优化学校内部组织结构，明确部门岗位职责，做好党政工作要点部署、年度常规工作运行和每周活动安排，强化重大事项督查督办，学校管理体制和运行机制进一步优化，向高水平的管理迈出坚实步伐。

校园文化建设深入推进。坚持以文化人、以文育人，不断优化育人环境。制定校园环境建设总体方案，推进绿化、维修和改造工程近百项，新增改造绿化面积2.2万平方米，极大改善了校园人文环境。以突出传统文化、百年商贸办学文化为主要特征，加强校园人文景观建设，积极开展高雅艺术进校园等高品位校园文化活动，打造出一批校园文化活动品牌，努力营造学生成长成才的良好环境与氛围。在第四届书香江淮阅读活动中，我校获奖总数量在全省高校排名第一。深入开展精神文明创建活动，学校获得首届安徽省教育系统文明单位称号。

支撑保障条件有效提升。不断加强教室和实训室建设，各项教学条件得到很大改善。5万平方米综合实习实训中心项目建设高效推进，目前已破土动工，预计2020年投入使用。后勤服务流程进一步优化，后勤运行效能得到较大提高。加强节水、节电、节能等管理，荣获第一批省级"节约型公共机构示范单位"称号。完成18个信息化建设项目，学校信息化水平稳步提升，夯实了智慧校园建设基础。加强图书资源建设，新增图书15万册，开通28个试用资源库。推进档案资源数字化建设，较大提高了档案资源利用效率。

师生"获得感"持续提高。以"奖、贷、助、勤、补、减"等方式资助学生，5年来共发放奖助资金5626万元。建设完成大学生事务中心和大学生心理发展教育中心，促进学生全面发展。学生公寓空调安装、多功能文化餐厅等一系列暖心工程落实有力。实施校领导接待日制度，进一步密切了领导干部与师生员工的沟通联系。及时落实教职工工资福利待遇和奖励性绩效，全校教职工收入水平得到一定提升。不断增加体检项目，开展形式多样的文娱健身活动，关心教职工身心健康。扎实做好困难职工精准帮扶和新形势下的离退休工作。学校工会获省教育工会"先进职工之家"称号，电子信息工程系分工会和工管思政分工会获省教科文卫体工会"先进集体"称号，文化餐厅获"中国百家好食堂"称号。一系列举措和成果，有力提升了广大师生员工的获得感、幸福感和自豪感。

各位代表，同志们！过去的五年，是学校不断推进内涵建设、提升综合实力的五年，是加快发展、迈上新台阶的五年：学校国家骨干高职院校建设以"优秀"等次通过教育部财政部验收，被遴选为教育部现代学徒制试点单位、安徽省首批"地方技能型高水平大学"建设高校、首批综合改革试点单位、首批"三全育人"试点院系，入选教育部职业院校教育类专业教指委副主任单位和文秘专委会主任单位，跻身教育部"全国高校就业50强""全国职业院校实习管理50强"，位列全国高职高专院校竞争力财经类排行榜第20名。

上述成绩的取得，是省委省政府、省委教育工委和省教育厅正确领导的结果，是社会各界关心支持的结果，是学校历届领导班子、离退休老同志和全校师生员工团结一心砥砺奋进的结果。在此，我代表学校党委，向所有关心、支持学校建设和发展的各级领导，向历届校领导和离退休老同志表示衷心的感谢！向全校广大党员、干部和师生员工致以崇高的敬意！

成绩来之不易，经验弥足珍贵。回顾五年的发展历程，我们的经验和体会是：

只有加强党的领导，才能引领我们的事业发展方向。我们高举中国特色社会主义伟大旗帜，全面贯彻党的教育方针，牢牢把握社会主义办学方向，充分发挥党委总揽全局的领导核心作用和基层党组织的战斗堡垒作用以及党员先锋模范作用，为学校的改革和发展提供了牢固的思想基础与坚强的政治保证。

只有抢抓历史机遇，才能实现我们的事业发展目标。我们牢牢把握了国家大力发展现代职业教育的重要战略机遇，紧紧抓住了建设国家骨干校、实施创新发展行动计划、建设地方技能型高水平大学的契机，不断向着发展目标稳步迈进，使学校的办学水平和整体综合实力得到了大幅提升。

只有推动改革创新，才能激发我们的事业发展活力。我们坚持顶层设计和基层探索相结合，在国家和安徽省既有教育体制机制框架下，想方设法谋新招、创新路，不断推进干部管理、队伍建设、人才培养、科研与社会服务、后勤保障等方面的改革，使学校发展活力持续释放。

只有依靠全体师生，才能凝聚我们的事业发展力量。我们始终强调师生员工是学校发展的基础和根本，始终把实现好、维护好、发展好师生的根本利益作为学校工作的出发点和落脚点，不断激发师生员工工作、学习和创造的积极性，让师生员工享有优质的学习、工作和生活环境，最大限度地汇聚师生智慧和力量。

只有发扬优良传统，才能促进我们的事业发展传承。我们继承和发扬商贸人艰苦奋斗、团结奉献、众志成城的优良传统，在事业发展的一个个重要关口迎难而上、克难攻坚，在挑战中抓住机遇，在竞争中不断进步，使学校事业发展始终充满蓬勃生机。

我们要珍惜这些在学校改革发展中积累的经验，在今后的实践中继续坚持并不断加以丰富和拓展。与此同时，我们也清醒地认识到，我们的工作与争创国家特色高水平高职院校的目标要求还有不小的差距，学校发展还存在许多亟待解决的短板和问题。例如，制约学校高质量发展的思想观念、体制机制障碍有待进一步破除，一些深层次矛盾和问题亟待解决；人才培养与经济社会发展的需求存在一定差距，教育教学改革的力度还需加大；专业布局有待进一步完善，专业群建设还需加强；高素质“双师型”教师队伍建设有待加快，人事分配制度、考核激励机制改革还需深化；办学条件和信息化建设的力度有待加强，智慧校园的推进工作仍需强势发力；党员干部积极服务主动担当的作风有待进一步加强，学校事业发展合力的凝聚仍需提升。我们必须正视问题，直面现实，以高度的事业心和强烈的责任感，采取有效措施加以解决。

二、今后五年的总体目标和发展战略

未来五年，是我国实现第一个百年奋斗目标的决胜阶段，也是国家推进新时代职业教育高质量发展的关键时期。在新的历史条件下，我们要在国家经济社会和高等职业教育发展的大背景、新格局下认真谋划学校发展。

新时代经济社会发展赋予了新使命。随着新时代经济高质量发展，“一带一路”“互联网+”“大众创业、万众创新”“中国制造2025”行动计划等重大战略的实施，以及长三角一体化、长江经济带、合芜蚌自主创新示范区等重大发展战略叠加，产业转型升级特别是现代服务业的大力发展，对高素质技术技能人才的需求旺盛，而我校地处“皖江城市带”“合芜蚌”两大发展战略核心城市，这为我校新一轮改革发展提出了新的要求，也赋予了新的使命。

新时代职业教育改革提供了新动能。当前，职业教育进入“黄金时期”，党和国家重视程度和支持力度空前，一系列支持职业教育发展的政策相继出台。教育部全面启动“中国特色高水平高职学校和专业建设计划”，实施职业教育质量发展攻坚战，我省发布“一流学科专业与高水平大学建设五年行动计划”，提出到2020年要重点建设20所左右技能型高水平大学和一批紧密对接产业的高职专业，达到国内一流水平，这些为高职教育改革发展提供了新动能。与新时代脉搏同频共振，努力推动办学水平再上新台阶，是全体商贸人的共同使命，也是我们必须抢抓的历史机遇。

新时代高职教育竞争提出了新挑战。在高职教育以质量和特色为核心的内涵式发展阶段，社会需求从“有学上”向“上好学”转变，对优质职业教育的需求日益强烈，强化办学特色，推进创新发展，适应高职教育优质、多层多样的新变化和新要求，成为各院校的发展主题。各院校抢先进位，竞争日趋激烈，面对前有标兵、后有追兵的严峻挑战，我们必须树立强烈的忧患意识，必须直面矛盾和难点，必须有效补齐学校事业发展的短板，才能在逆水行舟中抢占先机、赢得主动，确保走在国内同类高职院校前列。

各位代表，同志们！当前，学校处于最好的发展时期，也处于最关键的发展时期。我们深知，思路决定出路。学校顺应时代要求，结合发展实际，进一步统一思想，凝聚共识，确立了未来五年的发展目标：在地方技能型高水平大学建设的基础上，争创国家特色高水平高职院校，全面提升举办更高层次高职教育的条件，实现办学水平和综合实力的跨越式发展，把学校建成面向区域经济建设及现代服务产业发展，骨干专业（群）优势突出，办学质量上乘，办学特色鲜明，全国同类院校一流的技能型高水平大学。

为了实现这一宏伟目标，我们要着力推进五大战略。

推进质量立校战略。办学质量是学校赖以生存和发展的根本，必须持之以恒地常抓不懈。必须大力强化人才培养的中心地位，大力强化一切为了学生的教育理念，所有工作要服从于人才培养、服务于"三全育人"，这是衡量和检验学校办学质量的关键。必须在人才培养的大局下，全面推进学校各项工作，以高层次的校园文化、高水平的教学科研、高质量的学生服务、高效率的行政管理、高效能的后勤保障促进学校办学质量的整体提升。

推进人才强校战略。人才是学校事业发展的第一资源，必须将人才队伍建设作为学校发展的核心工作来抓。必须构建与国家特色高水平高职院校建设相适应的人才队伍格局，大力营造"引得进、留得住、用得好"的人才生态环境。必须坚持分类施策，统筹推进专任教师队伍、辅导员队伍和管理服务队伍建设，努力打造一支政治素质过硬、业务能力精湛、育人水平高超的高素质人才队伍。

推进开放活校战略。开放是学校加强办学合作，集聚办学资源的关键所在，必须将开放办学作为学校发展的重要工作来抓。必须持续强化与国内院校、科研机构、地方政府、行业企业等单位的交流合作，深入推进产学研合作办学，有效集成和利用各类教育资源，促进学校与经济社会深度融合发展。必须积极适应高等教育国际化发展需求，服务"一带一路"倡议，广泛开展国际合作办学与交流，不断丰富对外交流与合作的内涵，通过"送出去、引进来"等多种形式，提升国际化人才培养质量，提高学校国际影响力。

推进文化兴校战略。文化是学校的精神命脉，必须将打造具有商贸特色的校园文化作为学校发展的长久工作来抓。必须坚持和践行社会主义核心价值观，将其体现到学校的规章制度和行为规范中，内化为师生的精神追求，外化为优良的校风、教风和学风。必须坚持继承和弘扬、丰富和发展百年安商精神，提升文化的凝聚力和竞争力，增强全体商贸人的价值认同、使命认同和情感认同。必须坚持将文化育人贯穿学校工作的各方面，融入教育教学全过程，推动文化育人落实落小落细。

推进特色亮校战略。特色是亮校之源，是学校的核心竞争力所在，必须将凝练、彰显特色作为学校发展的重点工作来抓。必须明确定位，重点突破，展我所长，注重凝练传统优势，发展特色优势，创造新的优势。必须全面总结挖掘百年办学积淀的丰富内涵，在百年安商的根基上进一步传承和凸显学校的办学特色。必须进一步扩大与行业企业合作的广度和深度，强化人才培养特色。必须进一步加强产学研协同，注重应用研究、社会服务和成果转化，强化科研和社会服务特色。

三、全面推进"六大发展任务"，开启争创国家特色高水平高职院校的新征程

今后五年，我们要紧紧围绕争创国家特色高水平高职院校的奋斗目标，全面推进"六大发展任务"，努力实现学校各项事业发展的新突破和新提升。

（一）构建更高水平的人才培养体系，实现育人育才的新突破

更新人才培养理念。突出育人为本、质量为先，以学生成长成才为核心，提升人才培养的社会符合度和满意度。强化产教融合、校企合作，推进行业企业参与人才培养全过程，促进校企协同育人。融入行业企业实践要素，以工作过程为导向，推进专业人才培养方案与课程教学改革，强化工匠精神、职业技能和创新创业能力的培养。

切实推进三全育人。统筹学校各领域、各环节、各方面的育人资源和育人力量，推动知识传授、能力培养与理想信念、价值理念、道德观念的教育有机结合。将育人业绩纳入职称评审、评先评优、绩效考核等环节，形成全员育人的鲜明导向。持续推进十大"筑梦"育人工程落细落实，完善工作实施方案，切实提高工作的亲

和力和针对性，形成全员全过程全方位的育人格局。

加强高水平专业建设。加强专业发展动态调研，完善专业建设与产业发展的联动机制，增强专业设置与产业结构的契合度，不断优化学校专业结构。持续强化专业集群发展的理念，对接现代服务业，着眼大商贸、大流通，瞄准新商业，打造3—5个引领改革、支撑发展，体现中国特色的高水平骨干专业群，形成6—8个本地离不开、业内都认同、国际可交流的品牌专业。对接“互联网+”、人工智能发展趋势，对部分专业进行整合、改造、升级，培育适应未来行业发展的新兴专业（群）。积极争取政策支持，与本科院校合作试点开办应用型本科专业，培养具有高端技术技能的本科层次人才。

强化课程与教学改革。对接产业需求、最新职业标准和岗位实际工作过程，着力推进课程改革，调整课程结构，更新、优化课程内容，构建更加科学的课程体系。实施“1+X”证书制度，鼓励学生在取得学历证书的同时，获得若干技术技能证书，培养复合型技术技能人才。大力推行项目教学法、案例教学法等符合职业教育特点的教学方法，充分利用现代信息化技术改造传统课堂，提升教学效果。改革单一的学生成绩考核方式，构建更为科学的学业评价体系。构建加强专业教学资源库和精品在线开放课程建设，参与国家级专业教学资源库达到6个专业以上。继续加强技能大赛工作，力争在全国职业院校技能大赛、“互联网+”大学生创新创业大赛、全国职业院校信息化教学大赛等赛事中取得更好的成绩。

强化招生就业工作。主动适应和积极探索考试招生制度改革，完善招生、培养与就业相互衔接的联动机制。主动适应招生政策的新变化，持续强化全员参与、全员宣传的招生格局，持续拓宽分类考试招生录取方式下的招生途径，健全招生工作体系。在稳定毕业生就业率的基础上，努力提升就业质量。建设好省级创业学院，促进创新创业教育全方位深层次融入人才培养全过程，有效提升学生的创新精神和创业思维。支持优秀创新创业导师团队建设，充分发挥校内外大学生创业园的作用，提升学生就业创业能力。

完善内部质量保障。高质量完成学校的诊断与改进工作，加强人才培养工作状态数据管理系统的建设与应用，强化人才培养工作状态数据在诊改工作的基础作用。以诊断与改进为手段，从学校、专业、课程、教师、学生等五个层面，建立起完整并且相互独立的质量保证机制。进一步提升全校质量意识，完善质量标准体系。

加强国际交流与合作。适应国家扩大开放的战略需要和高等教育国际化办学需求，积极主动服务“一带一路”，拓展现有的中外合作关系，扩大合作办学项目，推进语言文化交流中心和海外师资培训基地建设，提升合作办学质量。积极开展来华留学生教育，争取“留学安徽”奖学金支持，在招收国（境）外留学生上实现突破，提升学校办学的国际影响力。不断加大教师出国（境）培训、研修力度，拓展学生出国（境）交流渠道，丰富交流形式，提高师生出国（境）学习交流的比例。

（二）加快人才引育与人事制度改革，实现师资队伍建设的新突破

加强师德师风建设。把提高教师思想政治素质和职业道德水平摆在首要位置，突出全员全方位全过程师德养成，推动教师成为先进思想文化的传播者、党执政的坚定支持者、学生健康成长的指导者，做学生锤炼品格、学习知识、创新思维、奉献祖国的引路人。贯彻《新时代高校教师职业行为十项准则》，把准则要求落实到教师管理具体工作中，实行师德失范“一票否决”。

完善人才引育机制。大力推进人才强校工作，构建延揽人才、培养人才、留住人才和用好人才的良好环境。落实学校《高层次人才引进实施办法》，加大精准引进高水平学术型和技术技能型等各类人才的力度。落实学校《柔性引进人才管理办法》，吸引具有创新实践经验的企业家、高技能人才等兼职任教。进一步建立和完善师资培养体系，发挥教师发展中心的作用，有效实施新入职教师“岗前培训计划”，全面实施“教师全员轮训计划”“辅导员能力提升计划”，持续推进教师“双培养双考核”，力争建设1—2个国家级教师团队。强化青年教师培养，鼓励青年教师提升学历、开展学术交流和企业实践锻炼，推进以老带新，充分发挥教学名师、

教坛新秀的示范带动作用。

推进"双师型"教师队伍建设。通过校企共建共享方式，加快建设双师型教师培养培训基地。继续发挥企业教师工作站的功能，实施"师企对接"制度，切实推进专业课教师定期到企业实践，专任专业课教师每5年在行业企业实践时间累计不少于6个月，不断提升实践教学能力。加强兼职教师队伍建设，推进企业经营管理者、技术能手与学校管理者、骨干教师相互兼职，使企业一线兼职教师占专业课教师比例达30%以上。

推进人事制度改革。坚持以人为本，加快建立有利于人才成长的培养机制、有利于人尽其才的使用机制、有利于竞相成长各展其能的激励机制。进一步提高教师在学校工作中的地位，在相关政策上向教师倾斜，加大优秀教师表彰力度，让教师安心从教、热心从教、舒心从教。积极探索干部任期考核，推进岗位设置改革，实施教学岗、科研岗、管理岗等分类管理分类考核。进一步推进和完善职称评审制度改革。坚持以质量和贡献为导向，深化收入分配制度改革，加快建立与特色高水平高职院建设相适应、合理有效的薪酬分配体系。

（三）加强科研与社会服务体系建设，实现科研服务能力的新突破

完善科研创新与社会服务体系。加大学校科研与社会服务工作的统筹力度，进一步完善考评和激励机制，将科研与社会服务业绩纳入绩效考核体系。对接地方产业升级，以应用技术研发、应用课题研究和技术应用服务为重点，促进各专业的教学、师资、实训和科研创新平台等资源共享，鼓励跨专业、跨系部组建科研和社会服务团队，协同开展应用研究，实现产学研用深度融合，建成具有本校特色、适应区域经济与社会发展需求的科研创新与社会服务体系，力争科研及社会服务达到国内同类院校一流水平。

提高科学研究水平。进一步加强"三平台两基地"建设，实施"科研创新团队建设工程"，重点扶持一批研究方向稳定、梯队合理、具有较高学术水平和科研及成果转化能力的科研创新群体，形成可持续发展的科研队伍，力争建成省级创新平台1—2个，省级应用研究创新团队1—2个。扶持一批科研基础好、创新意识强、学历层次高的中青年科研骨干。加强高职教育校本研究，提升服务学校改革发展的针对性和实效性。加强学报编辑出版工作，进一步提高学报的影响力。力争国家级科研项目立项的突破，实现市级以上科研成果奖的突破，产出一批重大标志性成果。加速技术成果推广与转化，积极为政府或有关部门提交研究、咨政服务报告。

扩展社会服务项目。结合自身定位、办学传统和发展特色，主动对接国家和安徽省重大战略，有效服务地方经济社会发展，实现学校技术服务到账经费每年500万元以上。积极面向企事业单位开展技术开发、咨询和服务，承接应用型研究课题和社会服务项目300项以上。深化政校企合作，共建职业技能培训基地3—4个，大力开展针对转岗择业劳动者、农村转移劳动力、在职职工、失业人员等群体的职业教育和培训。继续开展社区教育，拓展技能培训项目，推进社区服务品牌化。持续开展相关职业能力考试与鉴定、社会委托考试服务工作。

提升社会服务能力。依托"国培"和"省培"基地，积极开展高职和中职骨干教师的培训工作，提升培训质量，打造培训品牌。推动继续教育发展壮大，努力提升继续教育办学质量和水平。积极开展对口支援，在人才培养、专业建设等方面开展全方位帮扶，助推受援学校办学水平和人才培养质量的提升。按照省委统一部署持续开展定点扶贫工作，在完成脱贫攻坚任务的基础上，不断提升脱贫质效。加强校友工作，建立健全校友工作体系，充分发挥校友组织和校友的作用。

（四）深化产教融合与校企合作，实现技术技能积累机制的新提升

加强校企合作平台建设。建设好安徽省财经商贸职教集团，完善集团治理结构与运行机制，充分发挥集团的功能和优势，争创全国示范性职教集团。进一步建设好校企合作理事会，协调校企双方需求与利益平衡，推动校企全方位深度合作。联合行业知名企业和科研院所围绕核心与共性问题开展协同创新，共建创新平台。试点推行学校管理干部、专业教师与合作企业经营管理者和技术人员交流制度。积极开展"杰出工匠进校园""技能大师进校园""名企

高管进校园”等活动。构建校企互联互通的合作信息化平台，广泛吸纳合作企业参与平台发展，实现信息共享。

推进校企深度融合。出台学校《校企合作促进办法》，制定学校校企合作整体规划，健全校企合作的促进支持政策、服务平台和保障机制，加强综合协调和宏观管理。支持系部与企业合作共建生产性、经营性的校企联合体，合作举办适用公办学校政策、具有混合所有制特征的二级学院。联合国内知名企业试点建设1—2个特色产业学院，促进产教资源的深度整合。鼓励师生与企业合作开展技术开发、产品设计、管理咨询等，为合作企业的人力资源开发和技术升级提供支持与服务，增强服务企业特别是中小微企业技术和产品研发的能力。

深化校企协同育人。进一步改革完善适应开展校企合作的教育教学组织方式和管理制度。进一步密切专业与产业的对接，每个专业稳定、高质量对接2—3个在行业内有较强影响力的企业，建立相互依托、全面合作的战略伙伴关系，建设5个以上校外实习实训基地。在总结目前现代学徒制试点的基础上，扩大专业范围，遴选3—4个技术性、实践性强的专业，开展现代学徒制培养，推动学校招生与企业招工相衔接，校企育人“双重主体”，学生学徒“双重身份”，推行“3天+2天”的教学组织形式。深化“引企入教”改革，建立长效机制，使行业企业参与到专业设置、人才培养方案研制、专业标准和课程标准制订等人才培养的各个环节，真正实现校企协同育人。

（五）打造特色鲜明的校园文化，实现学校文化软实力的新提升

加强校园文化传承与创新。全面总结挖掘百年办学历史的丰富内涵，并结合新时代经济社会发展需求和学校办学实际，不断传承、创新和发展百年安商文化。以师德培育为重点建设优良教风，以思想政治教育为重点建设优良学风，以提高服务水平为重点改进工作作风。推进优秀企业文化进校园、职业文化进课堂。以社会主义核心价值观为引领，着力写好学校历史，弘扬办学传统，讲好商贸故事，凝练商贸文化，切实将校训、商贸精神、优良的教风学风融入各项工作之中，全面提高学生综合素质，提升学校的文化品位和办学水平，增强学校核心竞争力。

推进中华优秀传统文化教育。制订学校《推广中华优秀传统文化教育规划》，依托徽商文化研究等基地，开展中华优秀传统文化研究，培育优秀师资团队；依托“国学经典导读”“茶道”等相关课程和经典晨读等活动，让中华优秀传统文化走进课堂；依托谦心国学社、书法协会等学生社团，鼓励学生锻炼自我，提升对中华优秀传统文化的认同感。持续开展高雅艺术进校园等活动，加强中华优秀传统文化网络在线课程建设，将中华优秀传统文化有机融入课堂、日常活动和校园环境。

打造精品校园文化活动。开展以培育和践行社会主义核心价值观为主要内容的思想道德教育实践活动。组织开展高品位的文化活动，着力打造“春之声”艺术节、“阳光体育”文化节、“书香安商”等校园文化品牌。加强社团文化和学生文艺骨干队伍建设，培育一批高水准的文艺团队。充分发挥基层首创作用，支持系、部利用自身优势培育个性化的校园文化，打造“一系一品牌”。充分发挥图书馆、校史馆、档案馆及杰出校友、优秀毕业生事迹的文化育人作用。精心设计开学典礼、毕业典礼、表彰大会、奖助学金颁发仪式等具有特殊教育意义的活动，激励学生勤奋向上、开拓进取，提高学生对母校的认同感、归属感。

加强校园育人环境建设。加强校园改造和建设的整体规划，不断完善功能配套设施，丰富校园人文景观及其文化内涵，通过绿化、美化、亮化工程，打造主题雕塑、文化长廊、书香阅读体验区等一批高品位的自然、人文景观，努力构建风景优美、功能齐全、文明高雅的绿色、生态、人文校园，创造“处处显文化、处处能育人”的校园文化育人环境，使学生在“润物细无声”的环境中受到熏陶。

（六）强化智慧校园和条件保障建设，实现管理服务水平的新提升

加强智慧校园建设。加强校园网络与信息化公共服务基础设施建设，实现有线与无线网络一体化融合，打造安全高效的校园网。构建学校基础数据中心库，实现校级数据交换和共享，为师生提供一站式信息化服务。构建智慧

校园管理与服务所需的应用系统，建设全面支持学校教学、科研、管理和生活服务的应用系统。推进信息技术与教育教学的深度融合，建设学习支持系统和网络学习空间，为学习者提供丰富的学习资源、易使用的学习平台和智能的学习支持环境。

完善内部治理结构。完善“党委领导、校长负责、教授治学、民主管理、依法治校”的内部治理结构。积极探索教授治学的有效途径，发挥教授专家的治学主体作用。健全民主管理制度，积极构建师生员工参与办学的制度化渠道。进一步贯彻落实学校《章程》，立足服务师生，着眼提质增效，完善管理制度体系，切实提高制度的执行力。进一步加强内部控制体系建设，完善运行机制，确保权力规范运行。

提高管理服务水平。进一步优化部门设置，理顺职责关系，明确岗位工作标准，提高部门协同能力。强化管理队伍业务培训，提高管理队伍专业化水平。积极稳妥推进二级管理改革试点，推动管理重心下移。鼓励系部先行先试，激发系部改革发展的主动性和创造性，切实让系部成为充满活力的办学主体。提高资金分配和使用效益，明确投入方向和支持重点，保障学校重点工作顺利推进。强化国有资产监管，确保国有资产保值增值。

加强平安幸福校园建设。进一步做好校园的规划布局和统筹发展，以综合实习实训中心大楼建设为重点，加强实习实训条件和办公环境建设。加强图书馆软硬件环境建设，构建资源丰富、技术先进、服务完善的文献信息保障体系。加强校园安全保卫工作体系建设，确保学校安全稳定。进一步释放学校改革发展“红利”，加大学生资助力度，加强离退休老同志服务工作，逐步提升医疗保障条件，努力提高教职工收入水平，使广大师生员工对学校改革发展成果有更多获得感。

四、全面实施“六大党建工程”，为争创国家特色高水平高职院校提供根本保证

争创国家特色高水平高职院校，关键在于坚持党对学校的领导，关键在于各级党组织的战斗堡垒作用，关键在于广大党员的先锋模范作用。面对学校改革发展的新任务新要求，必须贯彻党的十九大提出的新时代党的建设总要求，紧紧围绕中心工作，落实全面从严治党的主体责任，以改革创新精神全面推进党的建设，为学校改革发展提供坚强的政治、思想和组织保证。

（一）实施政治统领工程，有效发挥政治建设指南针作用

始终把党的政治建设摆在首位，牢固树立“四个意识”，坚定维护以习近平同志为核心的党中央权威和集中统一领导。坚持党委领导下的校长负责制，加强党委对学校工作的全面领导，切实履行管党治党、办学治校两个主体责任。加强党委领导班子建设，严格贯彻执行民主集中制，不断增强党委议大事、谋大事、成大事的能力。严肃党内政治生活，严格执行《关于新形势下党内政治生活的若干准则》，增强党内政治生活的政治性、时代性、原则性、战斗性，切实提高民主生活会、组织生活会质量。弘扬忠诚老实、公道正派、实事求是、清正廉洁的价值观，努力营造良好的政治生态。加强党性锻炼，严格遵守政治纪律和政治规矩，不断提高政治觉悟和政治能力，强化政治担当，永葆共产党人的政治本色。

（二）实施立心铸魂工程，筑牢党员理想信念的精神根基

坚持不懈抓好理论武装，用习近平新时代中国特色社会主义思想武装头脑，引领学校改革发展。扎实推进“两学一做”学习教育常态化制度化，抓好“不忘初心、牢记使命”主题教育，教育引导全体党员牢记党的宗旨，挺起共产党人的精神脊梁，自觉做共产主义远大理想和中国特色社会主义共同理想的坚定信仰者和忠实实践者。深入学习贯彻全国宣传思想工作会议精神，切实加强宣传思想工作。扎实推进习近平新时代中国特色社会主义思想进教材、进课堂、进头脑，用习近平新时代中国特色社会主义思想武装青年大学生。以培育和践行社会主义核心价值观为根本，深化中国特色社会主义和中国梦宣传教育，确保学校教育事业始终沿着社会主义办学方向前进。坚守意识形态阵地，严格落实意识形态工作责任制，牢牢掌握意识形态工作的领导权、管理权和话语权。

（三）实施人才“双培”工程，建设一支德才兼备的干部队伍

加强人才“双培”力度，坚持在政治上和业务上“把党员培养成业务骨干，把业务骨干培养成党员”，提高党员队伍的整体素质，扩大党的工作覆盖面，打造高水平、高质量的人才队伍。贯彻落实中共中央《关于进一步激励广大干部新时代新担当新作为的意见》精神，按照新时代好干部标准，紧紧围绕学校事业发展需要选人用人，切实把忠诚担当、务实清廉、奋发有为、实绩突出的干部选出来，努力建设高素质、专业化干部队伍。进一步加强干部教育培训，不断提升广大干部的综合素养和履职能力。重视干部梯队建设，加大年轻干部的培养力度，不断优化干部队伍结构。大力营造干事创业的良好氛围，坚持严管和厚爱相结合，严格干部考核监督管理，推进落实干部能上能下制度，建立鼓励激励机制，激发广大干部担当作为、干事创业的积极性。

（四）实施质量提升工程，强化基层党组织战斗堡垒作用

开展基层党组织建设质量提升行动，着力深化拓展基层党组织标准化建设成效，增强基层党组织创造力、凝聚力、战斗力，促进基层党组织更好地担负教育、管理、监督党员和组织、宣传、凝聚、服务群众的职责，引导党员充分发挥先锋模范作用，努力打造自身建设强、群众工作强的“双强”型基层党组织。严格落实民主集中制，切实发挥党政联席会议制度在保障系部科学决策、民主管理等方面的重要作用。对照基层党组织标准化建设标准，督促未达标的基层党组织切实加强问题整改、尽快达标，指导已达标的基层党组织持续抓好巩固提升、争当优秀，争创全省党建工作标杆院系、样板支部，促进学校基层党组织建设整体水平的提升。

（五）实施作风建设工程，推动全面从严治党向纵深发展

持之以恒坚持全面从严治党，以全面从严治党引领全面从严治校、全面从严治教、全面从严治学，形成风清气正的校园政治生态。进一步落实全面从严治党主体责任和监督责任，强化“党政同责”和“一岗双责”。坚持把纪律挺在前面，加强对遵守党的政治纪律、组织纪律、廉洁纪律、群众纪律、工作纪律和生活纪律情况的监督。持续释放从严执纪的态度决心，坚持抓早抓小，加大监督执纪问责工作力度，深化运用监督执纪“四种形态”，持续加强对重点领域和关键环节的监督和治理。深入贯彻中央八项规定和省委、省政府相关精神，坚决反对“四风”，坚持问题导向，深入查找和纠正工作中存在的“四风”特别是形式主义、官僚主义的新表现，驰而不息改进作风。

（六）实施汇智聚慧工程，形成学校事业发展的强大合力

凝聚师生员工的智慧与力量，推动学校事业取得新发展。落实党务校务公开制度，充分发挥教代会、工会在发展规划、重大问题决策及财务预决算等工作中的民主管理作用。注重发挥学术委员会对学校学术事务决策、审议和咨询职能，进一步完善学术治理体系。完善校领导接待日、“四个一”联系制度，进一步畅通沟通渠道。加强和改进新形势下党的群团工作，增强吸引力和凝聚力。加强统一战线工作，充分发挥学校民主党派和无党派人士的参政议政、民主监督作用。

各位代表、同志们：

创建国家特色高水平高职院校是学校发展的又一个新跨越，也是每个领导干部、全体共产党员和全校师生员工的职责与梦想。“士不可以不弘毅，任重而道远。”我们必须勇于担当、不负时代、无愧使命。让我们以习近平新时代中国特色社会主义思想为指导，在省委和省委教育工委、省教育厅的坚强领导下，凝心聚力，开拓创新，锐意进取，一起挥桨划船，推动百年安商之舟破浪前行，为争创国家特色高水平高职院校而努力奋斗，为建设现代化五大发展美好安徽作出新的更大贡献！

对标特色高水平 聚焦奋斗新目标 奋力开创新时代学校改革发展新局面

——在学校第八届教代会第九届工代会第四次会议上的讲话

党委副书记、院长　李　忠

（2019年3月3日）

各位代表、同志们：

现在，我代表学校，向大会作工作报告，请予审议。

一、2018年工作回顾

2018年，在省委教育工委、省教育厅的领导下，全校广大教职员工团结一心，砥砺奋进，重点谋划推进国家优质校和地方技能型高水平大学建设，实现了专业建设有新提升，"三全"育人有新进展，培养质量有新提高，社会服务有新突破，条件保障有新成效，各项工作呈现蓬勃发展的良好势头。

（一）高水平大学建设

积极推进高水平大学项目和创新行动发展计划项目建设，对102个子项目的建设情况开展全面检查，形成自查报告和执行绩效报告，按期实现了预定建设目标，特别是在专业建设、"双师型"师资队伍建设、科研创新平台体系建设、人才培养模式创新、混合所有制办学、现代学徒制试点、集团化办学等方面取得一批标志性成果，进一步强化了"学校商科优势明显，学生职业技能突出"的办学特色。

坚持问题导向，积极参与我省地方技能型大学建设标准起草、讨论，为全省职业教育发展贡献力量。在诊改方面围绕"十三五"事业发展规划，制定9个系部发展规划、30个专业建设规划，形成目标链。建立年度目标任务考核、专业课程、教师发展和学生发展4个标准规范，形成标准链。优化诊改平台建设，完成诊改平台各层面基础数据的收集整理工作，为构建并运行"55821框架"内部质量保证体系打下了较好基础。

（二）"三全育人"取得新成效

制定《关于加强和改进全员全过程全方位育人工作的实施意见（试行）》，整合校内外育人资源，开展"十全"筑梦育人工程，积极发展教育教学和管理工作中的育人元素，增强全员育人意识，切实做到育人和育才相统一，其中，电信系荣获全省首批"三全"育人试点院系。推进概论课、形势与政策课名师工作室项目建设，举办大学生讲思政课比赛，开展在校大学生思想政治现状调研，学生思政理论课教学满意率达91.53%。完善思政一体化平台建设，搭建矩阵式辅导员队伍管理平台，1名教师获全国辅导员年度人物提名奖，1名教师获省辅导员职业能力大赛一等奖。

构建心理健康教育"四大体系"，扎实做好学生心理咨询和危机干预。坚持文化育人，积极打造"春之声"校园文化艺术节、"阳光体育"文化节、"书香安商"等文化活动品牌，在新生中开展"晨读经典、暮习书法"等富有特色的文化活动。积极推进校园阅读活动，在第四届书香江淮阅读活动中，我校获奖总数量在全省高校排名第一。开展"弘扬雷锋精神，商贸青年在行动"、暑期"三下乡"等实践活动，我校"山水平铺"旅游开发团队荣获2018年暑期"三下乡"社会实践活动"全国优秀团队"荣誉称号。

（三）人才培养质量有了新提高

专业设置进一步优化。出台专业设置与管理办法，基本形成了专业设置的动态调整机制，2018年新增大数据技术与应用、审计、物流信息技术和移动商务4个专业，停招2个专业，专业设置契合市场需要，提高了人才培养社会符合度。

专业建设稳步推进。按照"定规划、编指南、出模版、建资源"的思路，推进专业建设，制订了学校、系部和专业三级专业规划。出台课程标准和单元设计等课程实施文件，举办课程资源建设培训会，推进课程资源建设，上线80余门在线课程。专业建设成效明显，省级以上特色或重点建设专业达到39个。

实践教学更加规范。转变学生实习管理模式，切实加强跟踪指导，全年组织7661名学生参加顶岗实习，学生职业资格认证通过率达到99.31%，实践教学质量稳步提升。学校成功入选全国职业院校实习管理50强。

教学管理进一步强化。出台教研室工作管理办法，聘任33名教研室主任，明确教师教研室归属，有力推动了专业建设与教学改革。修订教师教学质量考核办法，进一步完善了教学检查评价机制。成立第二届教学督导组，全年督导听课1000余课时，课堂教学规范性明显提高。

继续教育稳步推进。目前招生专业达到15个，学历教育学籍学生达1784人。修改成人专科《人才培养方案》，校企合作开发课程，推进模块化教学。

学生在各级各类比赛中取得优异成绩，学校获得2018年职业院校技能大赛国赛一等奖2项、省级一等奖10项。在教育部、教育厅和行指委组织的全国数学建模比赛、零售新星大赛等赛事中共取得一等奖近10项，其中全国数学建模比赛创新奖，创造了我省高校参赛历史最好成绩。此外，学校还获得第六届中国大学生阳光体育羽毛球比赛高职高专组女子双打冠军、全国第五届大学生艺术展演活动中获艺术实践工作坊二等奖。由中国高职发展智库在2月22日发布的2014—2018年全国普通高校竞赛评估结果（高职）TOP300名单排序中，我校以148个奖项，总分83.42分，位列全国第16位。

不断拓展校企合作广度、深度和高度。入选全国财经职业集团常务理事单位，成立安徽省财经商贸职业教育集团，集团化办学迈出新步伐。新增9个合作企业，校外实习基地进一步拓展。召开第二届校企合作理事会第二次会议和专业建设指导委员会会议，推进校企协同创新，进一步优化完善人才培养方案。在省第四届职业教育校企合作典型案例征集和主题征文活动中，我校4个典型案例获得一等奖。

构建全校全员招生格局，积极争取优质生源。在招生形势十分严峻的形势下，我校普通文理科首轮投档均100%完成招生计划，综合报到率达95.2%，报到率创学校历史最好成绩，位列全省同类高校前列，这是我们连续几年全员宣传，大家共同努力的结果。

加强就业服务与指导。积极开拓就业市场，初次就业率达97.62%。创新创业教育质量稳步提高，学校获得"互联网+"大学生创新创业大赛国赛铜奖1项，"雏凤学堂"项目获"互联网+"大学生创新创业大赛全国三等奖，安徽省大学生职业规划设计大赛暨创业大赛金奖和最佳组织奖。在全省高校创新创业教育成果展现场，王翠凤副省长、钱桂仑书记等领导亲临我校展台，听取工作汇报并给予高度肯定。大学生创业园成功揭牌，14个学生创业项目入驻创业园。

（四）师资队伍建设取得新成效

加强师德师风建设。开展"弘扬师德师风潜心立德树人"主题征文比赛以及签订承诺书等系列活动，进一步规范师德行为。加大人才引进力度，全年引进33名优秀毕业生，聘任45名企业、行业人员担任兼职教师。继续举办好新进教师入职和教职工退休仪式。隆重举办教师节颁奖典礼，2名教师被评为校第五届"师德标兵"，40多名优秀教职员工登台领奖，弘扬了尊师重教的风尚。

推进实施"一个中心，六大工程"。成立教师发展中心，搭建教师发展提升平台。推行"1+1+1"新教师职前培训。第一次将17名新入职教师深入企业跟岗培训。落实初任教师导师制，为17名初任教师安排导师，对初任教师转正开展教学和育人两个方面工作业绩考核，强化育人意识。落实"师资队伍建设年"实施方案，全年安排教师参加各类培训、学历进修、实践进修200余人次，提升教师教育教学能力。学校获得职业院校教学能力大赛国家级二等奖1项、省级一等奖3项。经济贸易系荣获安徽省"工人先锋号"荣誉称号。

（五）科研和社会服务取得新突破

有序推进"三平台、两基地"建设。全年各类科研项目立项101个，其中省哲学社科项目1项、省社科联项目2项，实现了新突破。深化校企科研合作，建立皖南大数据培训中心。

牵头成立教育部职业院校教育类教指委文秘专委会，举办或承办全国商贸职业教育集团理事长会议、全国电子商务产教融合研讨会、商数专业国家教学资源备选库工作推进会等多个全国性大型研讨会，办学影响力进一步扩大。承接各类社会服务项目近100项，组织3万余人次参加各类鉴定考试和培训，全年社会服务到账额突破500万元。与黄山职业技术学院签订对口支援协议，2017年高道友、计宏亮、程振鹏驻村帮扶潜山市龙潭乡漆铺村，段文忠对口支援西藏山南地区，2018年何良启老师对口支援金寨，2019年杨琴老师主动请缨带着母亲和孩子赴金寨，这种举动非常感人，这就是我们身边的典型，是我们倡导的教育情怀和商贸精神。与地方政府合作开展宣传项目近10项，其中为芜湖市委政法委制作的反邪教宣传画册被中央政法委等网站转载刊登，扩大了学校的美誉度。

（六）国际交流合作迈出新步伐

拓展国际化办学格局。成功举办2019"一带一路"人才培养论坛，马来西亚、泰国以及国内职业院校130余名代表参与讨论，这项工作得到主管部门的充分肯定，安徽省外事办和芜湖市外事办均作了专题报道。

举办首届"国外学生来华短期文化交流"班，13名泰国学生参加交流学习，取得良好效果。稳定现有合作项目，提高中英合作班教学质量，7名毕业生获得英国5级高等教育文凭。与6所海外高校签订合作框架协议，选送10名师生出国（境）学习交流，接待境外团组12人次，国际合作交流日渐频繁。

（七）校内治理有了新完善

全面贯彻落实学校《章程》，制订和修订8项规章制度，编制年度常规工作运行表、每周活动安排表，加强和规范工作运行，协调推进工作落实。成立国有资产管理办公室、信息管理中心。开展部门职责梳理和修改，拟定各岗位工作标准，进一步提升规范化管理水平。

（八）支撑保障能力

发布《内部控制规范指引》，健全学校经济活动内部控制体系。强化全面预算管理和执行力度，我校全口径预算执行率和财政拨款预算执行率均名列省属高校前茅，项目支出绩效评价评分等次为"良好"，学校获省财政厅、省教育厅奖励300余万元。简化采购与招投标管理工作流程，政府采购预算执行率达96.6%，位列省属高校首位。审计审减金额近140万元，提高了资金使用效率。

信息化工作。修订完善《"十三五"信息化建设规划》，有序推进信息系统集成和数据集成工作，推进并完善了相关应用平台建设，为建立共享中心数据库和网上综合办事平台做好前期准备。

图书档案工作。推进档案数字化管理，加强图书馆文献资源和空间服务建设，开展形式多样的阅读推广活动，图书馆被评为"安徽省高校图书馆先进集体"。学校首次开展2018年年鉴编纂工作。

基建维修工作。综合实习实训中心顺利开工建设，央财5000万元专项支付资金投资计划已下达，这是非常难得的，也是我们不懈努力的结果。目前已经立项。投入4800余万元，完成32项实训室建设项目和笃学楼教学环境改造工程，教学条件进一步改善。

（九）师生获得感有了新增强

进一步提高教职工生活待遇，完成薪级工资和工资标准调整，发放一次性工作奖励，工资福利支出同比上年增长14.88%。着力实施精准帮扶，实现916名建档立卡学生资助全覆盖，走访142户困难生家庭，申领发放求职创业补贴、求职补助近50万元，双困生初次就业率高于学校整体水平。文化餐厅师生就餐满意率达90%以上，获得"百家中国好食堂"称号。

建设完成大学生服务中心，增加职工健康体检项目。推进资助体系建设，设立学业进步等单项奖学金，全年发放奖助金额近1500万元，学校获省"百佳学生资助工作单位"称号。完善校园安全防控体系，确保全年未发生重大安全事故。

（十）党的建设有了新加强

明确"两个责任"，落实"一岗双责"。结合省委巡视整改"回头看"意见，对"管党治党宽松软问题"专项治理中存在的8个问题全部整改到位。开展内部管理领导干部经济责任审计，深入开展"讲严立"专题警示教育、"三查三问""教育扶贫领域突出问题"专项治理、"小金库""回头看"专项治理，驰而不息纠正"四风"。经常性开展警示教育，组织全校373名党员干部参加学习。

大力加强思想政治工作。落实《关于进一步加强和改进新形势下思想政治工作的实施方案》,全校200多个团组织开展主题团日活动400多次,15000多人次参加,如“祭民族之殇 筑复兴之梦”“勿忘国耻 振兴中华”等系列主题活动。集中表彰3个先进党支部、8名优秀党务工作者、30名优秀共产党员。各基层党组织充分利用芜湖烈士陵园、板子矶等爱国教育基地,积极开展红色教育实践活动。召开第二次团代会,实施“基础团建”工程,学校团委荣获“安徽省五四红旗团委”称号。

大力开展基层党组织标准化建设工作。18个基层党组织达到建设标准。及时做好党员信息维护、党员组织关系转接和党员统计工作,目前无一例失联党员。开展基层党组织书记述职评议考核,基层党务骨干培训暨党支部书记培训270余人次。学校党委班子成员上党课9场,共培训入党积极分子870余人。全年发展学生党员221人,党员发展质量进一步提高。

加强干部管理,制定《关于进一步改进工作作风密切联系群众的实施细则》,54名干部参加全省高校干部学习十九大精神第42期轮训班,干部队伍的政治站位和理论素养有了新提高。

做好精准扶贫工作。扶贫工作队坚持攻坚克难,完成龙潭乡漆铺村建设宽带全覆盖、电网提升改造、14公里村组道路、5个自来水厂以及190万元的高标农田和小河流治理项目,该村顺利通过“村出列、户脱贫”验收,1名同志被评为潜山县脱贫攻坚先进个人。

增强意识形态阵地建设和管理。新媒体建设健康发展,各基层党组织推出的“微党课”系列活动,深受师生好评。电信系第二党支部“三单制”服务进社区的经验做法登上全省党建“微经验”大平台。我校新媒体工作室获得新华社优秀青年媒体称号,团委新闻中心成为“今日芜湖”大学生频道记者站。加大对外宣传力度,省市媒体对我校办学理念、办学特色、办学成果多次进行采访报道,扩大了社会影响。

各位代表,同志们,过去的一年,学校各项事业取得了令人振奋的成绩。这些成绩的取得,得益于上级主管部门的大力支持,得益于众多社会各界、广大校友的鼎力相助,关键是得益于全体商贸人的辛勤付出,是全校上下团结奋进、勤勉务实、奉献拼搏的结果!在此,我谨代表学校,对全体师生员工表示最衷心的感谢和最崇高的敬意!

进入新时代,我们既要对学校事业发展充满信心和激情,在现代化教育理念统领下奋发有为。同时,也要清醒审视学校事业发展存在的不足:一是我们的教育教学和人才培养与经济社会发展的要求存在不小差距,无论是专业建设还是课程内容都与行业、企业的岗位能力要求存在偏差;二是我们的特色、优势不够明显,竞争力、影响力有待进一步加强;三是按照标准要求,有些指标存在一定短板,急待追赶和补齐;四是改革创新的力度不够,制约发展的一些瓶颈问题一时难以突破;等等。

二、当前的形势和任务

全国教育大会召开以来,国家对职业教育发展的重视程度比以往更高,推进现代职业教育体系建设的力度比以往更大,职业教育改革发展的势头比以往更强劲。不久前,国务院《国家职业教育改革实施方案》以及我省《技能型高水平大学建设标准》《特色高水平高职专业建设标准》相继出台,“一方案两标准”指明了未来国家、我省职业教育发展的方向,提出了深化职业教育改革的路线图、时间表、任务书。刚刚召开的学校第四次党代会,把握形势、提前谋划、凝聚共识,提出建设地方技能型高水平院校,争创国家特色高水平高职院校的新目标,吹响了全体商贸人新时代再奋进的号角。

对此,我们要进一步增强危机意识,从学校到各部门、各系部,到全体教师员工,要有新的认识、新的姿态、新的干劲,树立新理念,展现新担当,实现新作为,奋力开启学校创建国家“特高校和特高专业”的新征程。

创建特高校,要有新理念。日前,中共中央、国务院印发《中国教育现代化2035》,提出了推进教育现代化的八大基本理念。《国家职业教育改革实施方案》对职业教育提出了全方位的改革制度安排,是我们的根本遵循,提出职业教育“三个转变”,进一步明确了推进新时代职业教育现代化建设的思路和方向。我们必须认真学习深入研究。

创建特高校,要有新担当。创建国家“特高校和特高专业”,是新时代国家示范高职引领高职发展的新使命，更是学校转型升级、高质量发展的历史机遇。学校发展的历史证明，全体商贸人是一个善于抢抓机遇、艰苦奋斗、勇于争先的集体。在创建"特高校和特高专业"这个历史机遇面前，全体商贸人要勠力同心、奋发有为。要严格对照"一方案两标准"，制定学校争创方案，强优补短，特别是在技术技能人才培养主要监测内容和指标，专业设置与区域重点产业匹配度、安徽本地就业率、高成长企业或中小微企业就业率、与国内知名企业或行业领军企业共建专业比例等一些关键指标上要逐项对标对表，补齐短板，以争创为契机，真正把学校建成"当地离不开、业内都认同、国际可交流"的高职院校。

创建特高校，要有新作为。2014年，我省遴选了包括我校在内的16所高职院校实施地方技能型高水平大学建设项目。从目前来看，各院校发展势头逼人，我们面临的竞争压力很大，申报和创建任务非常艰巨。我校要继续保持在同类院校中的发展优势，就必须抢抓机遇、汇聚资源、强化特色。要处理好眼前利益与长远利益、当前发展和长远发展的关系，汇聚各种资源，聚焦中心，突出重点，求同存异，统筹协调推进各项重点工作。要面向政府部门、社会各界、市场各方，积极开展合作和服务，广泛争取支持。要稳定现有骨干教师队伍，加大高层次人才引进力度。要进一步强化办学特色，努力培育品位高雅、笃学砺能的校园文化，形成办学定位精准、专业特色鲜明、人才培养模式创新、社会服务能力突出的办学特色。

三、2019年工作思路和举措

2019年是贯彻落实全国教育大会和学校第四次党代会精神的开局之年，是实施学校"十三五"规划的关键之年，更是争创国家"特高校和特高专业"的起步之年。我们必须牢牢抓住、倍加珍惜、携手奋进，为实现学校新的奋斗目标开好局、起好步。

今年学校工作的总体思路是：以习近平新时代中国特色社会主义思想为指导，深入学习贯彻党的十九大精神和全国教育大会精神，贯彻落实省委教育工委、省教育厅决策部署和学校第四次党代会精神，坚持以教育现代化八大基本理念统领发展全局，按照围绕中心、强化内涵、注重变革、强优补短的思路，落实立德树人根本任务，以创建"特高校和特高专业"、建设地方技能型高水平大学为中心任务，以深化综合改革为动力，以校企合作、产教融合为主线，大力推进实施五大发展战略，全面推进学校高质量发展。围绕这一工作思路，要努力做好以下八个方面重点工作：

（一）高质量推进党建和思想政治工作

深入学习贯彻习近平新时代中国特色社会主义思想和全国教育大会精神。把习近平总书记关于教育的重要论述和全国教育大会精神作为理论学习中心组学习的重点内容。

推动全面从严治党向纵深发展。贯彻落实十九届中央纪委三次全会精神，开展"严规矩、强监督、转作风"专项行动，集中整治形式主义、官僚主义。积极践行监督执纪"四种形态"，进一步深化"三转"，强化监督执纪问责。加强党风廉政教育，扎实推进廉政文化进校园，营造风清气正的干事创业氛围。

加强思想政治工作。深入实施学校思想政治工作质量提升工程，落实十大育人体系，培育和践行社会主义核心价值观。积极创新工作方式方法，以"易班"建设带队伍，建流程，见效果，初步搭建网上学生综合性互动社区平台、"易班"大学生思想政治教育网络互动平台，构建分层分类一体化思想引领工作体系。

加强基层党建工作。实施"对标争先"创建和"双带头人"培养工程，立项建设一批党支部书记"带头人"工作室，全力做好"双带头人"的工作保障。抓好学校统战工作。

加强干部队伍建设。加强干部队伍的教育培训，进一步提高干部队伍的思想政治素质、政策理论水平和工作能力，实现干部培训全覆盖。完善年度考核办法，加强效能建设，强化日常监督。坚持领导干部个人有关事项报告制度，着力打造忠诚干净担当的高素质干部队伍。做好离退休干部和关心下一代工作。

（二）大力推进创建国家"特高校和特高专业"，建设技能型高水平大学

对标创建国家"特高校和特高专业"。制定创建方案，对照"一方案两标准"和国家"特高计划"遴选条件，积极开展特色高水平专业（群）建设，围绕长江经济带、长三角一体化更高发展战

略，以及安徽省“四个一”创新平台的实际需求，完善国家级、省级和校级重点专业体系。启动实施8大专业群建设计划，建设3个左右国家级骨干专业（群）。

推进技能型高水平大学项目建设。提升技能型高水平大学建设项目管理水平，推进各子项目的建设进程，确保顺利通过省教育厅的中期检查，实现获得省级奖补的目标。梳理高职创新发展行动计划建设成果，完成项目的验收与认定工作。

（三）着力推进“三全育人”综合改革工作

按照中心在“育”、重心在“全”的总要求，在教育主体上从“单”转向“全”、在育人过程上从“分”转向“合”、在育人空间上从“点”转向“体”，打造具有安商特色的“三全”育人工作格局。落实“三全育人”方案的具体措施，完善育人的政策和制度导向；引导教职员工立足岗位，挖掘教学、科研、管理、服务等各方面育人元素，通过学习指导、心理辅导、组织兴趣小组等多种方式关爱学生、服务学生。

进一步优化育人环境。继续开展“春之声”文化艺术节、阳光体育文化节、“一系一品牌”、“晨读经典 暮习书法”等丰富多彩的文化育人活动，推进高雅艺术进校园，提升文化育人水平。巩固和创新基层团组织建设，深入实施基层团支部“活力提升”工程，以品牌活动提升学生综合素质。

持续推进文明校园创建工作。构建绿色、生态、人文校园，创造“处处显文化、处处能育人”育人环境，使学生受到熏陶。组织师德标兵评选活动，广泛开展教室文明、实训室文明、寝室文明、办公室文明、食堂文明等“五个文明”群众性精神文明创建活动。落实学校维稳和反恐怖防范工作，提升应急处理突发事件能力。深入开展防范邪教、校园贷等教育工作。

（四）稳步提高技术技能人才培养质量

持续完善内部质量保障体系建设。以目标链、标准链为抓手，在学校、专业、课程、教师、学生不同层面建立起完整且相对独立的自我质量保证机制，完善质量标准体系。提升教育教学管理信息化水平，确保通过省教育厅“内部质量保证体系制度建设”抽样复核。

深化教育教学改革。整合校内外资源，积极争取开展本科层次职业教育试点。进一步深化教学改革，着眼强化学生职业能力和综合素质培养。做好全国职业院校技能大赛、全国职业院校教学能力比赛、“互联网+”大学生创新创业大赛等“三大重要赛事”以及其他各级各类职业技能大赛的组织与训练工作，强化激励措施，力争标志性赛项成绩有新突破。启动1+X证书制度试点准备工作。提升大学生创新创业品质，积极组织申报全国高校创新创业50强。创新专业实践特色，办好成人专科学历教育。

提升校企合作的广度、深度和高度。根据人才培养需要，主动与行业内有较强影响力的企业开展合作，每个专业至少高质量对接1家企业。切实加强行业调研，与企业共同修订人才培养方案，促进“教育链—人才链—产业链”有机衔接。打造高水平实训基地，建设3个左右具有辐射引领作用的国家高水平专业化产教融合实训基地。

提升学生管理与服务水平。持续推进诊改，不断完善学生评价体系，扎实推进大学生综合素质标准实施工作。探索大学生事务中心一站式管理路径，加强与学校大数据平台对接，“多从系统作分析，少向部门要数据 ”。成立大学生心理素质发展中心，高质量开展心理咨询活动。

加大招生就业工作力度。进一步增强全员参与意识，调动全校一切力量支持学校招生工作。大力拓展生源地建设，注重招生宣传效果。加强就业指导与服务，推行以学校为主导、系部为主体、分级负责、层层落实的就业生工作机制。

推进国际交流与合作。积极主动服务“一带一路”，拓展现有的中外合作关系，扩大合作办学项目，推进马来西亚语言文化交流中心和海外师资培训基地建设，提升合作办学质量。积极开展来华留学生教育，争取在招收国（境）外留学生上实现突破。

（五）着力抓好师资队伍发展

强化师德师风建设。贯彻落实新时代教师职业行为十项准则，突出“第一标准”，狠抓师德师风建设，把师德贯彻于教育、培训、管理全过程，细化师德考评标准，组织评选“师德标兵”。

推进人才强校工作。落实学校《高层次人

才引进实施办法》《柔性引进人才管理办法》，加大高层次技术技能型人才引进力度，继续鼓励教师提升学历层次。加快建设高水平教师创新团队。实施“师企对接”，加强“双师型”教师培养培训，不断提升实践教学能力。

深化人事制度改革。推进在职人员的分类管理和分类考核工作。坚持以质量和贡献为导向，突出育人成效，修订完善职称评聘、评先评优等管理办法，加大激励力度，形成奖勤激优、全员育人的良好氛围。

关注教师发展与成长。加强“教师发展中心”建设，分方向、定选题，深拓展，面向学校不同职业生涯阶段的教师开展有针对性的培训活动。制定教师培训学时认证机制，将教师培训认证与各类考核精准挂钩，为教师创造更多的学习交流机会。开展形式多样、内容丰富的文娱健身活动，增进教职员工身心健康。

（六）进一步增强科研和社会服务能力

提高科研工作管理水平。调整相关资金分配改革措施，激励各系、部加大职业培训和科技研发力度。实施“科研创新团队建设工程”，加大高层次科研成果奖励力度，重点扶持高水平项目研究，力争获得省级国家高水平项目立项。进一步拓展学术交流与合作的领域和渠道，邀请知名专家来校学术讲座。提升社会服务能力。加速技术成果推广与转化，加大社会服务项目奖励力度。加强与政府、行业、企业的联系和合作，积极为政府或有关部门提交研究、咨政服务报告，开展现代服务业等应用研究，力争完成应用研究课题和社会服务项目100项以上，专利成果30项以上。理顺社会服务项目的经费收支与管理机制，力争实现社会服务到账额600万元以上。按照育训结合、长短结合、内外结合的要求，大力开展职业培训，进一步提高继续教育水平。

做好精准扶贫工作。巩固潜山县龙潭乡漆铺村脱贫成果，提升脱贫质量。继续做好安徽金寨职业学校的对口支教工作，加强与黄山职业技术学院结对帮扶。

（七）着力优化校内治理体系和治理结构

完善内部治理结构。进一步贯彻落实学校《章程》，切实提高制度的执行力。扎实推进院系二级管理，鼓励系部先行先试，增强系部办学活力。加强内控工作，推动审计全覆盖。

提高管理效能。全面推行“最多跑一次、一次就办成”，优化办事流程。完善目标管理和绩效考核，让教师安心从教、热心从教、舒心从教。切实加强调查研究，深入了解社会及行业企业的需求信息。切实改进文风会风，大力减少会议文件。

推进民主治校。做好统战、群团和老干部工作，发挥民主党派和无党派人士、学生组织、关工委等在办学治校中的积极作用。保障学术委员会在教学、科研等学术事务中有效发挥作用。筹建校友会，设立爱心基金。

（八）不断提高综合保障能力

提供优质后勤服务。抓好综合实习实训中心大楼建设，做好校园现有基础设施的维修与提质改造工作。进一步加大“节能减排”工作力度，做好保洁、绿化、修缮、餐饮、卫生、医疗等服务保障工作。

加强财务与资产管理工作。充分发挥预算对学校各项活动的服务保障作用，推进全面预算管理。逐步推进人员费用定额和分项费用定额管理制度。力争对全校所有部门预算和项目预算执行情况开展绩效评价。进一步提升招标组织和监管水平，规范国有资产管理行为，提高资产使用效率，完善经济合同管理，落实合同履约监管责任。

加强智慧校园建设。推进综合数据平台和校园无线网建设，更新学生宿舍网络。建设校本数据中心库，推动信息资源共享共用。加强教学与学生管理等业务管理系统的建设与使用，推进信息技术与教育教学的深度融合。

提升图书档案工作水平。开辟专业展厅，充分发挥图书馆、校史馆、档案馆及杰出校友、优秀毕业生事迹的文化育人作用。加大文献资源的应用分析。做好《安徽商贸职业技术学院年鉴》编撰工作。组织承办好档案工作会议，提高档案工作精细化服务水平。

各位代表，同志们！新时代的美好蓝图已绘就，新征程的奋进目标已明确。让我们在学校党委的领导下，坚定信心、科学谋划，扬长补短、奋勇争先，奋力开创学校创建国家“特高校和特高专业”、建设地方技能型高水平大学新局面，推动学校高质量发展，为现代化五大发展美好安徽建设做出新贡献，以优异成绩迎接中华人民共和国成立70周年！

四、党建工作

【文明单位创建工作】 加强校园文化建设顶层设计，认真落实《安徽商贸职业技术学院校园文化建设规划(2018—2020)》。继续推进楼宇文化建设，笃学楼增添教育学家黄炎培“使无业者有业，使有业者乐业”和人民教育家陶行知“千教万教教人求真，千学万学学做真人”的名言警句。坚持全员参与，坚持统筹协调，积极组织申报“全国职业院校文化建设50强案例”。

按照“校级活动精品化、系部活动品牌化、社团活动全覆盖”的思路，与团委、体育教学部、工会等相关部门一起开展“春之声”校园文化艺术节系列活动、“阳光体育”文化节系列活动、庆祝中华人民共和国成立70周年系列活动。与组织人事处等相关部门一起开展安徽省教育厅关于开展“为教师亮灯”公益活动。与图书馆等相关部门举办第二届“书香安商 品读经典”读书创作活动、安徽省第五届书香江淮“品读经典对话信仰弘扬社会主义核心价值观”互联网阅读活动，我校学生在首届“图书馆杯全民英语口语风采展示”比赛中获得英语口语金星(三星)荣誉称号，学校荣获全省高校第二、全国高职院校第二名、“最佳组织单位”的荣誉称号，我校师生在征文和朗诵环节中获得二等奖1项、三等奖3项。

制定了《中共安徽商贸职业技术学院委员会关于开展“学宪法 讲宪法”活动》，在人文外语系法学教研室的大力支持下，做好学校的“七五”普法和宪法学习、宣传和教育工作，开展宪法知识竞赛、演讲比赛。为弘扬宪法精神，维护宪法权威，学校于12月4日开展主题为“弘扬宪法精神，厚植爱国主义情怀”的国家宪法日晨读活动。

【基层党组织建设】 修订出台了《中共安徽商贸职业技术学院委员会关于党费收缴、使用和管理工作的通知》，规范管理党费使用和收缴，做好党费收缴、管理、使用工作。修订了《中共安徽商贸职业技术学院委员会关于印发〈安徽商贸职业技术学院发展党员工作实施细则〉的通知》，按照控制总量、优化结构、提高质量、发挥作用的要求，严格党员发展程序，制定年度发展党员指导性计划，在年中和年末认真开展发展学生党员工作专项检查。扎实做好入党积极分子、发展对象和党员培训工作，全年培训入党积极分子861人，培训发展对象368人，发展党员263人。完成2019届243名毕业生党员和17名新进师生的党组织关系转移工作。认真做好党员信息库的信息搜集、录入和网上组织关系转接工作。组织开展元旦、“七一”、“十一”慰问困难党员和老党员等活动。认真完成2019年党内统计及会审工作。截至2019年底，学校共有7个党总支、29个党支部，共有党员696名，年内发展教工党员2名、学生党员261名。

认真组织开展基层党组织标准化建设工作，对基层党组织进行了督查、验收工作，参加验收的4个党支部均达到建设标准；开展“七一”表彰工作，集中表彰先进基层党组织4个、优秀党务工作者8人、优秀共产党员36人。认真组织开展组织生活会和民主评议党员以及民主生活会等相关工作。

认真组织开展“不忘初心、牢记使命”主题教育活动。制定集中学习研讨方案，认真组织领导干部集体研讨学习，举办28名副处级干部读书班，组织开展学习测试，举办党支部书记轮训班，组织党支部书记到王稼祥纪念馆、芜湖反腐倡廉教育馆等红色教育基地开展现场学习。

完成党员信息系统的录入、核对、转出工作。逐月做好补缴党费的使用管理及日常报表的搜集上报工作。

【干部队伍建设】 做好全校处级以上干部个人事项报告填报和系统填报工作，因私出国

(境)证件管理工作。做好正科级以上干部在企业等社会组织兼职的排查和管理工作。做好处级干部换届调整和科级干部选拔任用工作。加强和改进干部教育培训,分类组织开展处级干部专题培训和调学调训,提高干部理论水平和业务能力。做好干部信息管理系统填报维护等工作。

【党风廉政建设】 2019年,学校纪委以习近平新时代中国特色社会主义思想为指导,深入学习贯彻党的十九大和全国教育大会精神,按照十九届中央纪委三次全会、十届省纪委四次全会部署,不忘初心,牢记使命,增强"四个意识",坚定"四个自信",做到"两个维护",忠实履行《中国共产党党章》和《中华人民共和国宪法》赋予的职责,紧紧围绕学校中心工作,落实全面从严治党要求,聚焦监督执纪问责,强化正风肃纪,营造风清气正的校园政治生态,为学校实现发展目标提供坚强保障。

党风廉政建设责任制。经过省委教育工委2018年度对省属高校"党建和事业发展"暨校级领导班子考核,更加明确了"两个责任",深入落实"一岗双责",协助党委组织观看全省教育系统全面从严治党视频会议,协助党委召开2019年学校全面从严治党工作会议,协助党委组织签订《党风廉政建设责任书》38份。协助党委组织开展2018年度二级党组织书记落实党风廉政建设责任制考核工作。

预防腐败机制建设。集中整治形式主义官僚主义,组织开展深化"三个以案"专题研讨,全体副处级以上干部根据警示教育期间的学习情况,进行深刻剖析,形成研讨报告33份,纪委按要求上报"三个以案"警示教育进展情况和统计表共6份。巩固落实中央八项规定精神成果,在春节、教师节、中秋、国庆等重要节点,下发通知强调纪律要求,畅通举报渠道接受群众监督。利用纪委办公室网站首页及时转发违反中央八项规定精神典型问题,持续释放越往后执纪越严的强烈信号。根据省纪委监委驻省教育厅纪检监察组《关于对2019年元旦春节期间公车使用情况进行核查的通知》精神,联合学校办公室开展自查自纠,进一步夯实部门监管责任。学校公务用车改革后,纪委办公室不定期督查两辆公务用车的使用情况,要求台账明晰,随时备查。学习教育往实里走,组织中层干部和支部书记赴芜湖市反腐倡廉教育馆开展警示教育;组织副处级以上干部、纪委委员、各党总支、直属党支部纪检委员、学校基建工程和综合实习实训中心项目管理人员等观看《不忘初心、方得始终——芜湖市严重违法违纪典型案件警示录》,用身边的事教育身边的人,直击人心、令人深省。为每一位副处级以上干部征订了《党的十九大以来查处违纪违法党员干部案件警示录》,加强警示教育。学校纪委书记为基层单位上廉政教育党课3次,纪委副书记为总支书记、支部书记上党课1次。纪委书记、副书记还参加了省纪委《规则》《规定》专题培训班。

加强日常监督。持续关注重点领域,紧盯"关键少数"。针对综合实习实训中心建设和小型、维修工程项目建设,召开2次提醒谈话会,切实做到抓早抓小、防微杜渐;针对招生考试、人才招聘等重点环节,纪检人员重点监督其工作方案、工作流程中的风险点防控情况;深化运用监督执纪"四种形态",不断强化日常管理和监督,校领导对分管领域存在的苗头性问题,及时开展谈心谈话;纪委负责同志对群众反映的突出问题,及时找相关责任人核实,指出其工作中存在的问题,把纪律挺在前面,有效遏制了小问题演变的态势。2019年,我校"四种形态"和处分执行零报告,违反中央八项规定精神情况零报告,处级干部线索处置和审查调查工作零报告。紧盯关键环节,开展专项监督。2019年开展了小型工程项目和分类考试招生2项专项监督。与后勤管理处联合对小型改造项目专项监督,发现2个项目中施工单位存在偷工减料现象。后勤管理处要求施工单位制定整改方案,校领导对监理单位和审计单位提出了批评建议,后勤管理处制定了维修工程廉政风险防控措施,施工单位已于11月下旬整改到位。为做好学校分类考试招生、社会扩招工作各类风险点的防控工作,学校纪委办公室成立督查组于2019年12月18日和12月25日对命题、制卷、考务、阅卷、录取等环节的工作流程及档案资料进行了督查,通过督查就各工作组进一步优化工作流程、细化岗位职责、做好各类档案资料的归档等方面提出了建议。

廉政文化建设。充分运用专题网站教育功

能，对纪委办公室网站进行升级改版，廉政要闻、学习园地推送最新的学习内容，警钟长鸣推送违纪通报，廉政文化推送优秀文化作品，为党员干部和教职工提供较为全面的学习资源。开展廉政文化作品征集，各系部结合专业特点弘扬廉政文化，如电子信息系开展拍摄反腐微视频、鼠标垫的廉政文化等，艺术设计系开展廉政作品设计、钥匙扣的廉政文化等，积极参加第七届全国高校廉洁教育活动暨“携手打击腐败”公益广告作品征集活动，上报10件艺术设计类作品和2件网络新媒体类作品，1件作品被评为优秀项目。

信访举报。2019年，学校纪委收到网络举报、电话举报及巡视组转办的信访件等共18件，纪委办公室进行认真研判，根据举报内容进行分类，分清职责范围内和职责范围外的事项，结合可能存在的廉政风险和不稳定因素，从政治高度审视每个信访问题，不放过一个问题线索，第一时间组织人员进行核实调查，坚持对腐败问题零容忍态度，依规依纪依法妥善处理，做到件件有回复，件件无异议。

【宣传与思想政治工作】

新闻宣传工作

2019年，党委宣传统战部认真落实《安徽商贸职业技术学院教学校园网新闻宣传管理办法》，加强校园网新闻审稿力度，开设专题宣传报道，如喜迎党代会、高水平大学建设、脱贫攻坚、聚焦职业教育活动周、“三全育人”等。弘扬传播正能量，持续推进对学校脱贫攻坚同志和支教教师的宣传报道。全年校园网发稿880余篇，其中向安徽教育网上传新闻稿100多篇，首页显示37篇。“学习强国”平台发布视频3个，文章2篇。人民网、聚焦职教以及新安晚报报道了我校校友李健的创业故事。我校国际交流与合作工作获省外办和市外办报道，中国青年报1次、安徽青年报3次、安徽日报1次宣传报道我校，中国职业教育与成人教育网、中国职业技术教育网、《德育报》、凤凰网安徽、中安在线、中国新闻网、网易、中国教育新闻网、安徽省教育厅官微、安徽经视、《芜湖日报》、芜湖新闻网等媒体报道学校教育教学的改革发展。今日头条、抖音、快手等其他媒体发布500余条，QQ智慧校园发布1095条、官方微信发布420余条、官方微博2300余条、官方QQ空间发布2900余条，2019年官方微信总阅读量超15万、官方微博阅读量超1300万。

为加强对网络、微信、微博管理，制定了《安徽商贸职业技术学院新媒体管理办法》等制度。学院官方微博、官方微信公众号、QQ校园号、“今日头条”头条号、企鹅媒体平台公众号等校级新媒体平台，由党委宣传统战部下设新媒体工作室具体建设和管理。学校各单位因工作需要拟开办新媒体的，均需向党委宣传统战部申报备案，管理严格遵循“谁主管、谁负责，谁主办、谁负责”的工作原则。宣传统战部、团组织指导教师及学校保卫处工作人员均加入QQ群并关注公众号，实时关注网络舆情。同时不断加强官方微博、微信等新媒体质量建设，3月新媒体工作室加入《中国青年报》全国高校传媒联盟成为会员单位，5月获新华社中国青年媒体矩阵会员单位、10月成为教育部中国大学生在线会员单位，新媒体工作室在安徽省“孝行江淮”主题活动评选中荣获二等奖，杨兵受聘微博校园安徽渠道新媒体指导老师，在《中国青年报》2019“青年眼中的传承”中国青年网全媒体传播短视频征集活动中16人获得优秀个人奖、新媒体工作室获优秀组织奖，在教育部政务新媒体联合北京快手举办的2019快手“告白一分钟，礼赞七十年”高校短视频展播活动获得“优秀作品奖”。

积极利用新媒体服务学校工作，为学校各项工作的宣传作出贡献，开学季制作迎新相关内容，组建新生解答小分队，在资助、报道、转专业、住宿等方面进行解答，制作开学报到指南视频，普及报到流程；毕业期间利用QQ校园号、QQ空间、微信、微博积极发布就业信息；制作学校相关工作宣传视频，并被“学习强国”平台录用；与组织人事处、工会等相关部门举办青年教职工团建活动、教职工新年联欢会，搭建晚会签到抽奖互动环节，增强师生活跃度。

思想政治工作

深入学习贯彻习近平新时代中国特色社会主义思想和党的十九大精神，制定了《中共安徽商贸职业技术学院委员会2019年党委中心组及教职工理论学习计划》，全年组织了12次党委中心组扩大学习会，安排了教职工理论学习17次。

为了更好地促进和改善学校教职工政治理论学习的成效,1月份转发了《中共安徽省委教育工委转发关于认真做好“学习强国”学习平台使用推广和建设工作的通知》,4月份开展了“学习强国”学习标兵评选活动、7月份表彰了“学习强国”学习平台学习标兵、11月份进行了教职工理论学习调研活动。

组织学校全体副处级以上干部开展“不忘初心、牢记使命”主题教育读书班系列活动,在读原著学原文悟原理中把握主题教育总要求,以集中学习、专题研讨、社会实践等多种形式认真学习贯彻主题教育精神。

印发了《中共安徽商贸职业技术学院委员会学习宣传贯彻党的十九届四中全会精神工作方案》,通过党委中心组第十一次扩大学习会集中学习、第十二次扩大学习会专题研讨和教职工理论学习等形式,认真学习领悟习近平总书记在十九届四中全会上的重要讲话等内容,确保十九届四中全会精神在我校落地生根。调动全校师生的积极主动性,开展新时代爱国主义教育学习。

调整意识形态工作领导小组,成立了意识形态工作协调小组,实行部门主要负责同志轮流主持会议制度,定期通报情况,解决突出问题。认真落实《中共安徽商贸职业技术学院委员会意识形态工作责任制实施细则》,开展意识形态领域隐患风险排查,党委书记、校长与各部门负责人签订意识形态责任书,促使各部门负责人把意识形态工作放在心上、扛在肩上、抓在手上、落实在行动上。举行党委书记形势政策报告会,推动学校全体教职工按照主题教育“守初心、担使命、找差距、抓落实”的总要求,珍惜职业教育良好发展环境和有利发展机遇。开展意识形态领域“风险隐患排查、突出问题整治和阵地管理提升行动”三大行动。根据十届省委第八轮巡视工作安排,我校作了意识形态工作责任落实情况专题汇报,对2019年以来各党总支意识形态工作责任落实情况和下一步拟开展相关活动情况进行摸底,按时向芜湖市委、省委教育工委报送中共安徽商贸职业技术学院委员会意识形态工作报告、思想政治工作报告。

对哲学社科类报告会、讲座、论坛类活动进行规范管理,坚持报告会、讲座、论坛由业务部门和宣传统战部双审核,坚持正确的舆论导向、宣传科学理论、传播先进文化、弘扬社会正气。

印发了《中共安徽商贸职业技术学院委员会关于2019年国家网络安全宣传周活动实施方案》,开展全校二级网站督查工作,发挥二级网站的宣传引领作用,与信息办等部门开展网络安全宣传周系列活动。

【统战工作】 学校党委着力加强党外代表人士队伍建设,汇聚各方力量,结合学校实际,积极营造和谐的统战工作氛围,鼓励、支持和组织统一战线成员为学校发展出谋划策。通过广泛宣讲宣传、举办专题培训、社会实践等方式,组织统一战线成员深入学习宣传贯彻习近平新时代中国特色社会主义思想和党的十九大精神,引导他们增强“四个意识”、坚定“四个自信”,坚决维护习近平总书记的核心地位,维护党中央权威和集中统一领导,自觉在思想上政治上行动上同以习近平同志为核心的党中央保持高度一致。

严格落实“两个不得”“五个严禁”工作要求,开展宗教信仰情况统计,做好信教师生登记工作,按时向中共安徽省委教育工委、省委统战部报送宗教工作自查报告。

认真贯彻落实“五大发展行动聚力工程”重点任务和重点项目,充分发挥统一战线人才荟萃、智力密集、联系广泛的独特优势作用。4月开展统战工作座谈会;6月撰写了统战工作调研报告,民进商贸支部主委王守龙教授作了题为“一切为了人民”十九大报告学习专题讲座;10月学校关工委、普法讲师团周平老师等人赴潜山市龙潭乡中心学校开展“七五”普法暨赠书活动,并看望我校扶贫队同志;11月民盟商贸支部成员、校财务处处长杨欣和民进商贸支部会员、校体育部李亚华老师等人赴潜山市龙潭乡漆铺村开展脱贫攻坚民主监督,并慰问扶贫同志;12月民盟商贸支部主委、学校财务处处长杨欣和民进商贸支部主委王守龙教授带领民主党派成员、无党派代表人士,赴歙县陶行知纪念馆开展为期两天的社会实践活动。

(供稿单位:办公室、纪委办、组织人事处、宣传统战部)

五、教育教学工作

（一）教学情况

【专业建设质量稳步提升】 2019年学校新增设国际商务（跨境电子商务方向）、数字媒体艺术设计、移动应用开发等3个新专业，具有招生资格专业达49个，其中共有9个国家级重点或特色专业，22个省级重点或特色专业。电子商务骨干专业、移动互联应用技术骨干专业、金融管理骨干专业、会计骨干专业等4个专业顺利通过国家创新发展行动计划认定，专业及专业群区位优势显著增强，专业结构与地方产业发展吻合度和服务地方社会经济能力不断提升。

【质量工程项目建设成效显著】 2019年质量工程项目建设取得了显著的成绩，教育教学改革的抓手作用不断凸显。目前学校共有各级在建质量工程项目160余项，其中省级及以上项目126项。2019年新增各类教学研究建设项目37项。年度项目建设经费投入累计达300余万元，学校获得省级教学名师、教坛新秀教师4名，获得安徽省教学成果一等奖4项、二等奖8项、三等奖2项，有效地推动了学校教育教学改革稳步向前发展。

【日常教学管理信息化】 完成了教务管理系统、在线教学平台管理系统、技能大赛管理系统3个系统与信息管理中心的统一身份认证对接。针对信息化资源不足及系统升级需要，新增了教务私有云节点2个，对在线学习平台进行二次开发以满足高职扩招学生学习需求，结合工作实际对考务系统进行二次开发。

【实践教学管理】 2019年度组织开展实训课程共计116门、352个教学班、16899人次。截至到2019年，我校共有实训室111间，教学设备总值达8872.60万元，生均教学仪器设备值7650元。其中，2019年共立项19个实训室建设项目，预算资金达653万元。全年度共计新增资产621万元。进一步加强实训室管理，坚持实训室巡检制度，以优质服务保障教学顺利进行。

【教师培训展风采】 学校坚持“做好省培、冲击国培”的工作思路，继续做好教师培训工作，不断提升学校影响力和社会服务能力。在安徽省教育厅组织的“安徽省中小学和中等职业教育国培计划培训定点单位”公开招标中，我校有“中职教务管理人员能力提升专题研修”“物流服务与管理‘双师型’教师专业技能培训”和“物流服务与管理‘中高职衔接专业’教师协同研修”3个项目中标，标志着我校首次成为安徽省中小学和中等职业教育“国培计划”项目实施定点单位，同时在国内高职院校中中标数位居前列。本年度共培训154名中职管理人员和骨干教师，为我省职业教育发展贡献一定力量。

【教学信息化比赛成绩突出】 学校通过项目资助、软硬件投入、专题培训会等多途径切实提升教师教育教学信息化水平。我校教师在2019年安徽省高等职业院校教学能力大赛中，一举获得一等奖3项、二等奖5项、三等奖4项，选派的12支队伍全部获奖，取得安徽省排名第二的优异成绩，我校也由此获得安徽省“最佳组织（团队）奖”荣誉称号。在随后的国赛中，经济贸易系汪贞叶、张平平、刘超团队作品《室内测量与查验》和李仁霞、吴木林、江楠团队作品《广告策划市场调查与创意创作》分获团体二等奖和三等奖。

2019年全国职业院校技能大赛教学能力比赛获奖情况

序号	主办部门	赛项(作品名称)	获奖人员	获奖等级
1	教育部	室内测量与查验	汪贞叶、张平平、刘超	二等奖
2	教育部	广告策划市场调查与创意创作	李仁霞、吴木林、江楠	三等奖

【“互联网+”大学生创新创业大赛参与人数取得新突破】 学校通过实施毕业设计替代、邀请专家讲座等有力举措，积极做好“系部初赛、校赛选拔”二级大赛机制，成功举办安徽商贸职业技术学院第五届“互联网+”大学生创新创业大赛暨安徽省赛区参赛选拔赛，共有4425人完成注册，逾2000人参加校级比赛，较去年相比增加了近一倍。累计产生一等奖7项，二等奖14项，三等奖33项。参加省级大赛获得银奖3项，铜奖9项，学生创新创业意识不断增强，创新创业能力稳步提升。

【技能大赛成绩丰硕】 学校坚持“以赛促教、以赛促学、以赛促改”的理念，进一步健全竞赛激励机制，继续做好学生“校赛、省赛和国赛”三级竞赛体系。2019年校级技能大赛初赛实现2017级学生全员参加，遴选31个赛项进行决赛，最终评出153个一等奖、277个二等奖和402个三等奖。安徽省职业院校技能大赛中，共遴选102名选手，参加25个赛项，最终夺得一等奖22人次，二等奖45人次、三等奖21人次。全国职业院校技能大赛，共有20名选手参加6个赛项，取得全国一等奖3项，二等奖1项，三等奖2项，学校获得省教育厅颁发的“技能大赛标杆校”荣誉称号。上半年，以“职业教育活动周”为契机，以新闻报道形式总结我校技能竞赛在强化学生实践技能培养、突出工匠精神的养成的成效，获《安徽青年报》整版报道。

（供稿单位：教务处）

2019年全国职业院校技能大赛获奖情况

序号	赛项名称	参赛选手	指导教师	获奖等级
1	会计技能	代自豪、江慧、刘文文、罗燕	李海燕、姚琳	一等奖
2	计算机网络应用	程才、万和彬、叶志宏	陈军、周洋	一等奖
3	物联网技术应用	洪子阳、冯强强、杨杨	周正贵、朱先远	一等奖
4	软件测试	赵妍、张辉、邓纪鑫	刘斌、李春秋	二等奖
5	智慧物流作业方案设计与实施	宋海洋、丁志祥、黄涛、万康林	刘存、殷聿明	三等奖
6	信息安全管理与评估	吴梦飞、徐晨光、汪林	何军、韩成勇	三等奖

（二）成人教育教学情况

【概况】 安徽商贸职业技术学院继续教育学院前身是“安徽商业职工大学”，成立于1984年，2000年6月经省政府批准，教育部备案，与百年老校——“安徽省商业学校”合并升格为公办全日制专科层次的高等职业院校，隶属于安徽省教育厅直接领导和管理。学院设有中层机构成人教育处，2009年改为成人教育学院，2014年6月更名为继续教育学院，负责全校继续（成人）教育工作。继续教育学院，拥有1500平方米独立的办公和教学区域，多媒体教室、机房、网络等教学硬件设施先进；设有会计、金融管理、电子商务、市场营销、投资与理财、财务管理、物流管理、电子信息工程技术、计算机信息管理、旅游管理等专业；学院配备了一支结构合理、力量雄厚、素质较高的师资队伍，承担继续教育学院的教学任务。鲜明的办学特色和较高的办学质量，使我院成人高等教育的毕业生受到社会的普遍欢迎，得到了用人单位的赞赏，许多毕业生走上了领导岗位，成为单位的骨干，为地方经济建设做出了贡献。同时，我院自2003年还先后与江南大学、华东理工大学强强联合，举办专科升本科的学历教育，迄今已经送走了多届本科毕业生，不少毕业生还取得了学士学位。

继续教育学院在安徽商贸职业技术学院党委的领导下，全面贯彻党的教育方针，继续稳步发展学历教育，积极开拓多种形式的继续教育，不断深化教育教学改革，培养具有创新、创业精神和实践能力的高级技术技能型人才，构建学习型社会和终身教育体系，不断提高服务于地方经济建设和社会发展的继续教育能力。

【成人高等学历教育】

1.成人高等学历教育基本建设情况

安徽商贸职业技术学院成人高等学历教育共设专业10个，分别为：会计、金融管理、电子商务、市场营销、投资与理财、财务管理、物流管理、电子信息工程技术、计算机信息管理、旅游管理专业。其中会计、市场营销、电子商务、旅游管理为主导特色专业。截至2019年12月底，成人高等学历教育专科在籍学生712人。

继续教育学院成人高等教育的授课教师、辅导教师、管理人员共计94人，其中校内教师77人，占82%，“双师型”教师占62%。教师结构中，教授4人，副教授25人，讲师35人，聘请能工巧匠14人。良好的师资队伍，满足了学校继续教育教学和管理的需要。

继续教育学院成人高等教育的教学资源建设与全日制学历教育的教学资源建设同步发展。建有会计信息教学系统1套、应用软件财经类综合实训平台和全真模拟训练平台软件1套、智胜国赛软件1套，并建有网上教学资源库。生产制造信息化企业CDIO实践基地，信息类卓越技能人才培养基地，可同时满足72人的实习实训需求。

依托学校专业设置，我院成人高等学历教育专业结构与地方产业发展吻合度不断提升，专业建设成效进一步凸显。其中，市场营销专业获全国商业教指委人才培养方案评选“优秀”等级，电子商务专业跃居“全国高职院校物流电商专业竞争力100强”第10名，旅游管理专业获批全国职业院校旅游类示范专业点。

2019年度我院与芜湖县政府、德力西电气（芜湖）有限公司三方合作，联合办学，推进“德力西公司成高大专班”工作，并针对德力西电气芜湖有限公司开展面向社会人员全日制大专招生，取得良好效果。这是我院与地方政府、支柱企业共同探索出的一种“校、政、企三方合作育人”的成高教育和职业培训新模式。遵照教育部“招工就是招生，车间就是课堂，师傅就是老师”的办学模式。学校负责人才培养方案的制定、安排理论课老师、过程的监控、毕业生的毕业规格和学籍管理；企业负责招生宣传、上课时间安排、实践课的教学、考勤与学员管理；校、政、企三方共同考评毕业生的就职岗位和晋升，并由当地政府予以学费补助和奖励。实践证明，这是一条目标明确、方法正确、切实可行的办学模式。

2.规范管理，标准建设

2019年度，继续教育学院严格执行省教育厅相关政策和规定，成立了成人高等教育招生工作领导小组，依据各专业人才培养能力、报考情况和市场需求等综合因素，拟定分专业招生计划，开展招生宣传和咨询，网上远程录取，向社会公布分数线，接受社会监督。

加强成人高等教育教学过程和考核质量管理。考核分由考试和出勤构成，考题出卷分A、B试卷，缺勤50%以上的学员不得参加本课程的正常考核。毕业作业有目标、形式、格式等要求，组织管理有动员，指定专门老师进行指导，在审定开题提纲、完成三稿的基础上，在学院教学计划规定时间内完成，成绩全部合格者准予毕业。

学习支持服务管理制度建设标准化、规范化。从招生到教学，再到学籍管理、学生管理和工学矛盾处理，都初步建立了规章制度。对校外教学点制定专门的管理办法。从教学点的设置条件、设点程序、主要职责、日常管理等环节进行规范管理，严格执行内部质量保证体系建设，各教学点实施效果显著。

【高等教育自学考试】 安徽商贸职业技术学院高等教育自学考试学习服务中心2019年度与安徽师范大学、安徽大学、安徽财经大学、安徽工程大学四所自学考试主考院校合作，共计开办会计、市场营销、人力资源管理、金融、艺术设计、法律、英语教育等7个本科专业。截至2019年12月底，在读自考本科生625人。

2019年度，学院为满足自考辅导的需求，经报学校批准，成立了"安徽商贸职业技术学院自考本科学历教育领导小组"，集全校之力对自考本科学历教育的教学计划、辅导课程、招生专业等宏观问题进行统一管理、决策，为自考本科学历教育的进一步发展奠定了良好的组织基础。

为提高自考助学过程的教学效果，我院自考助学服务中心在2019年度开展了加强终结性考试的规范化管理工作。加强辅导过程的管理，2019年度辅导工作开始前，自考助学服务中心通过召开课前准备会，对到会的班主任、任课教师提出明确考核要求，同时，召开全院学生动员大会，提出以"真学，真考"为标准，端正学风、考风，树立"终身学习，培养良好学习习惯"的观念。组成了以校领导领班，各系部、教务处、学生处共同参与的巡查组，对辅导过程进行监督，使到课率得到极大提高，为进一步提高合格率奠定了良好基础。

【教学实绩】 2019年，继续教育学院完成了成人专科学历教育、自考本科学历教育、江南大学网络学历教育、企业职工培训和社区教育等教育教学与培训任务，共计在校学生1605人，其中：成人专科712人，自考625人，网络教育268人。

1.成人专科学历教育工作

(1)超额完成了年初200人招生计划，招生人数较去年增长了30.5%，与去年相比增长比例为5.7%，实招276人。

(2)完成了本部及4个教学点的教学管理任务。

2.自考助学服务中心教育工作

(1)通过召开辅导员会议，2019级新生班干宣传会等直面学生的宣传形式，2019年新招生244人。

(2)强化终结性考试的规范化。2019年10月份，我院按照省教育厅文件要求，首次组织了标准化考试，得到省厅巡视员的高度认可。

学校成人高等教育专业设置一览

序　号	专业名称	学科门类	学　制	学习形式
1	会　计	财务会计	两年半	业　余
2	金融管理	金　融	两年半	业　余
3	电子商务	电子商务	两年半	业　余
4	投资与理财	金　融	两年半	业　余
5	市场营销	市场营销	两年半	业　余
6	财务管理	财务会计	两年半	业　余
7	物流管理	物　流	两年半	业　余
8	电子信息工程技术	电子信息	两年半	业　余
9	计算机信息管理	计算机	两年半	业　余
10	旅游管理	旅　游	两年半	业　余

学校高等教育自学考试专业设置一览

序　号	专业代码	层　次	专业名称	主考院校
1	020204	本　科	会　计	安徽财经大学
2	020208	本　科	市场营销	安徽财经大学
3	020218	本　科	人力资源管理	安徽财经大学
4	020106	本　科	金　融	安徽财经大学
5	050437	本　科	艺术设计	安徽工程大学
6	030106	本　科	法　律	安徽大学
7	050206	本　科	英语教育	安徽师范大学

（供稿单位：继续教育学院）

（三）学生工作

【思想政治教育】

学校深入开展“青年大学习 青春勇担当”主题团日活动。校团委1月开展“青年大学习 青春勇担当”主题团日活动，此次活动精心设计了四个活动载体，包括主题板报/手抄报大赛、青年大学习主题团课、主题视频展播、基础团务建设。全校122个班级团支部广泛参与，掀起学习贯彻总书记讲话精神的热潮。此次活动深入学习领会习近平总书记“7·2”重要讲话精神，进一步落实团省委关于2018年全省基层团组织建设提升年活动，不断加强团的基层组织建设，持续推进全面从严治团工作，推动团建工作“活”起来、团建品牌“强”起来。

芜湖团市委互比互学工作组来我校调研。3月20日上午，按照芜湖团市委从严治团暨重点工作互比互学的统一部署，由团市委机关人员、各团县（区）委、各直属团组织团干部组成的互比互学小组（第七组），在团市委学少部负责人田佳的带领下至我校调研。校党委委员、宣传统战部部长汤飚出席汇报交流会并讲话，团委委员参加会议，团委书记孙握瑜主持有关活动。工作组查阅学校团建工作资料，并深入艺术设计系和工商管理系现场调研团员成长基地，走进大学生服务中心调研了青年之家和青年活动阵地。以此次互比互学工作为契机，我校共青团将充分吸收各兄弟单位的共青团工作先进经验及创新思路，持续推进高校共青团改革，不断加强团的基层组织建设，进一步提升团组织服务青年、服务大局的能力，助力我校创建国家“特高校和特高专业”，以优异成绩迎接五四运动100周年和中华人民共和国成立70周年。

团省委副书记张敏一行来我校调研共青团工作。3月28日下午，团省委副书记张敏，学校部部长卢蓉，我校挂职干部、学校部副主任科员符牛一行调研共青团工作，团市委副书记杨磊和学校部负责人田佳陪同调研。党委副书记、校长李忠，党委副书记、纪委书记朱光应接待了张敏一行。校团委全体工作人员、各系团总支书记参加调研座谈会，校团委书记孙握瑜主持有关活动。张敏一行实地调研了艺术设计系团员成长基地。在校图书馆、大学生创业园和大学生服务中心等地调研了团员活动阵地和青年之家。此次调研活动加强了我校与团省委、团市委的沟通交流，是对我校共青团工作的一次展示、一次检验，促进了我校共青团工作围绕学校发展的大局，突出自身优势，奋发进取、勇于担当、干在实处，积极融入学校“大思政”工作格局，努力为建设地方技能型高水平大学做出贡献。

学校举行第21期“青马工程”培训班暨“青春心向党 建功新时代”主题实践活动启动仪式。4月24日下午举行了第21期“青马工程”团学骨干培训班暨“青春心向党建功新时代”主题教育实践活动启动。学校党委副书记、纪委书记朱光应，党委委员、学生工作处处长郑伟，各系部党、团总支书记出席开班典礼，300多名学员参加了培训。仪式在雄壮的国歌声中拉开序幕，会计信息管理182班张徐同学代表全体学员发言。仪式结束后，朱光应作了题为“忆百年校史 做商贸传人”的讲座。本期培训班邀请党员干部、优秀校友讲解党的理论、形势政策、奋斗故事等，开展纪念革命英烈等实践活动，激励青年牢记五四历史，传承五四精神，组织班级团支部围绕庆祝祖国70华诞、纪念五四运动100周年开展“青春心向党 建功新时代”主题团日活动。已有140个班级团支部正在筹备主题团日活动方案，学校将根据方案的主题、形式、创新性评选精品项目和一般项目。通过青马工程培训和主题团日活动的开展，旨在增强青年团员干部政治意识、引领广大青年听党话，跟党走，矢志投身新时代夺取中国特色社会主义伟大胜利的新征程。

学校举办“青春心向党 建功新时代”纪念五四运动特别主题团日活动。4月27日，芜湖团市委和学校团委在芜湖市烈士陵园共同主办了“青春心向党 建功新时代”——纪念五四运动特别主题团日活动。芜湖团市委书记郝代伟、组织部长宁佳，校团委书记孙握瑜、团委老师以及各班级团支书、学生组织骨干200多人参加了活动，实地接受了一次"沉浸式"的精神洗礼。活动在国歌声中拉开序幕，全体人员齐声高唱国歌，团员青年代表为烈士敬献鲜花，花篮缎带上书写着"牢记五四历史 传承五四精神"的大字，郝代伟和孙握瑜神情肃穆地走上碑前，整理花篮缎带。现场郝代伟讲话，学校思政部基础课教研室主任翟淼带来微团课，校广播台进行团旗下的演讲《秋瑾》，团员代表朱姗姗带领全体团员青年面向团旗重温入团誓词，仪式在嘹亮的《光荣啊，中国共青团》歌声中结束。活动进一步激励和引领广大青少年大力弘扬以爱国主义为核心的伟大民族精神，坚定"四个自信"，矢志投身新时代夺取中国特色社会主义伟大胜利的新征程。

我校团委喜获2018年度"全国五四红旗团委"称号。五四运动100周年来临之际，共青团中央发布关于2018年度"全国优秀共青团员""全国优秀共青团干部""全国五四红旗团委(团支部)"的表彰决定，其中共授予全国500个基层团组织"全国五四红旗团委(团支部)"称号，我校喜获此项荣誉。"全国五四红旗团委(团支部)"称号是共青团中央授予基层团组织的最高荣誉，我校也是首次获此殊荣。这是对我校共青团工作的肯定和鞭策，也是对全校各级团组织和广大团员青年的激励与鼓舞。校团委将以此为契机，团结动员各级团组织与团员青年，改革创新、锐意进取，为学校党建和事业发展贡献青春力量。

学校组织广大团员青年和团干部集中收看纪念五四运动100周年大会。4月30日上午10时30分，纪念五四运动100周年大会在人民大会堂举行，中共中央总书记、国家主席、中央军委主席习近平出席大会并发表重要讲话。校团委组织广大团员青年和团干部集中收看大会直播，并通过校园新媒体发起主题分享活动，带领广大青年学生学习讲话、牢记五四历史、传承五四精神，激励青年学生用青春书写新时代的荣光。学校各级团组织将以纪念五四运动100周年为契机，深入研究当代青年成长成才的特点和规律，为广大青年成长成才、创新创业营造良好环境，激励广大青年接过历史的接力棒，充分展现青春心向党、建功新时代的奋进姿态，用"奋斗的青春最美丽"的实际行动为青春梦增光、为中国梦添彩。

学校关工委副主任郑光贵为第21期青马工程学员作纪念五四运动专题讲座。5月，学校关工委副主任郑光贵教授为第21期青马工程学员作题为"传承五四精神 争做新时代合格接棒人"专题讲座，全校近300名团员青年聆听了讲座。学习贯彻习近平新时代中国特色社会主义思想，不断深化青年社会主义核心价值观教育，激发青年爱党、爱国家、爱社会主义的情怀。

党委书记章顺来为第21期"青马工程"培训班做纪念五四运动专题讲座。5月28日，校党委书记章顺来走进青马工程培训班为300多名青年学子做主题为"听党话、跟党走，勇做新时代的奋进者、开拓者、奉献者"的专题讲座。此次讲座内容丰富，结合波澜壮阔的中国革命史和发展史，深刻揭示了国家的发展与青年的命运紧密相连的道理，案例充实，引经据典，金句频发，运用视频、互动、案例的方式，既有理论的深度又有情感的温度，为同学们带来一场精神大餐，进一步加深了对五四精神的认识。

我校徐敏同学荣获2018年度"安徽省优秀大学生"称号、"2018年度安徽省大学生年度人物提名奖"称号。6月，共青团安徽省委、省委宣传部、省文明办、省教育厅等11家单位联合印发了《关于公布2018年度"安徽省十佳大学生"评选结果的通知》，我校会计系会计161班徐敏同学荣获"安徽省优秀大学生"荣誉称号。同时，在省委教育工委组织的2018年度安徽省大学生年度人物评选工作中，徐敏获得"2018年度安徽省大学生年度人物提名奖"称号。这是我校学子首次同时获得两项殊荣。评选活动让学子在培育和践行社会主义核心价值观方面发挥了良好的示范带动作用，展现新时代青年的精神品格和价值追求，发挥先进学生典型的示范引领和青年学生朋辈教育作用，在校园里形成比学赶超、人人争先创优的良好育人氛围，展示了学校立德树人的工作成效，成为我校育人特色和学生工作的缩影。

团市委书记郝代伟一行来我校调研共青团工作。6月20上午，团市委书记郝代伟，副书记陶涛及学少部、宣传部负责人一行来我校调研共青团工作。党委书记章顺来，党委副书记、纪委书记朱光应热情地接待了郝代伟一行。校团委全体工作人员、各系团总支书记、班级团支部代表参加了调研座谈会，校团委书记孙握瑜主持有关活动。朱光应对团市委来我校调研指导工作表示欢迎，孙握瑜在会上作我校共青团工作汇报，电信系团总支介绍了结合“三单制”志愿服务项目，云计算182团支部结合“三会两制一课”的开展，汇报了班级基础团务工作情况。此次调研活动加强了我校与团市委的沟通交流，展示了我校共青团工作围绕学校发展的大局，积极融入学校“大思政”工作格局，努力为建设地方技能型高水平大学做出贡献。

学校开展“国家网络安全宣传周”主题签名活动。9月16日—22日为全国第6个网络安全宣传周，此次国家网络安全宣传周主题为“网络安全为人民、网络安全靠人民”。校团委按照学校实施方案的统一部署开展相关主题活动，9月18日下午，学生志愿者在食堂门口举行主题签名活动，开展网络安全知识宣讲，深入宣传《网络安全法》，通过通俗易懂的案例从网络安全防范、网络诈骗等几个方面普及网络安全知识。校园广播开辟了网络安全专题栏目，发布相关安全知识、法律法规及学校相关活动等内容。此次活动旨在增强师生网络安全意识，提高网络安全防范能力。

我校学生参加芜湖青年庆祝中华人民共和国成立70周年活动。9月29日，芜湖团市委隆重举办芜湖青年庆祝中华人民共和国成立70周年活动暨全市志愿服务精神分享会，我校100名青年志愿者代表受邀参加活动。来自各行各业的青年代表欢聚一堂，挥舞手中的国旗，以齐声合唱《我和我的祖国》拉开序幕。芜湖市优秀青年代表作青春宣讲，为现场的同学们上了深刻的一课。活动现场还为芜湖市青年志愿者项目、团队及个人颁奖，全市6个志愿项目获得“芜湖市青年志愿者示范项目”称号，我校一志愿项目获此殊荣。

学校与潜山市龙潭乡杜埠中心小学共同开展“手拉手祝福中华人民共和国70华诞”活动。为庆祝中华人民共和国成立70周年，助力教育扶贫工作。9月30日上午，校团委师生一行赴潜山市龙潭乡漆铺村，与当地的杜埠中心小学共同开展“手拉手共祝新中国70华诞”活动。潜山市教育局、龙潭乡、扶贫工作队相关同志和杜埠中心小学全体师生参加了本次活动。志愿者在传统文化课上给六年级全体学生教授国学知识和爱国主题朗诵表演；在歌曲演唱课上带领三、四年级合唱爱好者教唱歌曲《国家》；在舞蹈表演和器乐演奏课上，给五年级的舞蹈和器乐爱好者，教授传统舞蹈、民族乐器知识。学校团委向杜埠中心小学161名孩子赠送了文具套装。此次活动，立足以往经验，在与当地需求相结合的基础上，更好地实现了社会实践活动的延展性，以实际行动助力乡村振兴、教育扶贫。多元展示了商贸师生的责任担当与家国情怀和我校“第二课堂”素质教育和学校美育工作的丰硕成果。

学校举办2019年国家公祭日缅怀活动。12月13日晚，学校2019年国家公祭日缅怀活动在大学生活动中心举行。校团委书记孙握瑜、校团委卢菊、学生会全体成员、2019级各班级团支部青年代表三百余人参与了本次活动。活动开始前，同学们在“勿忘国耻 圆梦中华”的条幅上郑重签字，同学们将亲手折好的纸鹤粘贴在和平许愿墙上，表达对遇难同胞的哀思祭奠以及对和平的向往和坚守。31名学生代表朗诵《和平宣言》，活动后在教学楼广场举行南京大屠杀死难者“烛光祭”。此次活动的开展，使广大青年学子接受了一次深刻的思想洗礼。有利于在校大学生树立正确的历史观和价值观，鼓励青年学子从灾难记忆中汲取家国情怀，勇于担当民族复兴、和平发展的历史重任，以更加积极的态度投入到学习中，为全面建成小康社会、实现中华民族伟大复兴不懈奋斗。

学校完成第22期“青马工程”团学骨干培训班暨十九届四中全会精神专题学习班。学校自11月29日启动了第22期“青马工程”团学骨干培训班暨十九届四中全会精神专题学习班，并组织全校18、19级班级团支部开展“学习贯彻党的十九届四中全会精神”主题团日活动。本期培训班对学员进行分班、分组管理，设团干班（124人）、学干班（34人）、社团班（45人），配有3名班主任和4名班级思政指导老师体现专项性和专业性。在11月29日至12月1日三天的时间里实施集中和分组学习，组织理论学习4次，学校党委书记章顺来作“听党话、跟党走，勇做新时代的奋进者、开拓者、奉献者”专题讲座，党委副书记、纪委书记朱光应以“做一个温暖的学生干部”为题作专题讲座，团委书记孙握瑜作“高校共青团改革实施方案解读及第二课程成绩单制度培训”专题讲座，思政教学部副主任杨卫宏作“十九届四中全会精神解读”的专题报告；针对三个班级日常工作需要实施专项培训1次，邀请思政教师走进青马课堂完成学习研讨1次，开展拓展训练2次，呈现风采展示1次。本期“青马工程”团学骨干培训班还将通过评比、评优，组织优秀学员和团队开展实地调研，引导学员了解基层、认识国情，增强历史使命感和社会责任感。把握重点、夯实基础、创新形式、抓住契机，推进“青马工程”建设，发挥骨干学员的榜样示范作用，把共青团思想引领作用落到实处。

【素质拓展工作】

校学生会举办三八妇女节系列活动。校学生会开展喜迎三八妇女节活动，贺卡送祝福、鲜花送女神、说一说我与老师的暖心故事，向敬爱的女教职工们表达深深的谢意和浓浓的祝福，让女教职工们更有幸福感、获得感，进一步培养青年学生的感恩意识，营造了美好、和谐的校园文化氛围，传递了满满的正能量。

学校开展“3·12”植树节系列活动。学校积极组织开展了“3·12”植树节系列活动，开展绿色徒步活动、“与绿色相约，与环保同行”的主题活动、美丽商贸我来拍”照片征集大赛、积极参与“蚂蚁森林”植树活动。积极践行十九大关于“绿色、共享”的发展理念，增强大学生环保意识，构建美好和谐校园，增强了大学生“关爱自然”的人文情怀，为宣传生态文明观念和环境保护知识汇聚青春力量。

学校开展“安全知识进校园”活动。3月26日，由团市委、市学联主办，校学生会承办的“安全知识进校园”活动在我校举办。此次活动围绕三大攻坚战中的防范重大风险的要求，围绕防金融诈骗、“校园贷”、移动支付风险提示等内容，同时结合禁毒、防邪教、自身维权保护等安全知识。通过展板、讲解、发放宣传材料、倡议签名、新媒体宣传等多种方式和渠道宣传安全防范知识。为进一步增强全民安全意识，提高大学生面临突发事件时的自救互救能力，构建“文明校园”发挥了积极作用。

学校隆重举办第十八届“春之声”校园文化艺术节开幕式暨“流风”校园舞蹈大赛。4月，学校隆重举办了第十八届“春之声”校园文化艺术节开幕式暨“流风”校园舞蹈大赛。校领导、党委委员、相关处室及系部负责人出席启动仪式。启动仪式上播放了回顾视频，重温历届“春之声”的精彩画面，展现了多年来“春之声”校园文化艺术节在坚持先进文化引领，服务学生成长成才等方面取得的丰硕成果。精彩的文艺演出展示了广大师生共同携手，扬帆起航，用丰硕的校园文化成果，献礼祖国七十华诞的决心。校党委书记章顺来代表学校党政为此次开幕式致辞。校领导共同点亮启动球，第十八届“春之声”文化艺术节正式拉开序幕。

学校举办第八届“挑战杯”安徽省大学生课外学术科技作品竞赛校内选拔赛决赛。4月，第八届“挑战杯”安徽省大学生课外学术科技作品竞赛校内选拔赛决赛成功举行。经过前期的系部选拔、纸质材料初审，决赛现场共有来自各系的10篇社会调查报告和学术论文、6个科技发明制作项目参与。各团队分别通过PPT展示推介作品，并现场回答评委的质询。评委结合各作品项目书和现场PPT展示与答辩，综合考虑作品的科学性、先进性、现实意义等方面因素对各作品进行全面、严格和公正的评审。最终，社会调查报告和学术论文类《基于电商在线评论情感分析的用户痛点识别研究》等5项作品，科技发明制作组《“路安”稳定井盖设计》等3项作品脱颖而出。根据此次终审决赛的结果，择优推报优秀作品代表学校参加省赛角逐。

青年学子走出校园感受职业精神。职业教育活动周期间，为了大力弘扬“工匠精神”，培育创新精神，增强职业能力，校团委带领青年学子走进工匠工坊、创业基地开展参观、交流活动，在活动中坚定职业理想、厚植创业梦想、培养奋斗精神。为弘扬传统文化，感受工匠精神，5月9日，校团委组织学校手工爱好者参观中国铁画创意园。为了培育创新精神，激发创业梦想，学校组织20名有创业愿望的青年学子到启迪之星（芜湖）基地参观。此次活动通过走出校园，走近企业工坊的方式，为憧憬创业的同学提供交流、尝试的平台，为年轻创客的成长助力。

学校举办第18届“春之声”艺术节活动。5月23日，由校团委、宣传统战部、学生工作处、关工委主办，校园之声广播台承办的第十八届春之声校园文化艺术节”主题电影配音大赛圆满落幕。5月28日晚，由校团委、宣传统战部、学生工作处、关工委主办，校广播台承办的第十八届“春之声”校园文化艺术节朗诵比赛圆满落幕。本次主题朗诵比赛以“放飞中国梦，奋斗强中国”为主题，由经济贸易系选送的《中国蓝盔》获得一等奖，由电子信息工程系选送的《茶馆》和会计系选送的《流浪地球》分获二等奖；艺术设计系选送的《建军大业》、财务金融系选送的《建党伟业》、会计系选送的《战狼》分获三等奖。旨在引领广大青年学生发扬五四精神、传承优良传统，不忘初心、接续奋斗，用青春之我创造青春之中国、青春之民族，书写新时代中国青年奋发前行的崭新篇章。

团委联合社交礼仪协会举办《彩妆小课堂》素质提升活动。5月30日下午，校团委联合社交礼仪协会举办了一场别开生面的《彩妆小课堂》活动。校团委王倩倩老师进行现场教学指导，通过分享彩妆课堂教学、服装穿搭技巧、礼仪风采展示等环节，让同学们感受美、热爱美、传递美。激发大学生对生活的热爱，提升大学生的综合素质。

学校举办2019年“厚德杯”辩论赛。6月，学校举办2019年“厚德杯”辩论赛总决赛。经过初赛、复赛、半决赛的层层选拔，最终来自会计系、人文外语系、电子信息工程系、经济贸易系的4支队伍进入总决赛。最终，电子信息工程系代表队获得一等奖、经济贸易系代表队获得二等奖、会计系、人文外语系代表队分别获得三等奖。此次辩论赛，在思想多元化的当下，以辩论的形式，引发思维碰撞、思想启迪，展现了大学生的思辨能力和知识储备，培养了当代大学生独立思考、积极发声的能力。

我校团队在第八届“挑战杯”安徽省大学生课外学术科技作品竞赛中取得佳绩。6月，2019年第八届“挑战杯”安徽省大学生课外学术科技作品竞赛闭幕式在合肥工业大学落下帷幕，我校经过系部初赛，校内决赛，遴选出的6件作品报送省赛，两件作品入选终审决赛现场展示环节。最终，《“路安”稳定井盖设计》《“旋转”井盖设计》获得科技发明制作类二等奖，《基于电商在线评论情感分析的用户痛点识别研究》《芜湖长江旅游发展调查报告》《基于社会资本差异的城市籍与农村籍大学生就业偏好比较研究》《基于改进SIR模型的高职学生心理危机演化和防控研究》《“00后”大学生中华优秀传统文化教育调查报告——基于芜湖高校现状的调查》四件作品获哲学社会科学类社会调查报告和学术论文类三等奖。校团委与相关处室紧密配合，围绕学校育人工作的中心要求，以“挑战杯”系列比赛为契机，关注广大青年创新需求，有力地激发了全院师生的创新创业热情推动高校与科研机构、企业之间加强互动，更好引领大学生投身科技创新事业。

学校举办第六届传统文化游园会。6月12日晚，学校举办第六届传统文化游园会。校党委副书记、纪委书记朱光应亲临现场观摩指导。为响应国家倡议，普及“一带一路”沿线的人文地理常识，校团委经研究决定举办主题为“山海之行 寻梦千年”的大型文化游园活动。活动现场共设置35个文化展位，让大家了解到了丝绸之路和海上丝绸之路沿线的35个城市的人文、地理常识和“一带一路”建设的相关知识。本次的传统文化游园会积极运用团委及社团联合会的各媒体平台，采用线上线下相结合的形式加强宣传，7天时间里在各媒体平台共计发推文58条，总阅读数超过10万人次，在校园内掀起了一股学习国学、了解“一带一路”倡议的热潮。

芜湖市第四届残疾人读书达人演讲比赛在我校举行。6月，由芜湖市精神文明建设指导委员会办公室、芜湖市残疾人联合会主办，我校与芜湖市演讲协会协办的芜湖市第四届残疾人读书达人演讲比赛在我校举行。芜湖市残疾人联合会党组书记、理事长董张应等莅临比赛现场，我校党委副书记、纪委书记朱光应，团委书记孙握瑜应邀出席活动，校关工委委员、安徽省演讲协会常务理事庞开山为此次比赛担任评委，全校近300名学生代表观看了比赛。15名选手感人肺腑的演讲和催人奋进的故事，也为现场的同学们上了深刻的一课。此次活动不仅为残疾人之间的读书交流和沟通搭建平台，同时也为我校大学生走近残疾人、了解残疾人、服务残疾人提供了平台。

学校完成2018—2019学年度星级社团评审工作。9月,校社团联合会完成全校58个社团年度社团星级评审活动。经纸质初选和现场决赛,羽毛球协会、谦心国学社和武术协会分获一、二、三名,青年公益协会、纹路吉他社、排球协会、MSA动漫社和石如书法社分列五至八名,前八名社团同时获得加星资格,至此青年公益协会成为第4个晋级五星级社团的协会,我校的星级社团总数也达到了19个,社团的品牌化建设再上新台阶。进一步加强学生社团管理工作,促进社团不断向规范化、有序化方向发展,推进社团建设,打造品牌社团和活动,充分发挥其丰富校园文化、培养学生兴趣、提高学生综合素质的作用。

我校举办第四届"金话筒"校园主持人大赛。12月,第四届"金话筒"校园主持人大赛在大学生活动中心举行。本次"金话筒"校园主持人大赛分为自我介绍、才艺展示和搭档模拟主持三个环节。十五名参赛选手依次亮相,进行了各具特色的自我介绍和精彩纷呈的才艺表演。搭档模拟主持环节,选手根据创新、绿色、国威、坚守、传承、红色、活力、梦想等关键词,从多个视角展现了国家取得的伟大成就。最终,十三号选手满梦园夺取桂冠,一号选手邱晴晴和九号选手王晨斩获二等奖,十号选手雷鸣、十五号选手束画、十二号选手夏也清荣获三等奖,四号选手李启明获得最佳人气奖。本届校园主持人大赛激励当代大学生勇担民族复兴的时代使命,自觉做新时代的奋进者、开拓者、奉献者,勇担使命责任,用实际行动展现出中国精神和青春风采!

【社会实践】

学校举行2019年学雷锋志愿服务月启动仪式。3月5日下午,学校隆重举行2019年学雷锋志愿服务月启动仪式,校团委全体老师,各系团总支书记以及全校300多名青年志愿者代表参加了启动仪式。全体师生共同观看《学雷锋》宣传视频,会上团委书记孙握瑜讲话,现场还组织了签名活动。活动贯彻落实习近平新时代中国特色社会主义思想,积极培育和践行社会主义核心价值观,大力弘扬雷锋精神和"奉献、友爱、互助、进步"的志愿精神,推进学雷锋志愿服务制度化常态化,引导青年学生积极参与新时代文明实践志愿服务,增强大学生社会责任意识和奉献意识。

我校参与平铺镇"桃花节"乡村旅游志愿活动。3月繁昌县平铺镇第五届"桃花节"乡村旅游活动在新林村盛大开幕,应平埇镇政府要求校团委组织40名大学生志愿者前往现场开展文明劝导、宣传摄影等志愿服务。为确保活动文明有序,志愿者们分工有序、各司其职地开展旅游宣传、线路指引、文明劝导等工作。我校积极参与区域化团建工作,自2016年与平埇镇合作搭建大学生暑期"三下乡"社会实践活动基地以来,多次协助开展旅游开发志愿服务。实践基地的搭建不仅为相关专业大学生提供锻炼实践、施展才华、学以致用的平台,同时发挥了高校服务地方的职能。

学校开展创建文明校园系列活动。学校开展"聚青春力量 创文明校园"系列活动,贯彻落实习近平新时代中国特色社会主义思想,积极培育和践行社会主义核心价值观,引导青年学生积极参与新时代文明实践志愿服务,增强大学生社会责任意识和奉献意识,营造向善向上、文明和谐的校园文化氛围。为改善市容,创建文明校园,4月28日下午,校学生会的青年志愿者们在高校园区内开展了清洁、整理共享单车志愿活动。为了响应构建节约型社会的号召,营造优质的就餐环境,创建文明校园,校学生会精心组织开展了"光盘行动",倡导文明就餐、节约每一粒粮食的传统美德。广大同学积极响应,大家争做文明的传播者、践行者,为创建文明校园汇聚青春力量。

我校志愿者助力长三角会议。为了更好地筹备长三角相关会议,应芜湖团市委要求,我校面向全校招募了38名志愿者为此次盛会提供志愿服务。分别有宣传组、涉会活动组、酒店接待组、接站接待组、招展组、布展组、信息化组、机器人展布展组、机器人展接待组。服务质量要求精而高,既关乎文明礼仪,又涉及业务技能,不容丝毫懈怠。为了提供专业的志愿服务,更好地服务此次盛会,志愿者们认真参加专项培训,提升业务技能。科博会现场,志愿者们始终保持良好的精神风貌,时刻关注每一位游客和市民的需求,及时为他们提供热情周到的服务。志愿者们的工作得到了人们的一致认可,团市委官方微信对他们进行了专门的宣传报道。

【青春三下乡】

学校2019年暑期“三下乡”社会实践活动全面启动。7月3日，学校举行2019年暑期“三下乡”动员培训大会。学校党委副书记、纪委书记朱光应，团委书记孙握瑜，各系团总支书记，团队指导老师以及全校94名大学生志愿者参加了此次大会。学校共组建了6支实践小分队，校级定向项目3个，其中包含国家重点团队1支，省级专项活动1个，94名志愿者，16位指导老师，将深入田间地头、社区街道、厂矿车间、贫困地区、基层一线开展社会实践活动。服务内容涵盖爱心教室、果园帮扶、家电维修、社会养老调研、旅游开发、基层服务、政务实习等方面，通过志愿服务提升大学生责任感和使命感，引导青年在实践中感知社会，实现个人价值。2019年三下乡活动，进一步扩大了活动覆盖面、提升活动实效性，创新实践育人机制。7月4日至7月6日，各基层实践团队指导老师亲自送志愿者前往弋江区、湾里街道、二坝镇、平铺镇等对接单位。截至7月5日，志愿者已经全部送达实践岗位，火热的“三下乡”社会实践活动全面启动。

校领导看望暑期“三下乡”政务实习学生。暑假，学校选派5人参加芜湖市“扬帆计划”政务实习活动。另与弋江区团委对接，选派20人开展弋江区基层服务活动。8月，校党委副书记、纪委书记朱光应，芜湖团市委书记郝代伟，弋江区委常委、宣传部部长蒋胜等一行看望政务实习学生，并与学生举行座谈。芜湖团市委、弋江区和校领导老师先后来到马塘社区、牌楼社区慰问在工作岗位上的大学生，实地了解大学生工作情况。领导老师和参加政务实习的25位同学来到弋江区团委举行座谈。会后，领导老师向参加政务实习的大学生赠送书籍《习近平的七年知青岁月》，寄语大学生们学习习总书记爱国为民的家国情怀、勤奋好学的进取精神、求真务实的良好作风。

学校“三下乡”暑期社会实践鸠江区湾里街道基层服务队纪实。今年是我校“三下乡”暑期社会实践鸠江区湾里街道基层服务队走过的第14年。鸠江区湾里街道基层服务队工作覆盖鸠江区湾里街道的凤鸣湖、金湾、银湖、合南、石城、华强6个社区，18名学生志愿者每天跨越近20公里，在为期六周的社会实践活动中，在爱心支教、基层服务、困难户走访、宣传报道等岗位上，切实开展文明乘车劝导、居民信息统计、来访答疑指导、宣传垃圾分类、普法宣传等各项有益社区居民的精神文明创建和社会服务活动。8月下旬，团市委组织我校鸠江区湾里街道基层服务队的“雏凤学堂”团队成员，赴定点帮扶村无为市范庄村开展关爱留守儿童活动。志愿者们用行动为全面建设美好安徽、实现中华民族伟大复兴的中国梦汇聚磅礴青春力量。

（供稿单位：学生工作处、校团委、思政部、招生就业处）

各学生组织主要干部名单

2019—2020学年校、系学生干部人员名单

隶属组织	序号	职务	姓名	班级
校学生会（指导教师：卢菊）	1	主席	刘安乐	云计算技术与应用181
	2	副主席	冯志剑	数字多媒体应用技术183
	3		宋敏	广告策划与营销182
	4	组织部部长	张希振	投资与理财181
	5	办公室主任	黄芳	文秘181
	6		韩风云	人力资源管理182
	7	宣传部部长	马冉冉	物联网应用技术182
	8		李迎扬	物联网应用技术181
	9	文艺部部长	刘思涵	投资与理财182

续 表

隶属组织	序 号	职 务	姓 名	班 级
校学生会（指导教师：卢菊）	10	文艺部部长	乔 楠	旅游管理182
	11		刘夏葵	物流管理181
	12	实践公益部部长	沈先磊	连锁经营管理182
	13		丁 禧	文秘182
	14	体育部部长	程 程	会计189
	15		周蝶莹	财务管理181
社团联合会（指导教师：周赟）	16	主 席	张韦鈺	文秘182
	17	副主席	陈恩卫	云计算技术与应用181
	18		张志锋	法律事务181
	19		苏 娜	风景园林设计171
	20	秘书处部长	徐立磊	移动互联应用技术182
	21	组织财务部部长	马永杰	物流管理181
	22		叶 慧	财务管理183
	23	宣传纪检部部长	茆天顺	电子商务技术182
	24		温 静	人力资源管理182
	25	文史专业实践管理办	胡 忆	商务英语182
	26	理工专业实践管理办	李 清	法律事务182
	27	素质拓展管理办	桂丛璟	云计算技术与应用182
	28	体育健康管理办	张能能	旅游管理182
	29		鹿奥克	市场营销183
校广播台（指导教师：王倩倩）	30	台 长	张文文	会计188
	31	副台长	马麒龙	物流信息技术181
	32	办公室主任	邵伟达	会计181
	33		周海燕	法律事务182
	34	主 编	郭雪静	房地产经营与管理181
	35		张莉莉	市场营销174
	36	播音部部长	张圆圆	国际经济与贸易181
	37	播音指导	赵玉晨	国际经济与贸易181
	38	编辑部部长	尹梦琪	文秘182
	39	技媒部部长	汪成娅	数字媒体应用技术182
	40		王皖君	审计182
校大学生艺术团（指导教师：王倩倩）	41	团 长	崔永琪	风景园林设计181
	42	副团长	李金容	商务英语182
	43	办公室主任	程 瑞	文秘182
	44		傅明珠	会计189
	45	宣策部部长	徐文慧	旅游管理182
	46		张淇林	云计算技术与应用183
	47	声乐部部长	陈丽娟	投资与理财181
	48	器乐部部长	赵斯雅	国际经济与贸易182
	49	礼仪部部长	钱 静	审计181
	50	舞蹈部部长	吴婉婷	酒店管理184

续 表

隶属组织	序 号	职 务	姓 名	班 级
校学生工作助理总队（指导教师：虞昌亮）	51	队 长	冷德旭	云计算技术与应用183
	52	副队长	朱仁江	物流信息管理181
	53		任圣洁	财务管理181
	54	办公室主任	李悦悦	连锁经营管理181
	55		黄 娟	投资与理财182
	56	综合部部长	陈辉洋	电子商务技术182
	57		吕梦雅	电子商务181
	58	外联部部长	唐 棠	商务英语182
	59		叶梦琴	酒店管理183
	60	纪检部部长	秦启文	电子商务181
	61		管婻婻	物流信息技术181
	62	学风建设部部长	陈 丽	信用管理181
	63		沐广昊	市场营销183
	64	勤工助学部部长	翟丁丁	信用管理181
	65		张梦丽	物流信息技术181
	66	宿舍协管部部长	许 琼	会计信息管理182
	67		梁小雷	会计信息管理183
校治保队（指导教师：徐永强）	68	队 长	王 舜	法律事务171
	69	副队长	何雅玲	财务金融管理171
	70		朱雪成	人力资源管理171
	71	国旗班班长	唐 克	广告与策划171
	72	纪检中队队长	马如梦	物联网应用技术172
	73		杨 帆	数字媒体应用技术171
	74	消防中队队长	席 康	会计174
	75	信息收集部部长	常士毛	市场营销175
	76		刘昕璐	电子信息工程技术171
	77	宣传中队队长	邹梦醒	酒店管理173
	78		章程晨	人力资源管理171
	79	治安中队队长	田腾龙	风景园林设计171
	80		徐继权	数字媒体应用技术172
经济贸易系学生会（指导教师：王孙琳）	81	主 席	郭 顺	市场营销184
	82	副主席	李梦悦	广告策划与营销182
	83	副主席	时 浩	房地产经营与管理181
	84	学习部部长	胡程名	广告策划与营销183
	85	宣传部部长	姜亚华	广告策划与营销182
	86	文艺部部长	李淑娴	市场营销185
	87	实践公益部部长	刘志成	市场营销184
	88	办公室部长	张倩倩	广告策划与营销182
	89	生活部部长	李 洋	市场营销184
	90	体育部部长	石雅涛	国际经济与贸易181
	91	青年纪检与权益维护中心部长	吴 凡	电子商务183
	92	团属媒体中心部长	许熙红	市场营销182
	93	大学生美育中心部长	金纯斌	市场营销184

续 表

隶属组织	序　号	职　务	姓　名	班　级
经济贸易系学生会（指导教师：王孙琳）	94	团总支宣传部部长	路　良	电子商务184
	95	团总支组织部部长	张茹茹	国际经济与贸易182
	96	素质拓展部部长	葛娟娟	电子商务183
	97	青年志愿者部部长	查张龙	市场营销182
工商管理系学生会（指导教师：徐小东）	98	主席团	董昌奇	人力资源管理182
	99		吴明会	物流管理183
	100	办公室主任	孟　龙	连锁经营管理181
	101		张文静	酒店管理181
	102	学习部部长	周　洋	物流管理183
	103		吴雪琪	物流管理182
	104	生活部部长	张　振	酒店管理181
	105		沙梦园	酒店管理184
	106	宣传部部长	许　跃	物流管理182
	107		胡　君	酒店管理182
	108	体育部部长	王　诚	人力资源管理182
	109		钱　琴	酒店管理182
	110	文艺部部长	邵　壮	酒店管理182
	111		章　蝶	人力资源管理182
	112	实践公益部部长	沙孝仁	人力资源管理182
	113		王巧巧	物流管理183
	114	团总支副书记	吴明会	物流管理183
	115	组织部部长	孟　龙	连锁经营管理181
	116	宣传部部长	许　跃	酒店管理181
	117	素质拓展部部长	周　洋	人力资源管理181
	118	青年志愿者部部长	沙孝仁	酒店管理182
	119	团属媒体中心主任	张　振	物流管理183
	120	青年纪律检查与权益维护中心主任	王　诚	物流管理182
	121	大学生美育中心主任	邵　壮	人力资源管理182
会计系学生会（指导教师：程慧）	122	主　席	张　徐	会计信息管理182
	123	副主席	邵伟达	会计信息管理181
	124	办公室主任	邹　星	会计188
	125	办公室副主任	王晨晨	会计186
	126	体育部部长	姚永远	会计信息管理182
	127	体育部副部长	侯宝中	会计187

续 表

隶属组织	序 号	职 务	姓 名	班 级
会计系学生会（指导教师：程慧）	128	宣传部部长	檀华应	会计181
	129	文艺部部长	宁娟娟	会计187
	130	文艺部副部长	贺志远	审计182
	131	实践公益部部长	卢陈成	会计187
	132	生活部部长	高圆圆	会计188
	133	学习部部长	程兰兰	会计182
	134	团属媒体中心部部长	囊树甲	审计182
	135	大学生美育中心部部长	邹梦怡	会计181
	136	青年纪律检查与权益维护中心部部长	刘荣娟	会计信息管理183
	137	青年志愿者部部长	葛鹏飞	会计信息管理181
	138	青年志愿者部副部长	郑 旺	会计信息管理181
	139	素质拓展部部长	童正龙	会计信息管理181
	140	宣传部部长	熊 蕤	会计187
	141	组织部部长	杨 珂	会计189
财务金融系学生会（指导教师：陈立弘）	142	主 席	孔 杨	财务管理182
	143	副主席	胡涌圣	投资与理财181
	144		陶雯雯	财务管理181
	145	办公室主任	宁柯翔	金融管理184
	146		祝莉娟	财务管理182
	147	文艺部部长	王 洋	财务管理182
	148		方诗雯	信用管理181
	149	体育部部长	陈佳乐	金融管理181
	150		魏玙璠	财务管理182
	151	学习部部长	张湘瑾	信用管理181
	152		黄乙淞	金融管理184
	153	安保部部长	张 晴	财务管理181
	154		刘卓越	财务管理181
	155	组织部部长	唐博强	金融管理181
	156		吴新连	信用管理181
	157	宣传部部长	鲁英俊	金融管理181
	158		唐可可	财务管理181
	159	实践部部长	苏玉洁	金融管理182
	160		马 飞	金融管理184
	161	纪检部部长	王文霞	投资与理财182
	162		高文举	财务管理182
	163	生活部部长	卢 雪	金融管理183
	164		殷新新	金融管理181

续 表

隶属组织	序 号	职 务	姓 名	班 级
电子信息工程系学生会（指导教师：周正贵）	165	主 席	李 振	电子商务技术172
	166	副主席	高思如	电子信息工程技术171
	167		胡 涛	数字媒体应用技术172
	168	办公室主任	陈裕生	数字媒体应用技术172
	169		江许诺	云计算技术与应用172
	170	宣传部部长	翟宇龙	云计算技术与应用171
	171		汪 琴	数字媒体应用技术171
	172	文艺部部长	黄 力	电子信息工程技术172
	173		陶梦芸	物联网应用技术171
	174	纪检部部长	邢 玥	电子信息工程技术172
	175		杨 东	数字媒体应用技术172
	176	体育部部长	邓 渊	物联网应用技术172
	177		李苏苏	云计算技术与应用172
	178	实践部部长	马学庆	云计算技术与应用172
	179		张 娟	电子信息工程技术172
	180		李 智	电子信息工程技术171
	181		秦东方	物联网应用技术171
	182		朱美玲	数字媒体应用技术172
	183		王 凯	数字媒体应用技术172
	184		葛家伟	移动互联应用技术172
	185		张世娇	电子信息工程技术172
	186	生活部部长	余秀玲	云计算技术与应用172
	187		陈启德	物联网应用技术171
艺术设计系学生会（指导教师：孙湛）	188	主 席	顾国宇	艺术设计181
	189	副主席	陈梦男	风景园林设计182
	190	团总支组织部部长	梁梦雪	动漫设计182
	191		黄云刚	风景园林设计182
	192	团总支宣传部部长	戴 娆	视觉传播设计与制作181
	193		丁凤荣(兼)	动漫设计182
	194	团总支素质拓展部部长	李婉婷	建筑装饰工程技术182
	195	部 长	丁 枫	建筑装饰工程技术182
	196		郭婷婷	视觉传播设计与制作181
	197	团总支青年纪律检查与权益维护中心	赵 贤	艺术设计181
	198	中心部长	杨玉萍	艺术设计181

续 表

隶属组织	序 号	职 务	姓 名	班 级
艺术设计系学生会（指导教师：孙湛）	199	中心部长	章倩（兼）	艺术设计181
	200		丁凤荣	动漫设计182
	201		许宣宣（兼）	视觉传播设计与制作182
	202	办公室部长	徐登财	产品艺术设计181
	203		张宇斌	建筑装饰工程技术181
	204	宣传部部长	许宣宣	视觉传播设计与制作182
	205		程 群	视觉传播设计与制作181
	206	文艺部部长	章 倩	艺术设计181
	207		俞希萍	动漫设计182
	208	体育部部长	程子洁	建筑装饰工程技术182
	209		王嘉奇	建筑装饰工程技术182
	210	实践公益部部长	李 乐	艺术设计181
	211	生活部部长	张小雪	动漫设计182
	212		徐士雷	建筑装饰工程技术182
	213	学习部部长	刘 欠	视觉传播设计与制作182
	214		孙 悦	视觉传播设计与制作182
人文外语系学生会（指导教师：符牛）	215	主 席	楚潘婷	商务英语181
	216	副主席	郑家龙	商务英语182
	217	副主席	赵宇婷	法律事务182
	218	办公室主任	周晔瑾	文秘182
	219	实践部部长	陈曼晴	商务英语182
	220	生活部部长	魏虞敏	文秘182
	221	文艺部部长	张鹏程	商务英语181
	222	文艺部副部长	刘 茜	法律事务182
	223	体育部部长	李 震	商务英语182
	224	体育部副部长	羊春燕	商务英语182
	225	学习部部长	戴文凤	商务英语182
	226	青年纪律检查与权益维护部部长	张世豪	法律事务182
	227	青年志愿者部部长	曹 行	文秘182
	228	宣传部部长	郑家龙	商务英语182
	229	组织部部长	赵宇婷	法律事务182

【招生工作】 2019年在学院党委的正确领导下，在全院师生的共同努力下，招生就业处全体同志凝心聚力、扎实工作，圆满完成招生、就业、创新创业各项工作任务，保持了招生就业形势两旺的良好态势。

学校2019年招生计划共计6589人，分为分类招生、普招、三二分段、社会扩招等四个批次。其中全日制在校生招生计划4589名（含革命老区专项300名），实际招生4336人，新生报到4126人，新生入伍保留入学资格56人，综合报到率达96.4%，高于去年1.2%。8月份和10月份社会扩招合计计划2000名，共招生1200人。

多措并举，开展招生宣传工作。学校2019年度先后参加安徽省教育招生考试院组织的高招咨询会5场；参加第三方媒体举办的"高中行"活动合计18条线路深入到近百所中学；深入省内40个县区、170余所中学开展了交流座谈活动。重点填报志愿、征集志愿等阶段的宣传工作，并确定了重点宣传学校，以点带面各项工作有序开展。通过编印学校2019年分类考试招生简章和普通高考招生简章、校园网、微信公众号、招生宣传片、招生热线，参加中国教育在线网上宣传、安徽报考指南丛书宣传等，通过各种媒体将学校招生相关信息传递给考生。

坚持标准，阳光操作。学校坚持深化高职院校招生制度改革，初步形成了分类招生、综合评价、多元录取的考试招生模式，在招生过程中一是坚持将主管部门的制度作为根本遵循，严格按照规章制度开展招生工作。二是坚持关键环节和结果按照既定程序会议审批、网站公示、及时归档。三是坚持考生成绩合成、录取等环节采取双人"背靠背"完成，再由第三人校对，从工作流程上杜绝失误错误，连续多年实现零错误、零投诉。四是坚持主动接受监督，学校纪委派员进驻录取现场，全程监督，适时检查，及时纠偏，确保各个环节的公平公正公开。

稳步推进社会扩招工作。2019年学校开展了两个批次的社会扩招。15个专业、2000名招生计划参与社会扩招，近2500名考生报考，实际招生1200人。学校充分依托安徽省财经商贸职业教育集团、混合所有制试点学院、地方政府等合作平台资源，广泛开展调研和宣传工作，与集团成员单位优质中职学校、密切合作的企业单位、区退役军人事务局等单位开展合作，积极探索开展校企协同育人办学形式。先后与德力西电气（芜湖）有限公司、安徽迪科数金科技有限公司、安徽正德人力资源咨询有限公司签订了校企协同育人协议，充分发挥校企双方优势，协同育人，推动校企融合向深度发展。

【就业创业工作】 顺利完成了2019届3807名毕业生派遣工作，初次就业率为96.56%，实现了更充分的就业目标。继续推进安徽省财经商贸职业教育集团建设工作；完成了第二批大学生创业项目入园工作，目前在园项目25个；组织学生参加"苏滁产业园杯"第十四届安徽省大学生职业规划设计大赛暨大学生创业大赛、安徽省大学生服务外包创新创业大赛获金奖2项。1名老师参加安徽省就业创业指导课教学大赛获金奖。

创新模式，就业指导形式多样。编印《2020届毕业生就业指导服务手册》，为学生求职择业答疑解惑；开展"就业创业指导服务月"系列活动，邀请优秀校友进校举办创业沙龙，组织芜湖市人才服务进校园、观看"就有未来"全省就业指导讲座、举办职业规划设计大赛暨创业大赛等，为学生就业创业指点迷津。

完善体系，就业服务精准高效。招生就业处始终坚持以生为本的工作理念，不断完善毕业生就业服务体系，采取多种措施促进毕业生充分就业。积极开拓就业市场，拓宽毕业生就业渠道。2019年学校先后赴合肥、浙江、江苏等地，参与人才对接活动4次，与厦门、南京等地人才中心建立联系；扎实举办校园招聘会，2019年引入了校招管理系统，实现了校招管理系统后台、就业信息网、毕业生微信小程序无缝对接，校招组织更加高效、信息发布更加及时、就业服务更加精准。2019年共举办大型校园招聘会2场、小型招聘集市5场、优质企业专场宣讲会56场，累计508家企业进校招聘，为毕业生提供岗位约1.67万个，生均岗位数达4.1个；细致做好升学服务，助力学生实现学历提升，2019年圆满完成1161名毕业生专升本信息采集及440名毕业生专升本录取通知书的发放工作，专升本录取率为37.90%；着力实施精准帮扶，帮助困难群体成功就业。2019年，学校帮助472名2019届和675名2020届毕业生成功申领省求职创业补贴148.45万元，为94名孤、残及困难家庭毕业生发放学校求职补助4.7万元，2019年双困毕业生初次就业率为98.32%，高于学校整体水平。

强化就业创业指导，努力提升就业创业教育质量。2019年招生就业处选派18人次参加就业创业类培训，提升教学水平；开展《大学生职业规划与就业指导》《大学生创新创业》集中备课和教学研讨，统一内容，改进方法，并顺利完成全年的课程教学任务；顺利完成了大学生创业模拟实训工作，累计培训学生390人。2019年完成了第二批大学生创业项目入园工作，目前在园项目25个。

六、师资队伍

（一）概况

【概　况】 学校将师资队伍建设作为学校发展的核心竞争力。近年来，学校为了推进高校综合改革试点工作，积极吸引人才、稳定人才，为学校建设、创新和发展提供人才保障，以优化资源配置为目标，以建立健全制度体系为重点，全面实施“人才强校”战略，通过“充实数量、提高素质、优化结构、稳定骨干、造就名师”的师资队伍建设过程，初步建成一支数量适当、结构优化、素质优良、工作高效的人才队伍。

截至2019年12月31日，学校共有教职工524人；其中，专任教师386人（含行政兼课教师）。近五年来，具有博士、硕士学位的教师比例持续增长，学校专任教师中具有博士、硕士学位者347人，占总人数的89.90%。在专任教师职称结构上，教授17人，副教授96人，分别占总人数的4.40%和24.87%。在专任教师年龄结构上，35岁及以下青年教师189人，36—50岁的中青年教师171人，51岁及以上的教师25人，分别占总人数的48.96%、44.30%和6.48%。

省级教坛新秀、教学名师名录

序　号	姓　名	名　称	获得时间
1	吴　昊	教坛新秀	2008
2	刘　宝	教坛新秀	2008
3	郑晓明	教坛新秀	2010
4	吕立新	教坛新秀	2010
5	孙颖荪	教坛新秀	2010
6	齐莉莉	教坛新秀	2013
7	吴松飞	教坛新秀	2013
8	陈　诚	教坛新秀	2014
9	胡增芳	教坛新秀	2014
10	翟　淼	教坛新秀	2015
11	段文忠	教坛新秀	2015
12	卜天然	教坛新秀	2016
13	王从辉	教坛新秀	2016
14	许贤丽	教坛新秀	2018
15	陈　辉	教坛新秀	2018
16	王海生	教坛新秀	2019

续 表

序　号	姓　名	名　称	获得时间
17	何　军	教坛新秀	2019
18	许美珏	教坛新秀	2019
19	杨　欣	教学名师	2009
20	王　炜	教学名师	2013
21	秦宗槐	教学名师	2013
22	刘　宝	教学名师	2014
23	杨文兰	教学名师	2015
24	丁增稳	教学名师	2016
25	王珠强	教学名师	2018
26	朱光应	教学名师	2018

省级专业带头人名录

序　号	姓　名	专业名称	获得时间
1	郑承志	市场营销	2008
2	杨　欣	会　计	2008
3	季学芳	财务管理	2008
4	王　炜	资产评估与管理	2009
5	汪　伟	计算机信息管理	2009
6	阮进军	计算机应用技术	2009
7	骆泽敬	物流管理	2009
8	朱光应	会计专业	2010
9	刘　宝	旅游管理	2010
10	秦宗槐	市场营销	2010
11	丁增稳	投资与理财	2010
12	夏名首	电子商务	2011
13	王珠强	会计电算化	2011

院级专业带头人名录

序　号	姓　名	专业名称	获得时间
1	杨克玉	计算机信息管理	2007
2	汪　伟	软件技术	2007
3	汪永太	国际经济与贸易	2007
4	秦宗槐	营销与策划	2007
5	夏名首	电子商务	2007
6	郑承志	市场营销	2007
7	徐　翔	旅游管理	2007
8	刘　宝	商务管理	2007
9	郑承志	市场营销	2008

续 表

序　号	姓　名	专业名称	获得时间
10	杨　欣	会　计	2008
11	季学芳	财务管理	2008
12	王　炜	资产评估与管理	2008
13	丁增稳	投资与理财	2008
14	王珠强	会计电算化	2008
15	阮进军	计算机应用技术	2008
16	疏　靖	应用电子技术	2008
17	骆泽敬	物流管理	2008
18	高道友	连锁经营管理	2008
19	刘　宝	旅游管理	2009
20	汪　伟	计算机信息管理	2009
21	贾成海	税　务	2009
22	张　毓	电子信息工程技术	2009
23	刘知国	商务英语	2009
24	钱立静	涉外文秘	2009
25	陈立弘	财务管理	2010
26	周　平	法律事务	2010
27	黄义兵	市场营销	2010
28	孙颖荪	物流管理	2010
29	郑晓明	商务文秘	2010
30	王　卓	计算机网络技术	2010
31	吕立新	软件技术	2010
32	王守龙	资产评估与管理	2011
33	陈　诚	动画设计	2011
34	汪圣佑	国际经济与贸易	2011
35	张　强	计算机多媒体技术	2011
36	黄义兵	市场营销	2013
37	冯春林	房地产经营与估价	2013
38	王从辉	电子商务	2013
39	唐文菊	国际贸易	2013
40	吴木林	营销与策划	2013
41	赵春宇	会　计	2013
42	曹方林	会计电算化	2013
43	夏菊子	财务管理	2013
44	李　刚	金融管理与实务	2013
45	徐　红	资产评估与管理	2013
46	孙颖荪	物流管理	2013

续 表

序 号	姓 名	专业名称	获得时间
47	齐莉莉	旅游管理	2013
48	黄 亮	连锁经营管理	2013
49	芮坤坤	计算机网络技术	2013
50	吕立新	软件技术	2013
51	唐云龙	计算机多媒体技术	2013
52	王松林	电子信息工程技术	2013
53	周正贵	物联网应用技术	2013
54	陈 诚	动 画	2013
55	陈雪影	视觉传达艺术设计	2013
56	叶 兴	商务英语	2013
57	钱立静	文 秘	2013
58	周 平	法律事务	2013
59	胡朝晖	法律文秘	2013

正高级职称人员名单

序 号	所在单位	姓 名
1	书记院长室	章顺来
2	书记院长室	朱光应
3	书记院长室	郑承志
4	书记院长室	王 炜
5	办公室	刘 宝
6	组织人事处	高道友
7	宣传统战部	汤 飚
8	纪委办公室(与监察审计处合署办公)	吴松飞
9	财务处	杨 欣
10	会计系	丁增稳
11	会计系	王珠强
12	财务金融系	王守龙
13	经济贸易系	秦宗槐
14	经济贸易系	夏名首
15	经济贸易系	冯春林
16	工商管理系	孙颖荪
17	人文外语系	朱吉玉

副高级职称人员名单

序 号	部 门	姓 名
1	书记院长室	李 忠
2	办公室	陶绍兴
3	组织人事处	郑晓明

续 表

序 号	部 门	姓 名
4	教务处	汪 伟
5	教务处	黄义兵
6	教务处	杨玉龙
7	教务处	陈 辉
8	教务处	何 军
9	实验实训中心(校企合作处)	卜天然
10	实验实训中心(校企合作处)	吕立新
11	实验实训中心(校企合作处)	王从辉
12	实验实训中心(校企合作处)	张 波
13	督导室	俞木传
14	继续教育学院	疏 靖
15	图书馆	季学芳
16	学生工作处(部)	郑 伟
17	学生工作处(部)	虞昌亮
18	招生就业处	张 强
19	招生就业处	鲁 楠
20	工 会	杨克玉
21	工 会	黄家宏
22	纪委办公室(监察审计处)	王 奇
23	后勤管理处	汪正法
24	保卫处	徐明友
25	科研处	翟建华
26	科研处	刘玉林
27	学报编辑部	汤太祥
28	会计系	鲁学生
29	会计系	赵春宇
30	会计系	贾成海
31	会计系	牛永芹
32	财务金融系	徐 翔
33	财务金融系	胡增芳
34	财务金融系	丁 婷
35	财务金融系	李 刚
36	财务金融系	汪玉桥
37	财务金融系	胡 艳
38	财务金融系	夏菊子
39	财务金融系	蒋 武
40	经济贸易系	汪圣佑

续 表

序　号	部　门	姓　名
41	经济贸易系	刘　超
42	经济贸易系	吴木林
43	经济贸易系	姜　涛
44	经济贸易系	杨雪青
45	经济贸易系	唐文菊
46	经济贸易系	段文忠
47	经济贸易系	朱芬华
48	工商管理系	齐莉莉
49	工商管理系	汪　晔
50	工商管理系	郭　伟
51	工商管理系	关堂春
52	工商管理系	韩媛媛
53	工商管理系	赵根良
54	工商管理系	黄　亮
55	电子信息工程系	胡传山
56	电子信息工程系	阮进军
57	电子信息工程系	周正贵
58	电子信息工程系	张　毓
59	电子信息工程系	王　卓
60	电子信息工程系	王松林
61	电子信息工程系	王　睿
62	电子信息工程系	颜莉莉
63	电子信息工程系	刘　斌
64	电子信息工程系	秦晓安
65	电子信息工程系	陈　军
66	电子信息工程系	芮坤坤
67	人文外语系	王锦坤
68	人文外语系	刘知国
69	人文外语系	钱立静
70	人文外语系	龙志勇
71	人文外语系	周　平
72	人文外语系	叶迎春
73	人文外语系	秦晓梅
74	人文外语系	刘育江
75	人文外语系	季　敏
76	人文外语系	胡朝晖
77	人文外语系	安中业

续 表

序 号	部 门	姓 名
78	人文外语系	贾昌凤
79	人文外语系	张 甦
80	人文外语系	赵 谦
81	人文外语系	汪 注
82	艺术设计系	魏 力
83	艺术设计系	吴 昊
84	艺术设计系	陈 诚
85	艺术设计系	陈雪影
86	思想理论课教学部	杨卫宏
87	思想理论课教学部	王宏伟
88	思想理论课教学部	朱景平
89	思想理论课教学部	王民强
90	思想理论课教学部	朱中原
91	体育教学部	魏建和
92	体育教学部	周震宇
93	体育教学部	潘尚莲
94	体育教学部	陆邦慧
95	体育教学部	石先彬
96	体育教学部	赵小平

(二)培养培训

【校本培训】 学校进一步补充、完善岗前培训内容,实施新教师“1+1+1”岗前培训模式,1个月企业跟岗培训,1个月理论与理念培训,1年网络继续教育培训,为全体2019年新进教职工共28人开展了长达1年的校内岗前培训。帮助新进教师了解我校校情校史、现状及相关制度政策,帮助他们掌握教育教学、科学研究的方式方法,促进新进教师教育教学理论水平、教科研能力的提升。通过教育情感的熏陶,传承爱岗敬业、严谨治学的优良师德,进而提高新进教师育人能力、职业认同感、敬业精神,帮助他们尽快适应职业角色,早日成为一名优秀的高校教育工作者。

【在职培养】 2019年我校积极选派教师参加省培、专业培训及其他各类培训,提高师资队伍的整体水平。安排20位新进教师参加省教育厅举办的高等学校教师岗前培训;为全体2019年新进教职工开展了长达1年的校内岗前培训,选派4人参加省级项目培训。选派32名教师参加中国教育干部网络学院举办的“以德立身、以德育人,争做‘四有’好老师”专题网络培训学习。举办了为期三天的教师基本功强化培训班,参加培训班的教师共有29人。

（三）职称评聘

【职称工作】 根据省厅最新文件要求，结合学校实际，制定了《安徽商贸职业技术学院关于报送教师和实验系列专业技术职务任职资格推荐与评审工作实施方案的报告》（商职院字〔2019〕106号），在组织全体申报教师认真学习学校的推荐与评审方案、省教育厅、人事厅等相关文件要求的基础上，我校2019年有序开展各系列专业技术职务评审工作。先后完成申报人述职与系部公示工作、职能部门审核工作、召开各系列专业技术职务任职资格评审专家委员会、评审结果公示及上报省厅备案等工作。最终晋升教授职称1人，晋升副教授职称4人，晋升讲师职称11人，晋升高级实验师职称1人，晋升中级实验师职称2人。在其他系列职称评审工作中，中级会计师1人。

（四）师德师风建设

【概况】 积极引导广大教师深入学习领会习近平新时代中国特色社会主义思想和党的十九大精神，深刻认识立德树人、教书育人的时代使命与职业责任，践行“四个相统一”，争做新时代“四有好老师”，当好学生“引路人”。选派教师参加加强师德师风建设方面的培训。2019年，共选派32名教师参加中国教育干部网络学院举办的“以德立身、以德育人，争做‘四有’好老师”专题网络培训学习。积极向上级主管部门报送段文忠同志为“新时代育人楷模”推荐人选，上报先进事迹材料，树立典型，加强师德师风建设。

（供稿单位：组织人事处）

七、科学研究

【科研体制机制建设】 2019年，学校科研工作紧紧围绕“十三五”发展指标，强化内涵建设，在科研体制机制建设方面着重推进以下两点工作：一是加强项目管理和成果激励，学校制定了《校级科研项目管理办法》（商职院字〔2019〕80号）、《纵向科研项目管理办法》（商职院字〔2019〕76号）、《科研成果奖励办法》（商职院字〔2019〕78号）；二是推进横向课题和社会服务的管理办法。科研处会同财务处制定《横向科研项目管理办法》（商职院字〔2019〕77号）、《社会服务促进与管理暂行办法》（商职院字〔2019〕75号）、《专利申请与转让管理办法》（商职院字〔2019〕79号）。多项制度的出台助力学校项目管理的规范和社会服务能力的提升。

【科研项目管理】 项目申报与立项：学校组织申报各级各类项目19次，立项109项。安徽省高校人文社科项目立项8个，自然科学立项3个，校级一般项目立项39个，校级重点项目立项47个，其他各类学会项目立项12个。项目结项验收：2019年度申报科研项目结项共82项，其中三类17项，四类36项、五类29项。

【商贸论坛】 通过“请进来、走出去”的方式，我校全年开展商贸论坛学术交流活动2场，分别是：(一)邀请安徽机电职业技术学院李新剑博士主讲，主题为“教育部人文社科项目申报心得交流”。(二)邀请深圳八爪鱼信息技术有限公司培训总监袁烨主讲，主题为“商务数据分析与处理 产教融合解决方案”。

【科研经费管理】 全面落实我校科研经费管理办法，进一步规范科研经费使用行为，加强科研经费的管理与监督，推行科研经费预算管理、公务卡结算或转账结算方式，严格执行审批报销制度和固定资产登记制度。做好全年科研项目到账经费下单建账工作。

【科研成果与获奖】 2019年我校教师发表论文243篇，其中一类1篇，二类1篇，三类核心5篇，三类普通本科学报56篇，本校学报26篇，省内国家示范骨干高职院校学报7篇，四类147篇。2019年先后组织我校教师参加了2019年度中国职业教育学会商科专业委员会优秀论文评选、2019年“安徽职教论坛”交流论文等10多项征文和评选活动，共37位教师获奖。

安徽商贸职业技术学院2019年度安徽省高校人文社科和自然科学研究重点项目立项一览表

序　号	项目名称	主持人	项目来源	项目批准号	资助经费（万元）
1	“互联网+”背景下的供应链平台商业模式创新研究	孙颖荪	人文重大	SK2019A0866	2
2	乡村振兴战略下深度贫困区电商扶贫模式与机制研究——以安徽对口援助西藏山南地区为例	段文忠	人文重点	SK2019A0867	2
3	安徽省金融生态环境与信贷资金配置效率研究	郑兴东	人文重点	SK2019A0868	2
4	安徽省零售业人力资源管理模式创新研究——“共享经济”视角	陈小云	人文重点	SK2019A0869	2
5	基于管理会计工具整合模型的国企绩效薪酬体系建构研究	鲁　静	人文重点	SK2019A0870	2

续 表

序 号	项目名称	主持人	项目来源	项目批准号	资助经费（万元）
6	安徽省文化产业与旅游产业融合发展实证研究	程质彬	人文重点	SK2019A0871	2
7	《申报·自由谈》初创十年的散文研究	汪 注	人文重点	SK2019A0872	2
8	基于数字孪生的高技术产业模拟择优创新发展机制研究	史一鸣	自然重点	KJ2019A1006	6
9	电商在线评论情感指数分析与应用研究	王召义	自然重点	KJ2019A1007	6
10	基于MOOE网络安全在线实验平台研究	何 军	自然重点	KJ2019A1008	6
11	新时代高校辅导员马克思主义信仰教育研究	叶苗苗	人文重点	SK2019A0275	2

安徽商贸职业技术学院“三平台两基地”2019年应用研究项目招标中标项目一览表

序 号	项目名称	主持人	项目来源	项目批准号	资助经费（万元）
1	安徽绿茶礼品包装创新设计研究	刘方义	校级重点	2019ZDY01	1
2	高校文化创意产品创新设计研究	张 翀	校级重点	2019ZDY02	1
3	基于大数据技术的校园媒体平台舆情分析系统的设计研究	孙握瑜	校级重点	2019ZDX01	1
4	私有云存储中数据安全检测系统研究	潘洪志	校级重点	2019ZDX02	1
5	基于大学生行为画像的学籍预警系统的研究	李春秋	校级重点	2019ZDX03	1
6	基于Unity 3D技术的VR仿真实训系统开发	唐云龙	校级重点	2019ZDX04	1
7	基于Unity技术的少儿编程教育游戏开发研究	朱丽进	校级重点	2019ZDX05	1
8	人工智能驱动下图书馆创新服务模式研究	袁西鹏	校级重点	2019ZDX06	1
9	基于人工智能的课堂教学管理系统研究	吴莹莹	校级重点	2019ZDX07	1
10	IOS平台AR技术与应用研究	杨 帆	校级重点	2019ZDX08	1
11	区块链技术在图书馆中的应用研究	邓国家	校级重点	2019ZDX09	1
12	双创背景下区块链金融对实体经济影响研究	许贤丽	校级重点	2019ZDF01	1
13	安徽省人力资源服务企业运营管理研究	赵根良	校级重点	2019ZDF02	1
14	基于“业财融合”模式的企业内部控制研究	何秀秀	校级重点	2019ZDF03	1
15	环境管理会计工具的应用与整合研究	鲁 静	校级重点	2019ZDF04	1
16	“互联网+”财务咨询公共服务平台的模式研究	姚 琳	校级重点	2019ZDF05	1
17	安徽省数字金融发展测度及提升策略研究	耿 玥	校级重点	2019ZDF06	1
18	协同视角下的安徽省乡村振兴三生融合发展研究	张平平	校级重点	2019ZDF07	1
19	“互联网+”背景下代理记账行业创新与发展路径研究	郑兴东	校级重点	2019ZDF08	1
20	双体系政府会计核算模式下的高校财务管理创新研究	曹玉敏	校级重点	2019ZDF09	1

续　表

序　号	项目名称	主持人	项目来源	项目批准号	资助经费（万元）
21	芜湖市土地财政转型研究	何　丹	校级重点	2019ZDF10	1
22	多元利益主体参与下田园综合体的共生机制研究	刘　超	校级重点	2019ZDF11	1
23	平衡计分卡在高校专项资金绩效评价中的应用研究	李海燕	校级重点	2019ZDF12	1
24	乡村振兴视角下安徽省农村普惠金融发展的实证研究	朱芬华	校级重点	2019ZDF13	1
25	快递末端网点的智能化建设研究	殷聿明	校级重点	2019ZDF14	1
26	改革开放四十年来我国财务报表列报变革与发展研究	王　婷	校级重点	2019ZDF15	1
27	基于RPA的财务共享服务中心财务流程优化研究	何亚伟	校级重点	2019ZDF16	1
28	“互联网+大数据算法”下税收征管共享模式研究	凤　麟	校级重点	2019ZDF17	1
29	经济新常态下的银行资产质量提升研究	夏佳佳	校级重点	2019ZDF18	1
30	电商在线评论情感指数分析与应用研究	凌　洁	校级重点	2019ZDF19	1
31	基于“云+端”模式的财务共享中心设计与应用研究	王　敏	校级重点	2019ZDF20	1
32	安徽省乡村旅游发展模式比较研究	孙希瑞	校级重点	2019ZDF21	1
33	皖南与皖北资本投资回报率研究	彭光磊	校级重点	2019ZDF22	1
34	电商推荐算法分析与应用研究	虞雅雯	校级重点	2019ZDF23	1
35	皖南地区农村电子商务发展风险管理研究	江　楠	校级重点	2019ZDF24	1
36	地方融资平台资产证券化的应用研究	弋兴飞	校级重点	2019ZDF25	1
37	徽州楹联中的徽商文化研究	汤太祥	校级重点	2019ZDH01	1
38	基于生态翻译理论的徽州文化外宣翻译研究	史　薇	校级重点	2019ZDH02	1
39	从“扬州二马”看清代徽商的文化修养	刘　名	校级重点	2019ZDH03	1
40	徽商的核心价值观研究	袁　方	校级重点	2019ZDH04	1
41	自媒体语境下“徽商”群体形象再塑造研究	宋亚萍	校级重点	2019ZDH05	1
42	明清徽商素封现象研究	陶绍兴	校级重点	2019ZDH06	1
43	徽州民俗文化词的文化意象英译研究	张心宇	校级重点	2019ZDH07	1
44	混合所有制高等职业院校办学研究	蒋　武	校级重点	2019ZDZ01	1
45	“分类招生”制度下的高职英语分层教学模式研究	龙志勇	校级重点	2019ZDZ02	1
46	高等职业院校混合所有制二级学院办学研究	胡　艳	校级重点	2019ZDZ03	1
47	高职院校思政课“行动导向教学”研究	谢　婧	校级重点	2019ZDZ04	1

安徽商贸职业技术学院2019年度校级科学研究一般项目立项一览表

序号	项目名称	主持人	项目来源	项目批准号	资助经费（万元）
1	当代大学生道德情感培育研究	张素敏	辅导员专项	2019KYF01	0.5
2	大学生中华优秀传统文化教育研究——基于芜湖高校的现状调查	陈晓燕	辅导员专项	2019KYF02	0.5
3	新时代“生本”理念在高职思政教育中的嵌入与创新研究	练艺	辅导员专项	2019KYF03	0.5
4	“慢就业”下高职院校职业指导的精细化可行性路径研究	卫平	辅导员专项	2019KYF04	0.5
5	基于高职院校学生发展需求的辅导员专业化建设研究	任园园	辅导员专项	2019KYF05	0.5
6	互联网环境下的班级建设和文化育人模式探索	汪小芳	辅导员专项	2019KYF06	0.5
7	高职生自我监控与师生关系的关系：关系型自我构念的调节作用	许明星	辅导员专项	2019KYF07	0.5
8	基于Java+Mysql的职业技能鉴定管理系统设计与研究	黄飞	自然科学	2019KYZ01	0.5
9	基于VMware的超融合架构下易语言的机房实时管理系统	陈刚	自然科学	2019KYZ02	0.5
10	基于物联网技术的太阳能逐日系统应用研究	孙懈尧	自然科学	2019KYZ03	0.5
11	基于强化学习的在线考试系统研究与实现	潘洪志	自然科学	2019KYZ04	0.5
12	“新零售”背景下生鲜供应链的全链化重构研究	吴竞鸿	人文社科	2019KYR01	0.5
13	老龄化背景下促进我国养老服务业发展的财税政策研究	马静	人文社科	2019KYR02	0.5
14	基于智慧物流以社交电商助推农产品上行路径研究	胡以一	人文社科	2019KYR03	0.5
15	普通高等学校人事代理人员的社会保障研究	汪悦	人文社科	2019KYR04	0.5
16	基于财务共享平台下的业财融合问题研究	张之君	人文社科	2019KYR05	0.5
17	“抢人大战”背景下长江经济带省级人才引进政策吸引力评价研究	张艳	人文社科	2019KYR06	0.5
18	电子商务模式下的安徽地域农产品包装设计研究	刘方义	人文社科	2019KYR07	0.5
19	整合审计可以提高内部控制有效性吗？——来自PSM的新证据	何亚伟	人文社科	2019KYR08	0.5
20	政府会计制度双体系会计核算模式的应用研究	浦毓文	人文社科	2019KYR09	0.5
21	基于RPA环境下的财务共享中心业务管理效率优化研究	曹方林	人文社科	2019KYR10	0.5
22	新型城镇化下的皖江城市带农村土地承包经营权流转问题研究	张平平	人文社科	2019KYR11	0.5
23	基于信息耗散视角下的我国扶贫政策传播现状与问题研究——以安徽省漆铺村为例	陈忠良	人文社科	2019KYR12	0.5
24	《楚辞》中传统文化意象的英译研究	钱梦雨	人文社科	2019KYR13	0.5
25	乡村振兴战略下的农产品电商包装创新研究——以服务安徽省芜湖县中小型农业企业为例	孙湛	人文社科	2019KYR14	0.5
26	高职院校实施建档立卡学生精准就业帮扶的路径研究	王海生	人文社科	2019KYR15	0.5
27	乡村振兴背景下山区村文化扶贫策略研究	程振鹏	人文社科	2019KYR16	0.5
28	“一带一路”背景下出口企业环境成本核算研究	杨承承	人文社科	2019KYR17	0.5
29	基于KMV模型的地方融资平台债务风险研究	弋兴飞	人文社科	2019KYR18	0.5

续 表

序　号	项目名称	主持人	项目来源	项目批准号	资助经费（万元）
30	新形势下高职院校二级党校管理问题与对策研究	孙　标	人文社科	2019KYR19	0.5
31	PPP项目绩效评价研究	张　梅	人文社科	2019KYR20	0.5
32	上市公司高派现股利政策的动因及价值影响研究——以九牧王为例	程四明	人文社科	2019KYR21	0.5
33	芜湖当代新安画派名家研究	刘羽天	人文社科	2019KYR22	0.5
34	关键绩效指标在民营企业薪酬体系建构中的创新应用	鲁　静	人文社科	2019KYR23	0.5
35	媒体融合视域下提升新媒体写作能力的策略研究	刘　飞	人文社科	2019KYR24	0.5
36	非均衡理论下产教融合职业教育研究	陈云磊	人文社科	2019KYR25	0.5
37	当代都市女性题材工笔人物画创作研究	梁雪纯	人文社科	2019KYR26	0.5
38	《紫色》的妇女主义及其对当代女性的启示	许太梅	人文社科	2019KYR27	0.5
39	中国品牌英译中的拼音化研究	尤　璐	人文社科	2019KYR28	0.5

（供稿单位：科研处）

八、社会服务

（一）产学研合作

【概况】 根据学校“十三五”发展规划和技能型高水平大学建设的总体思路，以服务当地经济社会发展和科技创新需求为导向，依托我校应用研究创新平台，充分发挥我校科研创新人才的服务能力，全面调动我校教职工的社会服务积极性，现已打造出一批特色鲜明的校级研究机构，立项一批特色横向课题，实现我校社会服务到账金额新的突破，目前已形成以横向课题为核心、以技术服务为特点的产学研良好局面。

【产学研合作】 全年我校共实现横向课题立项8项，实现到账金额46万元。其中我校夏名首老师咨询服务项目助力芜湖市商务局获批国家级跨境电子商务综合试验区，鲁楠老师《芜湖市城市规划区农产品批发市场规划中期评估报告》获得芜湖市商务局认可并采纳。

（二）知识产权管理

【知识产权管理】 重视师生科技创新和专利申报工作，加强专利申报管理和监督，通过招标确定北京风雅颂专利代理公司和芜湖思诚知识产权代理有限公司负责学校师生专利申报工作。召开会议对申报专利进行培训。全年获得专利授权74项，其中发明专利2项，实用新型专利37项，软件著作权专利14项，外观设计专利21项。积极组织师生参加第八届芜湖大学生专利创新大赛，最终我校获得1个一等奖、1个二等奖、2个三等奖、2个优秀奖。

（供稿单位：科研处）

安徽商贸职业技术学院2019年授权专利一览表

序　号	申报人	专利权人	专利名称	专利号	专利类型
1	卜天然	安徽商贸职业技术学院	基于移动互联技术的教职工健康服务智能平台V1.0	2019SR0141867	软件著作权
2	卜天然	安徽商贸职业技术学院	一种评估碰撞过程中最大冲力的方法	ZL201710159588.9	发明专利
3	汤义好	安徽商贸职业技术学院	一种电脑桌	ZL 2017 2 1315993.7	实用新型
4	何　军	何　军	高校虚拟仿真实验教学平台V1.0	软著登字第4611365号	软件著作权
5	李春秋	李春秋	基于大数据的学籍预警管理系统	2019SR0231578	软件著作权

续 表

序 号	申报人	专利权人	专利名称	专利号	专利类型
6	杨 帆	杨帆、江宏	AR模型与内容构建系统 V1.0	2019SR1036703	软件著作权
7	杨 帆	杨帆、刘斌	高校学生考勤管理系统 V1.0	2019SR1114212	软件著作权
8	杨 帆	杨帆、阮进军	三单制党员服务进社区管理系统 V1.0	2019SR1236819	软件著作权
9	周正贵	安徽商贸职业技术学院	一种车间分拣过渡箱	ZL201821640598.0	实用新型
10	周正贵	安徽商贸职业技术学院	一种接线板	ZL201821592095.0	实用新型
11	朱先远	安徽商贸职业技术学院	一种室内外空气质量检测盒	ZL201820856786.0	实用新型
12	吴竞鸿	安徽商贸职业技术学院	一种可移动式物流托盘	ZL201820539659.8	实用新型
13	吕立新	安徽商贸职业技术学院	一种无轨移动振打机器人控制方法	ZL20181 0477056.4	发明专利
14	王光跃	安徽商贸职业技术学院	一种新型电动自行车头盔	ZL201820784555.3	实用新型
15	王光跃	安徽商贸职业技术学院	一种新型打火机	ZL201820784562.3	实用新型
16	王光跃	安徽商贸职业技术学院	一种新型厨房用储物架	ZL201820784137.4	实用新型
17	刘玉林	刘玉林、梁月锋	基于文本挖掘和复杂网络的专利分析软件 V1.0	2019SR1258607	软件著作权
18	王从辉	王从辉	电子商务客服知识测试软件 V1.0	2019SR1233519	软件著作权
19	王从辉	王从辉	实习管理 App	2019SR1235804	软件著作权
20	王从辉	王从辉	学生职业能力分析与评价系统	2019SR1214716	软件著作权
21	王召义	王召义	中文领域情感词典构建软件 V1.0	2019SR1289184	软件著作权
22	王召义	王召义	基于情感分析的用户痛点量化系统 V1.0	2019SR1301618	软件著作权
23	王召义	王召义	电子商务客服服务质量评价系统 V1.0	2019SR1301621	软件著作权
24	薛晨杰	薛晨杰、王召义	创业过程性评价体系系统 V1.0	2019SR1313168	软件著作权
25	陈晓燕	安徽商贸职业技术学院	一种可拆卸画笔	ZL201920235228.7	实用新型
26	洪 波	安徽商贸职业技术学院	一种反渗透的净水器滤芯	ZL20182 0970121.2	实用新型专利
27	洪 波	安徽商贸职业技术学院	一种便于对数据线进行收缩与延伸的收放装置	ZL20182 1208690.X	实用新型专利
28	洪 波	安徽商贸职业技术学院	一种办公室用具有排线功能的显示屏固定支架	ZL20182 1208682.5	实用新型专利
29	洪 波	安徽商贸职业技术学院	一种便于晾晒鞋子的鞋托	ZL20182 0970971.2	实用新型
30	刘羽天	安徽商贸职业技术学院	一种卷尺笔	ZL201821770113.X	实用新型
31	刘羽天	安徽商贸职业技术学院	一种点读笔	ZL201822029543.2	实用新型
32	刘羽天	安徽商贸职业技术学院	一种拼接式冷藏筒	ZL201822029382.7	实用新型
33	刘羽天	安徽商贸职业技术学院	一种植物培养盒	ZL201822007638.4	实用新型

续 表

序 号	申报人	专利权人	专利名称	专利号	专利类型
34	刘羽天	安徽商贸职业技术学院	一种瓦楞纸板靠椅	Zl201920034086.8	实用新型
35	孙 湛	安徽商贸职业技术学院	贺寿红包	ZL201930085714.0	外观设计
36	孙 湛	安徽商贸职业技术学院	会员通讯手册	ZL201930085458.5	外观设计
37	孙 湛	安徽商贸职业技术学院	红包	Zl201930079258.9	外观设计
38	孙 湛	安徽商贸职业技术学院	手提袋(土特产)	Zl201930085712.1	外观设计
39	孙 湛	安徽商贸职业技术学院	录取通知书	Zl201930079053.0	外观设计
40	孙 湛	安徽商贸职业技术学院	包装盒(纪念品)	Zl201930085455.1	外观设计
41	王 超	安徽商贸职业技术学院	一种便于清洗的油烟机	201820970681.8	实用新型
42	王 超	安徽商贸职业技术学院	一种防潮式数据采集用 数据资料放置柜	201821208692.9	实用新型
43	王 超	安徽商贸职业技术学院	一种防打结的数据通讯用 数据线收纳盒	201821208675.5	实用新型
44	王 超	安徽商贸职业技术学院	一种便于操作的日 常生活用品放置盒	201820960657.6	实用新型
45	洪 凤	安徽商贸职业技术学院	一种多功能阳台晾衣架	ZL201821097055.9	实用新型
46	洪 凤	安徽商贸职业技术学院	一种废旧生活用品回收装置	ZL201821087602.5	实用新型
47	陈 诚	安徽商贸职业技术学院	一种防灰烬堆积的蚊香燃烧装置	ZL 2018 2 0960685.8	实用新型
48	程志永	安徽商贸职业技术学院	手持风扇(太阳能发电)	ZL 2019 3 0308794.1	外观设计
49	程志永	安徽商贸职业技术学院	健身器(2)	ZL 2019 3 0305058.0	外观设计
50	李 阳	安徽商贸职业技术学院	茶壶(1)	ZL201930056071.7	外观设计
51	李 阳	安徽商贸职业技术学院	储蓄罐(1)	ZL201930056042.0	外观设计
52	李 阳	安徽商贸职业技术学院	手摇洗衣机	ZL201830507463.6	外观设计
53	李 阳	安徽商贸职业技术学院	音箱(1)	ZL201930056043.5	外观设计
54	李 阳	安徽商贸职业技术学院	音箱(2)	ZL201930056072.1	外观设计
55	李 阳	安徽商贸职业技术学院	中式椅子(1)	ZL201930056066.6	外观设计
56	刘方义	安徽商贸职业技术学院	茶叶包装盒(1)	201830647427X	外观设计
57	刘方义	安徽商贸职业技术学院	茶叶包装盒(2)	20183050 48203	外观设计
58	刘方义	安徽商贸职业技术学院	茶叶包装盒(3)	20183052 50248	外观设计
59	刘方义	安徽商贸职业技术学院	茶叶包装盒(5)	201830 6915766	外观设计
60	刘方义	安徽商贸职业技术学院	茶叶包装盒(7)	201830647 4208	外观设计
61	刘方义	安徽商贸职业技术学院	茶叶包装盒(8)	201 830666327.1	外观设计
62	刘方义	安徽商贸职业技术学院	茶叶包装盒(2)	20193028 2401.4	外观设计
63	张 莉	安徽商贸职业技术学院	一种便于调节高度的 幼儿教育用绘画展示架	ZL20182 1061233.2	实用新型

续 表

序　号	申报人	专利权人	专利名称	专利号	专利类型
64	张　莉	安徽商贸职业技术学院	一种具有防潮功能的生活用品收纳箱	ZL20182 1120196.8	实用新型
65	张　莉	安徽商贸职业技术学院	一种瑜伽垫收卷装置	ZL20182 1086764.7	实用新型
66	张　莉	安徽商贸职业技术学院	一种便捷收纳的室外用衣物晾晒装置	ZL20182 1060384.6	实用新型
67	张　莉	安徽商贸职业技术学院	一种健美操力量训练器	ZL20182 1088168.2	实用新型
68	张　莉	安徽商贸职业技术学院	一种便于对书籍表面进行除尘的教育用书架放置装置	ZL20182 1061886.0	实用新型
69	张　莉	安徽商贸职业技术学院	一种便于牙刷维护的收纳装置	ZL20182 1061219.2	实用新型
70	郑　兴	安徽商贸职业技术学院	一种升降式数据采集用移动支架	ZL20182 1208665.1	实用新型
71	秦晓安	安徽商贸职业技术学院	一种老年人药盒	201820899358.6	实用新型
72	吴永康	安徽商贸职业技术学院	一种吸顶式灭菌空气净化器	ZL201820970083.0	实用新型
73	吴永康	安徽商贸职业技术学院	一种计算机用具有散热功能的硬盘固定架	ZL201821208673.6	实用新型
74	吴永康	安徽商贸职业技术学院	一种多功能可拆式的沙发座垫	ZL201820993929.2	实用新型

（三）社会化考试工作情况

【“1+X”证书制度试点】 2019年，我校获批了7个“1+X”证书制度试点项目涉及13个专业，试点规模为1500人，其中“网店运营推广”项目获批安徽省牵头单位。育训结合，稳步推进“1+X”证书制度试点工作，本年度选派了19名教师参加了6个“1+X”证书项目的师资培训工作，另，面向11个专业的1227名同学开展了培训工作，并组织了10个专业的936名同学的考核工作。

“1+X”证书制度试点项目一览表

序　号	“1+X” 证书名称	相关专业	试点规模（人数）
1	物流管理	物流管理 物流信息技术	400
2	web前端开发	电子商务技术 移动互联应用技术 计算机应用技术	600
3	智能财税	会计、审计、会计信息管理	200
4	网店运营推广	电子商务	150

续 表

序 号	"1+X" 证书名称	相关专业	试点规模(人数)
5	电子商务数据分析	商务数据分析与应用	50
6	传感网应用开发	电子信息工程技术 物联网应用技术	50
7	云计算平台运维与开发	云计算技术与应用	50

"1+X"证书制度试点项目培训与考核一览表

序 号	"1+X"证书名称	培训学生数	考核学生数	涉及专业
1	物流管理	422	417	物流管理 物流信息技术
2	web前端开发	289	289	电子商务技术 移动互联技术 计算机应用技术
3	智能财税	200	200	会计 会计信息管理 审计
4	网店运营推广	286	—	电子商务
5	云计算平台运维与开发	30	30	云计算技术与应用

【社会化考试工作情况】 2019年,实验实训中心会同相关部门精心组织了全国会计专业技术初级资格考试,全国会计专业技术中高级资格考试、注册会计师考试,国家职业资格全国、全省统一鉴定等11个社会化服务考试项目,共524场次。共有25583人次参加了考试与鉴定,社会服务总收入有496137元。社会化考试从设施设备过硬、信息技术过硬提升为考务流程培训到位、考试方案预案档案建设到位、监督机制到位,实现了两过硬到三到位的提升,为学校社会服务能力的提升提供了有力的保障。

2019年社会化考试一览表

序 号	社会化考试项目名称	金额(元)	场 次	人 次
1	全国会计专业技术初级资格考试	117960	64	3932
2	国家职业资格全国、全省统一鉴定	18070	16	803
3	二级建造师执业资格考试	58880	96	2842
4	银行业专业人员资格考试	41470.5	53	2943
5	全国会计专业技术中高级资格考试	91660	72	4243
6	注册会计师考试	55639	56	3531
7	银行业专业人员资格考试	45292	57	3232
8	税务师考试	43095.5	42	2235
9	美术模拟考试	5200	32	926
10	国家职业资格全国、全省统一鉴定	16190	14	726
11	传媒专业模拟考试	2680	22	170

面对各种类型的考试,实验实训中心始终将每一场考试当作第一次考试进行部署。制定并实施《关于进一步规范社会化考试相关工作职责的说明》,落实支部纪检监督机制,强化主考、巡考、监考等考务工作人员工作职责。从今年起,为每一场考试制定了详细的考试工作方案,坚持和完善了"考前有方案、考中有预案、考后有档案"的工作机制,确保所有考试无异常。

（四）各级各类培训

【各级各类培训】 2019年，全年共组织全国会计专业技术初级资格、全国外经贸单证员、H3CNE网络工程师、场内机动车（叉车）驾驶员等7项职业资格培训，培训数达1264人次，培训收入达133985元。

2019年职业资格培训一览表

序 号	系 部	工 种	人 数	收 入(元)
1	工商管理系	场内机动车(叉车)驾驶员	44	10560
2	会计系	全国会计专业技术初级资格	347	83280
3	经济贸易系	全国外经贸单证员	38	3800
4	人文外语系	普通话	645	16125
5	艺术设计系	NACG	139	16680
6	会计系	ERP信息化工程师	21	840
7	电子信息工程系	H3CNE网络工程师	30	2700

组织全国外经贸单证员、ERP信息化工程师等5项职业资格认证，认证的学生数达4128人次，认证总收入为168155元。

2019年职业资格认证一览表

序 号	系 部	工 种	人 数	总收入(元)
1	经济贸易系	全国外经贸单证员	47	9400
2	人文外语系	普通话	3891	97275
3	艺术设计系	NACG	139	38920
4	会计系	ERP信息化工程师	21	7560
5	电子信息工程系	H3CNE网络工程师	30	15000

2019年度继续教育学院提出“积极开展职业教育和职业培训，落实《教育部人力资源社会保障部关于推进职业院校服务经济转型升级面向行业企业开展职工继续教育的意见》，积极开展社区教育、老年教育活动；建立专科高等职业院校和社区教育机构联席会议制度”；提出“为企业职工、社会人员提供形式多样的继续教育，为合作企业开展员工培训，为企业在岗员工提供继续教育服务”。

2019年度继续教育学院和芜湖市镜湖新城公共服务中心成立镜湖新城社区学院，联合市总工会、市体育局、弋江区人社局、市健身气功协会和镜湖新城海南渡社区等10多家单位，开展社区教育（活动）、老年教育（活动）、少儿科学知识普及等“优质教育资源进社区”讲座和活动10多场，受众达600多人次。并先后为芜湖县德力西电气（芜湖）公司开办“管理人员培训班”，与芜湖市弋江区退伍军人事业局合作开办“退役军人岗前培训班”，取得了良好的培训效果。

继续教育学院社会培训工作特色：

1.校政企联动，实现了企业培训和职工学历继续教育同步进行。体现三个方面：一是政府搭平台，引进第三方专业机构，为企业提供个性化人才培训方案、协调校企之间的课程实践活动。二是企业提需求，量身定制职业教育培训体系，包括管理手册、流程制度、技能评估标准及表单题库等。三是学校转方向，推动职业教育教学改革，学院与第三方机构共同确定专业人才培养目标，制定人才培训方案，合作开发非学历培训课程，建设非学历教学资源库等。

2.社区学院的活动丰富多彩，涉及面广，参与人数多，频率快。2019年度镜湖新城社区学院配合芜湖市文明创建工作，积极开放学院教育资源，开展系列“优质教育资源进社区”活动。一年来，开展社区讲堂10多期，社区活动10多场，涉及传统文化、健康教育、老年教育、少儿安全、医疗卫生、琴棋书画、电子商务、诗歌武术等项目。利用社区平台，宣传社区文化，参与社区建设，构建社区和谐。社区讲堂和社区活动丰富多彩、面广人多、收效显著。

九、对外交流与开放办学

【国外友好大学的建立与来访】 2019年我校与老挝万象职业学院、菲律宾唐·马里亚诺·马科斯纪念州立大学、越南杜田大学签订合作框架协议。1月马来西亚翁姑奥玛工艺学院院长玛斯塔法博士一行3人及马来西亚驻华大使馆教育参赞侯春兴先生访问我校。1月和10月泰科技集团国际职业交流中心主任萨法拉克萨娜夫人和主席普卡娅庞小姐分别率团访问我校；11月美国布莱诺大学校长斯克莱德女士一行6人来访我校。

【出国(境)访问、访学、培训】 2019年6月学校党委副书记朱光应一行6人访问了泰国格乐大学和泰科技集团，举行了多层次的校际合作交流活动，与格乐大学签订了“(师资进修)泰国项目基地”共建合作备忘录。与泰科技集团签订建立“语言文化中心”协议，在两所泰国职业院校挂牌建设“中国语言文化交流中心”。

6月派遣汤飚等10名教师赴美国布莱诺大学执行“高等职业教育研修”任务，研修时间14天。8月派遣孙握瑜赴台开展青年工作交流。

【学生出国(境)交流、实习、就业】 2019年1月和10月我校与泰科技集团开展互派学生赴彼此院校进行短期文化交流活动，共计参与人数70人。2019年共进行两期，每期14天。7月，我校有4位同学参加了英国博尔顿大学学术夏令营，为期25天。9月我校有1位同学赴马来西亚北方大学学习一个学期。

【中外合作办学项目】 2019年7月中英合作班第三届毕业生35人顺利完成学业，获得由英国南埃塞克斯学院颁发的英国level 5高等教育文凭。项目在校生28人，学生就读专业包括“金融管理与实务”和“会计”两个专业。

【引智工作】 2019年9月英国南埃塞克斯学院派遣了1名外籍教师到我校承担教学任务——孟加拉国籍教师MohammadAli。

【外国语言文化培训中心】 在泰国曼谷的塔克西纳商业技术学院和大城的大城商业技术学院分别挂牌设立“中国语言文化中心”。2019年9月选拔出两位教师，准备于2020年初赴泰国开展汉语教学。

【留学生教育工作】 2019年6月学校通过教育厅组织的招收国际学生备案工作。7月省教育厅下文(皖教秘外〔2019〕154号)同意我校招收国际学生资格备案。

【国际交流论坛】 2019年1月我校和安徽省财经商贸职业教育集团共同召开“一带一路”人才培养论坛。参加论坛的包括马来西亚驻华使馆教育参赞、马来西亚昂古奥玛职业学院、泰国职业教育集团、安徽省职业院校代表等共计130人。论坛的召开对于加强我校与“一带一路”国家在职业教育领域的交流合作，推动安徽省职业院校对外交流联动发展起到了积极作用。

2019年因公出国(境)人员统计表

姓　名	单位及职务	出国(境)事由	访问国家或地区	组团单位
朱光应	党委副书记、纪委书记	校际交流与合作	泰　国	安徽商贸职业技术学院
朱文杰	办公室(外事办)副主任	校际交流与合作	泰　国	安徽商贸职业技术学院
杨克玉	工会主席(原组织人事处处长)	校际交流与合作	泰　国	安徽商贸职业技术学院
胡计虎	教务处教务科科长	校际交流与合作	泰　国	安徽商贸职业技术学院
虞昌亮	学生处大学生宿舍管理中心主任	校际交流与合作	泰　国	安徽商贸职业技术学院
叶　兴	学院办公室外事科科长	校际交流与合作	泰　国	安徽商贸职业技术学院
汤　飚	党委委员、宣传部部长、管理学教授	高等职业教育研修	美　国	安徽商贸职业技术学院
王　婷	教　师	高等职业教育研修	美　国	安徽商贸职业技术学院
曹玉敏	教　师	高等职业教育研修	美　国	安徽商贸职业技术学院
段文忠	教学秘书、教师	高等职业教育研修	美　国	安徽商贸职业技术学院
唐文菊	教　师	高等职业教育研修	美　国	安徽商贸职业技术学院
夏菊子	财务管理教研室主任、教师	高等职业教育研修	美　国	安徽商贸职业技术学院
李　刚	教　师	高等职业教育研修	美　国	安徽商贸职业技术学院
宋　林	连锁经营管理教研室主任、教师	高等职业教育研修	美　国	安徽商贸职业技术学院
吴竞鸿	教　师	高等职业教育研修	美　国	安徽商贸职业技术学院
程张根	商务英语教研室主任、教师(英文翻译)	高等职业教育研修	美　国	安徽商贸职业技术学院
孙握瑜	学校团委书记	青年交流工作	中国台湾	共青团安徽省委 安徽省青年联合会

(供稿单位:外事办公室)

十、后勤保障与管理工作

基建工作

【基建工作】

1.体育馆钢网架等房屋安全检测项目。

对老旧及特殊结构建筑物定期检测是基建工作之一，我校今年的检测内容包括：体育馆钢网架、田径场网架、图书馆幕墙、砺能四号楼玻璃幕墙、新建艺术系工坊。10月份通过公开招标确定了检测单位，现已完成检测，检测报告在市住建局审核备案中。

2.艺术设计系工坊项目正式竣工。

该项目今年2月份正式开工，10月正式竣工，现已完成审计。

3.综合实习实训中心项目稳步推进。

综合实习实训中心项目自2017年11月份在省发改委正式立项，2018年11月确定施工单位并签订合同，通过一年的时间完成项目前期可研、方案、初设、各种审批、总承包招标等各项工作。项目于今年6月份拿到施工许可证，项目自6月份正式开工建设，目前商学院现已完成7层、会计学院4层，学术报告厅“封顶”，至今进展基本顺利。

【维修工作】

1.物业负责的200元以下维修。经智慧后勤维修平台报送，全年共5263项(其中宿舍维修3567项、其他区域维修1458项、劳务服务238次)。

2.零星维修单位负责的200至20000元项目。零星维修费用共计102767.13元(200元至1000元)；1000元至5000元零星工程项目共19项，共计55267元；5000元至20000元零星工程项目共24项，共计266399.68元。

3.小型维修单位负责的20000元至100000元项目。20000元至100000元零星工程项目共22项，共计1557987.1元。

4.10万元以上的工程项目。10万元以上的工程项目共5项，包括砺能楼一屋面防水、学生公寓宿舍连廊改造、学生公寓周边环境维护、弘商楼及砺能楼三外墙清洗、新食堂污水管网改造，共计2994814.14元。

5.完成工程质保期满后质保金支付项目13项，共计487434.5元。

【生活服务】

1.通过校企共同努力，我校学生食堂2019年全年无食品安全事故发生。在下半年猪肉等原材料价格不断攀升的情况下，管理人员一方面严把价格与质量关，要求供餐不降质量不加价，另一方面按照管理办法启动物价平抑补贴并落实到每一个供餐窗口。

2.委托校团委对食堂服务开展“千人问卷调查”活动，其中一楼食堂满意率为87.92%、二楼食堂满意率为95.56%、三楼食堂满意率为94.05%，全年食堂营业额提升10%，说明了广大师生对餐饮工作的认可。

3.配合办公室、教务处、招就处、校企合作处、学生处及相关系部圆满完成“接待”“国培”“省培”“社会扩招”“校友返校”“合作交流”“军训”等用餐生活30余次，各部门对服务评价均分为92分。

4.协调各餐饮企业积极落实上级关于高校食堂面向贫困地区采购农产品的要求，截至2019年12月，我校各食堂累计向贫困地区采购大米123吨，金额达47万元。

5.强化对超市、浴室等校园生活服务的监

管，积极推进“浴室进公寓”项目，通过公开招标的方式引进社会企业在11#、12#学生公寓、教师公寓新建智能浴室11间，共计78个淋浴位，解决了学生与教师公寓老师“洗浴难”的问题。

6.修订了《安徽商贸职业技术学院多功能文化餐厅服务质量保证金返还实施办法》，加大了奖惩力度。日常检查中纠正食堂违规行为614条，累计扣除各食堂服务质量保证金37450元。

【校医院工作】

1.基本医疗方面。完成全校师生员工的日常门诊基本诊疗工作。全年门诊就诊18000余人次，输液治疗900余人次，换药治疗500余人次，药品销售近20万元。

2.预防保健方面。坚持传染病的疫情报告管理制度，做好传染病的网络直报工作和常见病、传染病的预防工作。今年共感染结核病6例。完成了4100余名新生的体检复查和3700余名毕业生离校体检工作并建立学生健康档案。对身体有疾患的学生进行分类医学指导并提出处理建议。完成了新生入学报到、计算机等级考试、四六级英语考试、运动会、社会类考试等大型活动的现场应急保障工作。

3.医疗管理方面。完成全校教职工的门诊和住院医疗费用报销工作以及参保学生门诊医药费报销工作。在新生入学期间，选派专人负责宣讲新生参保与医疗政策。每周固定一天时间为参保学生办理门诊医药费报销工作，共计完成了约1600人次学生普通门诊医药费报销工作，总额80余万元。

4.健康教育方面。加强宣传工作，普及健康知识。分发各类宣传材料3000余份，开展专题讲座8次。牵头组织开展“防艾”知识竞赛，通过线上、线下等方式开展艾滋病知识竞赛，共有4000余名学生完成了线上学习教育。

5.计划生育管理。认真贯彻落实计划生育政策，规范计划生育管理服务工作。完成了35名女职工生育保险登记、审核和材料申报工作。

【综合管理】

1.完成了物业年度考核及续签合同的工作。通过年度考核，累计扣款6.5万余元。为明年物业服务招标积极探索、推进物业管理服务模式改革，目前已召开相关论证与联席会10余次。

2.完成对教师公寓的到期宿舍回收以及新来教师的入住工作和住房补贴的发放，加强对公寓水电私拉乱接的规范管理。

3.圆满完成师资培训基地对暑假中（高）职省培、国培学员培训、技能大赛选手集训、第五十二届国际速联比赛集训及校企合作企业住校教师等的接待与管理。其中24位泰国访学生入住2周，26位参加国赛师生入住三个月，来我校接受培训师生共计156人。

4.全面梳理校园节能工作，将近三年水电数据进行了统计分析，对华衍水务与周边高校进行了多次调研。目前我校水电能耗居高不下，同比周边高校高出30%，主要是水管网跑冒滴漏严重、空调使用无序、部门用电监管难等原因。现已多次论证节能平台建设与水管网改造方案，力争下一年度将校园耗能控制在正常水平。

5.部门信息化建设。已更新后勤服务微信公众号，在校园维修服务方面师生只需“动手不动腿”，提升了服务质量与效率。但是如何引导师生积极参与监督与评价方面做得不够，如何将维修、餐饮、节能、医院等服务整合做得不够，目前已经做好前期调研工作。

6.安装了校园充电桩，开展了垃圾分类、节能周、校园植树节、开学季、国庆节等主题活动。这些活动的开展节约了能源，丰富了校园文化生活。

（供稿单位：后勤与资产管理处）

附：2019年度维修项目汇总表

附件一：5000元以内的零星工程项目

序　号	项目名称	项目金额（元）	工程状态
1	砺能4号楼前供水管道漏水抢修项目	2171.09	已完成支付
2	大门口隔离带改造项目	3748.06	已完成支付
3	砺能4号楼录播室更换防盗门	3560.56	已完成支付
4	浴室处供水管道漏水抢修项目	1868.35	已完成支付

续 表

序　号	项目名称	项目金额(元)	工程状态
5	弘商楼425办公室改造工程	3933.89	已完成支付
6	食堂顶烟囱及净化器维修项目	3654.32	已完成支付
7	学生宿舍7号、8号楼污水管道坍塌修复项目	3393.61	已完成支付
8	弘商楼一层警务室涂料粉刷项目	2953.84	已完成支付
9	艺术系4楼教室空调电源铺设项目	4524.07	已完成支付
10	行政楼326办公室改造项目	2485.27	已完成支付
11	艺术系工坊二层入口门改造项目	2215.65	已完成支付
12	图书馆二楼读者协会铺设电源及粉刷项目	2444.23	已完成支付
13	砺能4号楼经贸系251与253办公室改造项目	1495.29	已完成支付
14	行政楼三层会议室窗帘更换项目	3370.94	已完成支付
15	行政楼201办公室粉刷项目	1300.09	已完成支付
16	教工之家与乒乓球室空调电源铺设项目	3651.09	已完成支付
17	砺能2—3号楼连廊台阶维修及围挡拆除项目	4958.26	已完成支付
18	学生宿舍7、8号楼连廊床铺安装项目	1308.59	已完成支付
19	图书馆玻璃幕墙三层、四层玻璃更换项目	2229.80	已完成支付
总　计		55267	

附件二:5000至20000元的零星工程项目

序　号	项目名称	项目金额(元)	工程状态
1	砺能1号楼203机房弱电改造项目	9963.47	已完成支付
2	砺能2号楼101教室维修改造项目	9754.42	已完成支付
3	教育学院教室电源改造项目	5432.93	已完成支付
4	食堂垃圾池项目	13136.51	已完成支付
5	学生宿舍10号楼东边1—6层电缆抢修项目	10831.22	已完成支付
6	食堂污水治理项目	8411.37	已完成支付
7	微型消防值班室项目	15264.8	已完成支付
8	电信技能大赛电源铺设项目	18704.45	已完成支付
9	8—12号宿舍楼前主环形路高杆路灯应急抢修项目	10596.46	已完成支付
10	学生公寓9—12号楼污水改造项目	14254.8	已完成支付
11	图书馆西门马路牙维修更换项目	10658.16	未付款
12	教学楼东水系治理项目	9476.99	已完成支付
13	学院工会多媒体操作间漏水修复项目	6879.38	已完成支付
14	新宿管中心防盗窗及金刚砂窗制作安装项目	6850.01	已完成支付
15	二号开闭所前垃圾清理清运项目	5162.65	已完成支付
16	图书馆笃学楼部分墙裙瓷砖修复项目	9126.66	未付款
17	行政楼东出入口天棚维修项目	9982.33	已完成支付
18	百草园防尘网及学生公寓7号楼前台阶维修项目	5533.78	已完成支付

续　表

序　号	项目名称	项目金额(元)	工程状态
19	砺能4号楼东边外门头外墙及学术报告厅外墙瓷砖掉落修补项目	9371.91	审计中
20	人事处档案室及电源铺设及砺能2号楼模拟银行改造项目	7872.11	审计中
21	大学生服务中心消防管网渗漏抢修项目	19927.76	审计中
22	电缆沟盖板及雨水污水井盖板维修更换项目	12294.77	审计中
23	宿舍楼漏水处涂料零星维修项目	19022.93	审计中
24	艺术系工坊增加电源安装	17889.81	审计中
总　计		266399.68	

(备注:项目金额中审计结束的为审计价款,审计未结束及施工项目为合同价款)

附件三:20000至100000元的小型工程项目

序　号	项目名称	项目金额(元)	工程状态
1	学院西边供水管网及管道建设项目	146304.94	已完成支付
2	2018年图书馆办公室改造项目	42943.63	已完成支付
3	砺能2、3周围乔木移植及地下管网改造项目	81294.43	已完成支付
4	砺能4号楼屋顶防护栏项目	79590	已完成支付
5	学院西边供水管网及管道建设项目	27404.94	已完成支付
6	一体化泵站供电电缆改造项目	90711.27	已完成支付
7	双师教师培训基地改造项目	65627.9	已完成支付
8	中心广场庭院灯项目	29661.97	已完成支付
9	校园路侧石、井盖及其他维修项目	95850.08	已完成支付
10	图书馆一楼改造项目日常维修维护项目	39665.93	已完成支付
11	校园漏水检测点维修项目	87411.61	已完成支付
12	砺能4教室门油漆及5楼顶涂料粉刷项目	94548.05	待付款
13	砺能2号楼401、402改造项目	54331.14	待付款
14	大学生活动中心防盗窗及学生宿舍人脸识别改造	79000	已完成未审计
15	砺能3化粪池改建项目	41177.9	待付款
16	学院主阀门更换项目	89781.1	待付款
17	主环形道路路灯头更换项目	67926.27	待付款
18	纱窗制作安装项目	32759	已完成未审计
19	艺术系展厅改造项目	80348	已完成未审计
20	百草园及周边场地平整项目	83655.29	待付款
21	校园绿化维护项目	88993.65	待付款
22	学生公寓智能电控系统改造项目	59000	待验收
总　计		1557987.1	

(备注:项目金额中审计结束的为审计价款,审计未结束及施工项目为合同价款)

附件四:零星维修费用

序　号	项目名称	项目金额(元)	工程状态
1	2018年12月份维护维修费	33884.64	已完成支付
2	2019年1—2月份维护维修费	23356.2	已完成支付
3	2019年3月份维护维修费	8610	已完成支付
4	2019年4月份维护维修费	8597.06	已完成支付
5	2019年5—8月份维护维修费	13319.23	已完成支付
6	2019年9—11月份维护维修费	15000	未付
总　计		102767.13	

附件五:公开招标项目

序　号	项目名称	项目金额(元)	工程状态
1	砺能1屋面防水项目	442300.91	已完成支付
2	学生公寓宿舍连廊改造项目	782595.99	已完成支付
3	学生公寓周边环境维护项目	803669.04	已完成支付
4	弘商楼及砺能3号楼外墙清洗项目	407551.96	已完成支付
5	新食堂污水管网改造工程	558696.24	已完成支付
总　计		2994814.14	

(备注:项目金额中审计结束的为审计价款,审计未结束及施工项目为合同价款)

教代会、工会工作

【教代会工作】 教职工积极参与学校民主管理,按期召开“两代会”,落实教代会职权。

按期召开“两代会”。3月3日,成功召开学校第八届教代会暨第九届工代会第四次会议。会上,代表们听取了党委副书记、校长李忠同志所作的题为“对标特色高水平,聚焦奋斗新目标,奋力开创新时代学校改革发展新局面”的工作报告,大会审议了《学校工会2018年度工作报告》《学校2018年度财务收支情况报告》《提案工作报告》,会议取得圆满成功。

校教代会执委会讨论和审议学校重大事项。学校及时组织召开有关教代会执委和教代会代表座谈会,讨论校内教职工普遍关心的各种重大事项和方案等,确保教职工参与学校民主管理。代表们对学校建设提出的不少意见和建议被吸收和采纳,广大教职工积极建言献策、参与学校民主管理的积极性得到有效发挥,主人翁地位得到保证,进一步推动了学校管理的科学化、民主化,从而确保学校决策的有效执行。

做好教代会提案征集、办理工作。第八届教代会暨第九届工代会第四次会议征集到提案10件,工会对提案进行了跟踪督办和落实。提案涉及学校多个职能部门,均做到事事有回音,件件有落实,通过召开提案办理答复会,职能部门负责人向提案人回复提案的办理情况和结果,提案回复率达到100%,提案人对提案处理结果的满意率达90%。

【校工会工作】 校工会围绕学校中心工作,认真履行工会四项职能,维护和关爱教职工利益。

着力开展劳动和技能竞赛,大力弘扬劳动精神、劳模精神、工匠精神。以“当好主人翁、建功新时代”为主题,组织教职工开展劳动竞赛,积极组队参加安徽省教育厅和安徽省总工会举办的“安徽省第四届普通高校青年教师教学竞赛”，举办了财会金融基本技能比赛，会同图书馆开展职工劳动竞赛活动。

加大教职工帮扶力度，竭诚维护教职工权益。做好工会会员节日慰问、生日慰问和“劳模慰问”工作，做好教职工生病住院、困难教职工等慰问工作；开展在职和离退休教职工的年度体检服务工作；积极开展扶贫慰问、帮扶活动，对潜山市漆铺村扶贫干部和金寨支教教师及时看望和慰问，对漆铺村3个贫困户家庭上大学的孩子开展资助，实施消费扶贫，帮助漆铺村养鸡贫困户解决销售难题，会同学管部门积极参与芜湖市总工会组织实施的“金牌蓝领计划”专项助学活动；参加学校举行的2019年度老教师光荣退休仪式，并向退休职工赠送纪念品；推选2名优秀教职工参加省教科文卫体工会组织的疗休养活动。

开展形式多样的文体活动，丰富校园文化生活。制定安徽商贸职业技术学院第一届“商之韵”教职工文体活动节方案，举行2019年教职工新年联欢会，在庆祝中华人民共和国成立70周年之际，开展“我和我的祖国”大合唱比赛，组织教职工开展“活力商贸滨江行”健步走活动，成立教职工乒乓球等5个协会，举行羽毛球、男子篮球赛、教职工运动会等体育比赛，开展教工八段锦培训、女教工瑜伽培训、通俗桥牌比赛等，开展女教工插花、女教师与女生共度“三八”国际劳动妇女节等活动，会同组织人事处共同举办了“新教师团建联谊活动”，举办父母成长知识讲座。

开展政治理论和业务知识学习，促进工会自身建设。组织工会专兼职干部学习习近平总书记关于工人阶级和工会工作的重要论述、中国工会十七大报告等，认真学习传达贯彻学校党委和省教科文卫体工会的各项精神。加强工会组织信息化建设，充分发挥工会网站、微信公众号、QQ群、微信群作用。认真做好工会会员信息登记和统计工作。积极吸纳新会员，认真做好工会会籍的管理工作，目前全校共有工会会员523名。承办并顺利完成省教科文卫体工会江南片高校（附院）年度经费审计工作，参加省教科文卫体工会经审财务工作培训，认真执行有关财务规定，支持各分工会和女工委结合自身特点开展各项活动，发挥先进教工之家作用，为教职工开展各类文体活动提供优良服务。

【获奖情况】

1. 在安徽省教育厅和安徽省总工会举办的“安徽省第四届普通高校青年教师教学竞赛”中魏力获得一等奖、郑晓明获得二等奖、谢婧和芮坤坤获得三等奖，学校获得优秀组织奖；

2. 刘玉林获得安徽教科文卫体工会乒乓球比赛季军，并代表安徽教科文卫体工会参加首届全国教科文卫体系统职工乒乓球比赛；

3. 在2019年安徽省高校教职工气排球赛暨全国高校教职工气排球选拔赛中学校获得优秀组织奖；

4. 在安徽省教科文卫体工会江南片高校第一届教职工羽毛球团体赛中获得三等奖；

5. 在安徽省教科文卫体工会江南片高校第二届教职工通俗桥牌比赛中获得二等奖；

6. 在第十七届在芜高校（附院）教职工围棋赛中获得三等奖；

7. 在安徽省江南片高校、附院工会教代会第十七次理论研讨会上，经济贸易系分工会张京洲的论文《基于亚健康视角下高校工会教职工文体活动存在的问题与完善路径探讨》荣获一等奖，工管思政分工会夏正慧老师的论文《思想政治教育亲和力结构及其生成过程研究》荣获二等奖。

（供稿单位：校工会）

财务工作

【工作概况】 2019年，学校财务工作紧紧围绕“十三五”教育事业发展规划和年度党政工作要点，不断强化“服务、规矩、责任、进取、团队、风险”等六个意识，以创建国家“双高计划”为任务，保基本、抓重点，坚持创新理念，进一步提升财务管理水平和效益，为学校事业的健康发展提供财力保障。

【收入情况】 2019年学校总收入29218.44

万元。一是财政拨款21851.09万元，占收入的74.8%；二是事业收入7148.12万元，占收入的24.5%；三是其他收入219.23万元，占收入的0.7%。

【支出情况】 2019年学校总支出23436.94万元，其中当年资金形成的支出为23232.08万元，以前年度结余资金形成的支出为204.86万元。在资金使用上，一是继续保障民生支出，加大困难学生的奖补助力度；二是突出教学中心地位；三是进一步压缩一般性支出。

【资产负债】 截至2019年12月31日，学校资产总计60937.25万元，其中：固定资产原价57607.65万元，已提折旧18535.51万元，净值39072.14万元；负债总计3155.94万元，均为流动负债；净资产总计57781.31万元。

【财务信息化】 2019年，一是对接智慧校园建设，全面更新了财务处部门网站，完成了财务核算系统、财务综合服务平台和校园一卡通系统升级改造，并正式启用电子发票查验系统、公务卡消费自动查询系统。全校师生可以通过财务平台和一卡通系统更方便、快捷地办理各类财务事项。二是开发并全面启用了PC端和移动端自助缴费系统，解决了多年学费收缴难题。协同资产管理部门完成校内资产管理系统建设，破解校内资产管理难题；协同学校办公室完成校内合同管理系统建设，破解校内合同管理难题。三是完成了校内金融服务中心建设和银校通平台建设，与农行、交行、扬子银行等协商为师生提供更安全、方便、快捷的金融和财务信息化服务。

【预决算管理】 一是按照全面预算管理要求，对预算编制、执行、调整、追加、决算、绩效评价等实施全流程规范化管理。按期完成2018年度部门财务决算和政府部门财务报告编报、2019年校内预算编制执行调整、2020年省级预算编制。2019年校内预算调整100多次，盘活财政性资金7000余万元。二是强化预算执行监督考核，加快预算执行进度。2019年我校全口径预算执行率和财政拨款预算执行率再次名列省属高职院校第一，获得省财政厅、教育厅100万元的专项考核奖励。三是继续开展项目绩效评价，提升资金使用效率和管理水平。2019年上半年，学校对2018年项目资金使用和管理情况开展绩效评价，评价范围为2018年部门预算安排的所有项目支出，共663项，主要分为质量工程项目、创新发展行动计划项目、科研项目、人才项目、政府采购项目及其他项目六类。2018年学校项目支出绩效评价平均得分为89.8分，评分等次为“良好”。

【收费管理】 严格执行国家各项收费政策，坚持先核定、后收取，严格按标准执收。严格执行教育收费公示制度，将批准的收费项目和标准制成公告牌在收费的办公场所、校园网络和招生简章上向学生和社会公示，主动接受学生、家长和社会的监督。认真完成年度各项学杂费收缴工作。

（供稿单位：财务处）

审计工作

【项目造价审计】 2019年，监察审计处组织完成零星维修和小型工程审计67项(含2018年下半年未审结项目10项)。其中，送审金额15404557.77元，审定金额15207933.76元，审减196624.01元，审减率1.28%。

【财务收支审计】 2019年，监察审计处完成2018年度预算执行与财务收支审计1项，发现管理不规范资金506.11万元，提出加强管理、提高效益的审计建议4条，整改4条。通过审计，在进一步规范内部控制管理、防范财务风险、提高资金使用效益、加强反腐倡廉等方面发挥一定的作用。

【教学科研仪器设备资产绩效审计】 2019年，监察审计处完成教学科研仪器设备资产绩效审计工作，对学校2017—2018年新购教学科研仪器设备的论证、购置、使用、管理、共享等情况进行了资产绩效审计，提出整改建议4条。

【经济责任审计】 2019年，监察审计处牵头对2018年开展的内管领导干部经济责任审计进行集中整改工作，通过建立审计整改台账和责任清单，落实审计整改任务，圆满完成审计整改工作。

信息化建设与管理

【网络安全】 落实《网络安全法》和省教育厅等上级主管部门相关文件要求，完成学校网站群系统、教务系统、行政办公系统、财务系统和一卡通系统等5个校内重要业务信息系统漏洞检测和整改工作，并全部通过信息安全等级保护二级测评；通过全面施行实名上网、学校基础信息平台私有云部署、升级办公电子邮件系统、增强网上办事大厅和办公电子邮箱密码等一系列举措，保障学校各类信息应用系统稳定运行、减少"弱口令"、加大公民隐私信息保护力度，引导广大师生增强网络安全意识，有效提升校园网安全管控能力，全面提升校园网安全性。

【校园网】 完成校园网有线无线一体化升级，实现校园无线网络全覆盖，有线无线网络"一号通"，并完成学生宿舍网改造。对笃学楼、砺能楼1#—4#、图书馆、弘商楼、学生宿舍1#—12#、体育馆、商苑多功能文化餐厅等教学、办公和师生生活服务场所进行室内无线WLAN（WiFi）全覆盖，在全校22栋楼宇、近2800个房间内，共安装无线接入点（AP）3169个；对12栋学生宿舍楼的网络布线进行了整体改造，对走廊和宿舍内的老旧弱电桥架和弱电线路全部进行拆除和更新，有效改善了学生宿舍环境；将学生宿舍网纳入校园网统一管理，提升学生宿舍网络安全管理可控性；协调多家通信运营商通过技术手段实现线路共享，为学生自主选择运营商提供条件。校园网的升级改造，为学校信息化建设、信息化应用、师生使用校园网和提升校园网安全性打下坚实基础。

【基础信息平台】 完成"数字安商"升级，优化统一身份认证，初步建立校本共享数据中心库。对原有"数字安商"基础信息平台进行升级改造，将"数字安商"平台从第三方企业公有云迁移到校内私有云，提升平台稳定性和数据安全性；完成网上办事大厅整体生态部署和平台框架构建，提升基础信息平台对学校信息化建设与应用的综合支撑能力；优化统一身份认证管理，对全体师生的登录名和密码进行集中统一管理，避免一个系统一个密码、同时记忆多个登录名和密码。2019年已完成电子政务、教务管理系统、学工管理系统、人事管理服务、办公电子邮件系统、智慧教学平台、正版软件管理与服务平台等面向师生广泛使用的主要业务信息系统的统一身份认证集成，实现师生一次登录可直达各个业务系统；依托基础信息平台，推进手机移动端（"今日校园App"）应用建设，助力学校"易班"共建；搭建学校数据共享中心库框架，初步建立数据规范，统一数据标准，明确数据源头部门，实施数据源头管理，对学校基础信息平台、网上办事大厅和信息化建设与应用形成有力支撑，为进一步提升数据共享和数据治理能力做好准备。基础信息平台建设和完善，为学校信息化建设、应用和管理，打下良好的"软基础"，助力提升学校信息化服务能力和信息化水平。

【校园网和信息化运维】 扎实做好校园网和信息化运维服务工作，切实解决各部门和师生在信息化应用等方面所遇到的问题，努力保障校园网和各类信息化应用系统的安全稳定运行。全年共受理各类校园网和信息化运维事项共计381件，均及时予以解决和处理，为学校教学、科研和管理服务提供了强有力的信息化技术支持。

（供稿单位：信息办）

人事管理工作

【概况】 2019年，人事管理工作着力于深化人事制度改革。积极推进人事制度综合改革，扎实推动综合考核工作，拟修订《安徽商贸职业技术学院年度综合考核管理办法》，制定了与之相配套的定量化考核指标体系，完善目标管理和绩效考核，让教师安心从教，目前已完成征求意见工作；编制了《安徽商贸职业技术学院二级管理体制实施办法（草案）》，积极探索推行院系二级管理的实施路径。不断优化工作业务流程，提升为师生服务质量。“以教师为中心”，努力实现“一次都不用跑”的便捷化服务目标，完成了“人事网上服务大厅”一期建设工作，完成了教职工信息采集和录入，方便了各部门对教职工数据的实时调阅和查询。启用了“教职工请销假系统”，在信息管理中心的支持下落实了考勤设备和考勤系统，实现了教师对个人请假、考勤信息的PC端和移动端的实时查询和处理，解决了教职工请销假申请现场办理审批不便，效率低下等问题。继续稳步推进绩效工资改革工作。认真做好校内行政人员奖金核算工作、午餐补贴等核算工作；完成了2018年度新进校教职工的转正考核、定级工作；完成了在职人员职称晋升，岗位调整等工资调整、兑现工作；及时做好伤、残、亡教职工、遗属的抚恤工作；完成了其他工资福利的核算发放工作，2018年度一次性工作性奖励发放工作。截至12月31日，我校在编教职工346人，人事代理124人，劳务派遣人员15人，合同制工作人员40人，离退休72人。

【人才引进和稳定工作】 围绕学校高水平大学和“双高校”建设这个核心，指导编制年度人才引进计划，重点向教学一线倾斜、向发展前景好的重点专业倾斜，以专任教师为重点做好人才引进工作。严格实行“三公开”，进一步规范了人才招聘工作流程，继续推进考核模式改革。2019年人才招聘共接受有效应聘资料1067份，经过资格审查、考核、公示和体检共录用专任教师15人，专职辅导员6人，管理人员4人，另公开招聘合同制工作人员1名。制订了《安徽商贸职业技术学院高层人才引进实施（试行）》《安徽商贸职业技术学院柔性引进人才管理办法》。修订了学校《教职工攻读学历学位管理暂行办法》，修订了攻读学历学位人员脱产学习期间的工资待遇规定，解决了拟脱产深造人员的后顾之忧，将编外人员纳入了鼓励攻读的人员范围，加大了对学成返校工作人员的奖励力度，鼓励教职工为学校发展和个人成长提升学历层次、提升业务能力和水平。关注高层次人才成长，积极和他们谈心谈话，协调系部帮助调减教学工作量，解决教学工作和在职攻读之间的矛盾。注意攻读博士人员的使用，将2位在读博士调整到科研和专业建设的重要岗位，树立鼓励人才脱颖而出的用人导向。

【人才项目申报工作】 为加快建设一支高水平的优秀拔尖人才队伍，提升我校核心竞争力，服务支持我校地方高水平大学建设，2019年，我校积极申报高校优秀拔尖人才培育项目，获批高校学科（专业）拔尖人才学术资助项目1项，高校优秀青年骨干人才国内访学研修项目1项，省高校优秀青年人才支持计划重点项目2项，高校优秀青年人才支持计划一般项目3项。

【综合考核工作】 2019年度综合考核中，参加考核教职工共计524人，其中教职工优秀76人、合格421人、不定等次27人。（含劳务派遣和合同制工作人员优秀8人，合格45人，基本合格1人，不定等次1人）；二级机构考核中，电子信息工程系、经济贸易系、组织人事处、学生工作处（部）、团委、招生就业处为优秀等级。

【岗位职责修订工作】 为了进一步提升规范化管理水平，组织各部门对部门职责重新进行梳理和修改，列出具体化工作，在此基础上，拟定各岗位工作标准，经过反复讨论和修改，各部门职责和工作标准已完成二稿修改。

【工资福利工作】 按照国家工资新制度及时完成了全院教职工工资、津贴、补贴的调整核算工作。2019年1月起共有422人兑现了新的薪级工资标准，人均月增资80余元。除集中调整以外，2019年度因职务职称变动、岗位调整、学历学位晋升等原因还累计为114位教职工完成工资调整和兑现工作。完成了2019年全年驻村扶贫、挂职锻炼、支教等干部的待遇核算发放工作。完成了校内行政人员奖金核算工作、午餐补贴、交通补贴的核算工作；完成了2018年度新进校教职工的转正考核、定级工作；完成了在职人员职称晋升，岗位调整等工资调整、兑现工作；及时做好伤、残、亡教职工、遗属的抚恤工作；完成了其他工资福利的核算发放工作。完成了退休人员基本养老金的调整。从2019年1月1日起，对2018年12月31日前已退休人员养老金进行调整，共计为符合条件的70位老同志调整了养老金，调整后月人均增资180余元。完成了2018年度一次性工作性奖励发放工作。学校领导和有关部门在积极向省有关部门请示汇报的同时，相关部门积极联系芜湖市有关部门和市属高校，在多次协调下学校根据属地原则预发了2018年一次性工作奖励。2018年12月主管部门下发了一次性工作奖励发放标准，根据前期预发情况进行结算，多退少补。2018年一次性工作奖励合计预发1893余万元。

【考勤奖惩工作】 经济贸易系段文忠老师被评为省级“新时代育人楷模”，扶贫工作队副队长计宏亮被评为2019年安徽省属单位脱贫攻坚先进个人。校内评选表彰了4个先进基层党组织、36位优秀共产党员、8位优秀党务工作者和43名校内先进工作者、优秀教师，并予以公开表彰。

【人事档案工作】 我校人事档案全部实现集中统一管理，存放于干部人事档案库房。2019年，组织人事处将零碎材料统一收集好后，已在规定时间进入档案室完成档案的分类、整理、分析、核对、录入、装订等归档工作。

【其他日常管理服务工作】 按质、按时、按量完成了《事业单位人员统计报表》《全省机关事业单位工资统计年报》《机构和人员编制核查》《从业人员及工资总额季报和年报》等各级各类报表的填报工作。

（供稿单位：组织人事处）

安全保卫工作

【消防安全工作】 与各部门签订消防安全责任书；结合省教育厅组织的深入开展“防风险、除隐患、促稳定、保大庆”“安全生产攻坚行动”等行动，针对冬季火灾易发多发，组织开展校园安全检查、隐患排查；建立消防安全排查整治“三单制”；引进消防设施设备维护保养单位，保障学校消防设施设备处于正常状态；组织开展消防安全演练、消防安全体验、消防安全宣传，提高全校广大师生消防安全意识。

【综合治理安全工作】 与各部门签订安全责任书，建立学校安全责任体系，推进安全责任分解和落实；制定、修订《安徽商贸职业技术学院安全生产管理规定》《安徽商贸职业技术学院安全风险管控“六项机制”工作方案》《安徽商贸职业技术学院校园大型活动管理办法》《安徽商贸职业技术学院工程项目校内施工管理办法》《安徽商贸职业技术学院校园秩序及安全管理规定》《安徽商贸职业技术学院校园大型活动安全管理办法（试行）》《安徽商贸职业技术学院校园视频监控系统管理和使用管理办法》等7个安全管理制度；依托各部门、学校治保队、山东明德物业管理公司（保安部）不断推进校园治安管理群防群治；发挥学校“三防”设施作用，构建安全保障体系；构建安全教育主题班会为主，安全实践教育和安全预警宣传教育为两翼的“一体两翼”安全宣教体系；严格执行保卫处24小时值班，协助学校中层干部24小时值班人员处置突发事件；修订《安徽商贸职业技术学院应急管理方案（修订）》。

加强外卖送餐、快递寄递等管理，规范校园商业服务秩序；随时清理散养宠物狗和流浪犬；积极与公安、交警、城管沟通，对校园周边环境进行综合治理；摸排师生反映强烈以及各类安全隐患问题，突出重点，把涉及安全稳定的问题摆在前面，找准问题原因，确定整改目标和完成时限；建立校地校警环境综合治理沟通机制，明确职责，形成联动，密切配合，建立长效工作机制，深化校地校警合作，统筹协调推进校园周边综合整治工作，努力营造健康周边环境。

积极与后勤管理部门沟通，对在校务工的临时工作人员进行身份登记与核查。掌控安装施工、食堂等校内经营户的流动人员状态。责成物业公司清退有案底的员工，谨防有案底的社会人员进入校园。积极为师生做好户籍服务工作，方便师生办理户籍等相关事宜。

【交通安全工作】 加强学校大门机动车、非机动车门禁道闸系统维护、保障；对教职工车辆实行车牌自动识别，严格实行机动车校园通行许可制度，严禁无关车辆进入校园；对校内道路标线、交通标志、机（非）动车泊车位等交通安全基础设施进行了全面规划，开展校园交通及非机动车停车秩序集中整治活动；实施校园车辆行驶限速规定，并及时将超速行驶情况定期与相关人员沟通；规范车辆在校园内的行驶停放秩序；集中清理校园无主自行车、共享单车，积极优化校园交通安全环境。

【征兵工作】 根据上级文件精神，认真做好大学生应征入伍宣传工作，在各系党总支大力支持下，2019年有58名大学生光荣应征入伍，顺利完成了2019年度征兵任务。会同学生处、教务处做好入伍毕业生的学费补偿、助学贷款代偿、退役学生复学、大学生征兵回访等工作。

（供稿单位：保卫处）

离退休工作

【退教协工作】 充分发挥退教协作用，积极开展多种类型的文体活动，丰富离退休教职工的精神文化生活。组织退休教职工参加了学校的体育运动会，组织退休女教职工开展了三八节活动，组织赴江苏高淳参观新四军旧址活动，积极参加安徽省和芜湖市老年体育协会组织的各项比赛活动。学校组织召开了退休教职工“新春茶话会”，同时学校领导定期对已退休的干部、职工、生病及困难教职工进行节日慰问等活动。

鼓励离退休老同志到芜湖市老年大学学习，对于上老年大学的费用一律给予报销，丰富了老同志们的晚年精神文化生活，切实做到了让老同志“老有所乐”。

（供稿单位：办公室、组织人事处、工会）

图书工作

【概况】 2019年，图书馆紧紧围绕学校《“十三五”教育事业发展规划纲要》，结合学校第四次党代会精神，以立德树人为根本任务，以教育部《普通高等学校图书馆规程》为工作指南，以改革创新为动力，强化内部管理为手段，内涵建设为主线，通过健全文献信息资源体系、优化读者服务体系、培育书香校园文化、积极开展对外合作，着力推进图书馆文献信息资源建设、读者服务建设、阅读推广、校园文化建设、党建与管理等工作，为学校全面提高人才培养质量，全面提升学校办学水平，不断开创地方技能型高水平大学建设和争创“双高校”工作新局面做出了应有的贡献。

【文献信息资源建设】 加强纸质资源建设。为保证图书采购质量，防止最低价中标，经多方协调，首次在安徽省政采项目管理咨询有限公司招投标，严格落实书刊政府招标制度；坚持依据文献采购实施细则精选书目与走出去现采图书相结合，试用智能采书平台提高重点出版社采购比例，继续邀请系部教师参与图书采购工作，积极开展读者需求调研和书刊荐购，共采集书目近40万种，其中图书供应商提供书目近20万种，各大出版社提供书目18万种左右，现采书目8000余种，校内征集书目1268种；为保证所采图书质量、图书加工质量完全符合我馆要求，邀请馆务会成员、校内外专家共把质量关，对所采图书的品相、纸张质量、印刷质量、出版社信息等进行严格审查，对图书加工环节的馆藏章、条码、书标、磁条等进行严格检查，对所加工图书是否为我馆所订购、是否符合我馆馆藏建设进行严格把关，退订不合格图书1100余册；为保证编目数据的规范性、正确性、合理性，对今年所采14451种图书的编目数据逐条检查，对原数据库中不规范的数据进行修改；全年共采购图书14451种，34881册，码洋2298868.17元；负责全校教科研和人才、零采图书资料备查登记228人次，接收图书3598册，资产总额177157.2元；采用单一来源谈判的方式，完成2020—2022年全校报刊征订项目采购，成交折扣为95%；为全校师生提供2020年报刊征订服务，征集全校42个二级单位和学生阅览室报刊777种、838份，总码洋184553.60元，有力保障了广大师生的报刊需求；采用询价的方式完成2018—2020年过刊加工服务项目采购工作，并完成3182册合订本的合并、装订和验收工作。完成2017年3386册过刊编目、上架工作；截至2019年底，图书馆中文纸质图书总量63.54万册，原版外文图书0.1万册，报刊合订本5.1万册。

加强数字资源建设与服务的管理水平。在“信息数字化、资源共享化、服务网络化、管理标准化”建设标准下，积极开展数字资源的专家论证和读者评价与需求调研，为数字资源的采购与推广提供客观依据；采用末位淘汰法，完成15个数据库的采购，其中银符考试系统、QQ阅读、百度文库、国研网等8个数据库是首年新增，深受不同的读者群体欢迎；引进试用13个数据库，进一步加大宣传与推广力度，通过教工交流群、官网、微信平台同期发布，数字资源利用效益明显提升。全年访问总量高达849.94万次，下载资源总量为50.008万篇，其中，中国知网检索浏览量500.50万次，下载量11.39万篇；维普资讯检索量20.69万次，下载量14.84万篇；EBSCO专题数据库访问量7.32万次，下载量为1.95万篇；歌德电子书借阅机下载量2.5693万次；博看期刊访问量22.22万次；超星读秀报告厅音视频资源访问量0.5227万次。

【读者服务建设】 在常规服务方面，连续两年开展“四库一室”服务窗口工作质量检查与评比工作，三个库室被评为“优秀”等次，将示范库打造成为图书馆创先争优的标杆，积极营造团结、和谐、积极向上的环境氛围，提升“四库一室”服务质量；对全馆藏书空间、阅览空间、学习空间、休闲阅读区、研讨空间、视听空间、朗读区、展示空间、自助服务空间、特藏空间实行“亮化”，全面整改处置三、四楼的废旧资产，既解决了场地占用问题，添置了更多桌椅，又保持好环境卫生，做到窗明几净，随处布置绿植，使到馆的读者有赏心悦目的感觉，深受全校师生的好评；截至2019年底，流通部接收新书17438种、34881册，办理读者离校读者证注销4098人次。经问卷调查，2019年读者对图书馆满意率高达97%。

积极开展线上新媒体服务。借助微信公众号、微信小程序，实现了图书馆的资源及服务在手机端的便捷使用。除常规的信息发布及找书查询功能外，还创新性地开展了迎新服务、书目推荐、优秀作品展示等工作。图书馆微信公众号新增关注3000余人，目前拥有总关注人数共计7200余人，总计点击超过25000次。单篇推文最高阅读量达1800余次，单篇推文最高评论达100余条。

优化信息网络环境，提供面向学习的支持服务。做好图书馆网络中心机房设备和图书馆华为设备维保，进一步完善图书馆网络结构，将图书馆服务器集群和办公集群进行了分离，限制外网访问地址由端口号访问变为IE地址访问，提升图书馆网络访问速度和安全性，为图书馆网络稳定做好保障；参与学校教学服务，积极向系部教师宣传推广，推广研修间预约系统提供场地服务。全年为各系部教师录制教学能力大赛视频、培训讲座、读者沙龙、各类会议、读者培训等提供200余场次的场地服务，接待读者约5000人次；上线虚拟三维图书馆平台，引导新生快速融入“第二课堂”；首次采用录取通知书+虚拟三维图书馆游戏，让新生未入学就能了解图书馆。在军训期间，为新生开通“绿色通道”，在微信、图书馆主页开设新生专栏，制作了《入馆指南(2019)》和微视频。通过现场演示、实际操作等方式，对91个新生班级、4200余人开展信息素养基础培训，上好图书馆“第一课”，帮助新生初步建立自主学习和终身学习理念，合理使用图书馆资源；在5月和12月两次邀请新东方四六级讲师针对英语考级开展《四六级无忧，“未”你而来》讲座，帮助学生找准学习方法，提升学习技能。

组织参加2019年全国高职高专院校信息素养大赛，大赛分为准备阶段、校赛、省赛、国赛四个阶段。在准备阶段，组建了以季学芳馆长为组长，袁西鹏、郭新武、邓国家为成员的培训工作组，以系部推荐和自愿报名的方式吸纳51名学生组成学习团队，指导教师团队根据项目的比赛方案和规则，分阶段制定行之有效的训练计划，并根据前一阶段的完成情况及问题，进行总结分析，动态修订训练计划，保证训练计划顺利实施，提高训练效率，并利用节假日和课外时间开展集训与指导;在校赛阶段,根据国赛和省赛文件精神要求,面向全校学生广泛开展宣传,进一步完善校内赛程和选拔方案,举办2019年"方正杯"信息素养大赛,全校共438名学生参赛,选拔出5名学生代表我校参加省赛;在省赛阶段,我校斩获学生组比赛一等奖5项,名列全省第一,也是本次比赛唯一一所所有参赛选手均获得一等奖的院校,在教师组中,参赛教师认真领会比赛要求,综合运用信息化教学手段,精心进行教学设计,报送2个说课作品参赛,获得三等奖1项、优秀奖1项;在国赛阶段,于业龙、马胜男两位同学代表我校参加了在深圳职业技术举办的全国赛决赛,分别获得全国第42名、第50名,为我校赢得广泛赞誉。

【书香校园建设】 依托文献资源优势,助力打造优良的校风、教风、学风。通过人、货、场资源的有效整合,并将"文献资源"放在阅读推广活动策划中的主体地位,真正做到一切从书出发,一切回归于书,吸引3000余名师生参与各类阅读推广活动,进而形成一批优秀的读书创作成果。(1)举办了"书香安商"第二届读书月系列活动,迎接第24个世界读书日,进一步宣传图书馆职能,激发广大师生的阅读热情,促使更多的人走进图书馆,利用图书馆;(2)在4·23世界读书日当天,开展了优秀世界读书日·优秀读物推荐活动,引导人们"多读书、读好书、善读书",在全校范围内营造尊重知识、崇尚文化、追求文明的阅读风尚;(3)为纪念五四运动100周年,学习贯彻习近平总书记在纪念五四运动100周年大会上的重要讲话精神,图书馆举办了《立鸿鹄志,做奋斗者——纪念五四运动100周年》图文展活动;(4)为了让学生充分了解图书馆各方面知识,有效利用图书馆资源,图书馆举办了"引领读书热潮,营造书香校园"图书馆百科知识竞赛活动;(5)在全国首届"图书馆杯全民英语口语风采展示活动"大赛中,我校韩梦茹同学从全国总参赛17万多名选手中脱颖而出,与全国众多本科院校同台竞技,并获得英语口语金星(三星)殊荣,我校成绩位列全省高校第二、全国高职院校第二名,图书馆荣获安徽赛区优秀组织奖。

以学校第四次党代会精神、文化强校战略为指导思想,打造阅读推广文化品牌。(1)举办弘商讲坛启动仪式,大力倡导读书学习之风的有力之举,并鼓励我校学子要陶冶性情、提升品位、全面发展、奋发成才;(2)邀请南京大学博士生导师、教授徐雁作为"弘商讲坛"首讲嘉宾,为在场师生作了题为《"劳于读书,逸于作文"——提升人生读写能力的中国文学名著书目》的主题报告;(3)邀请北京师范大学艺术与传媒学院教授、博士生导师张智华作《网络时代影视文化传播》讲座;(4)特邀中国通信业知名观察家项立刚作客弘商讲坛,作《5G时代,努力刚刚好》讲座,为我们解密"5G时代",引导大家如何在新时代下努力向上,升华人生;(5)举办"五四"音乐沙龙活动,邀请工商管理系党总支书记韩飚老师作以"五四"时期中国音乐文化漫谈为主题的读者沙龙,旨在弘扬"五四"精神,凝聚青年力量,引导广大安商学子在"五四"精神激励下,立鸿鹄之志,圆强国之梦;(6)联合举办"教育与职业"的中美教育沙龙,邀请布莱诺大学名誉校长施耐德先生和副校长艾克先生为特邀嘉宾,与我校管理人员代表、教师代表和学生代表围绕职业教育和学生职业能力培养主题与布莱诺大学来宾展开了深入的交流;(7)开创"行知读书会"品牌,举办了《西厢记》《明朝那些事儿(朱元璋)》两期读书会,学生们非常喜爱,深受启发;(8)举办观影读书会,鼓励学生走出宿舍、走进图书馆,多阅读、多思考,注重学生的内心成长,在交流分享中遇见美好;(9)为向祖国七十华诞献礼,制作了图书馆首批文创产品——图书馆纪念中华人民共和国成立70周年书签,体现了图书馆的创新创造性、工作机制和情怀,既表达了爱国之情,又彰显了图书馆的文化特色,受到了广大师生的热烈欢迎和高度评价。

开展"三全育人"教育实践活动。为49名学生馆员、47名志愿者提供培训与指导,全年开展图书馆志愿服务活动20余次,将思想政治教育融入管理、服务和活动的各个环节之中,实现文化育人和实践育人有机结合;进一步完善读者协会成员成长机制,实行干事积分、三次谈话、干事值班以及奖励制度等,通过举办读者协会座谈会、读者协会总结暨表彰大会、团建联谊活动等,进一步加强了读者协会成员的凝聚力、创造力和合作力,开创了图书馆与读者"共建、共管"的新局面。

【党建与管理工作】 紧紧围绕学校中心工作和图书馆重点工作任务，扎实开展“不忘初心 牢记使命”主题教育活动。强化意识形态工作责任，圆满完成省委巡视对图书资料政治性审查。充分发挥党组织的政治核心和战斗堡垒作用，以“学习型、服务型、创新型”党员队伍建设为抓手，坚持以读者为中心，以需求为导向，推动面向学习和学科支持服务体系化建设，为资源育人、管理育人、服务育人营造良好的工作氛围。坚持单周三开展政治学习，按照“学懂、弄通、做实”的总体要求，提高普通馆员的思想素养、理论水平和工作能动性，强化馆员的责任意识和服务意识，进一步规范服务行为。

贯彻落实“迎接机遇挑战 强化使命担当”大讨论会议精神和文件要求，紧紧围绕“双高计划”以国内一流为目标展开了热烈的讨论，制定2020—2023年图书馆五大行动计划，为学校高素质技术技能人才培养、专业发展建设、技术创新平台建设和文化创新传承等提供文献信息支撑。

完善内部治理体系结构，推行公开民主决策机制。在专业化人才数量严重不足的情况下，图书馆致力于提升科学化管理水平，不断挖掘人才队伍潜力。以年轻馆员为主体，进一步扩大馆务会人员数量。实行馆务会公开民主的理事机制，每周一定期召开馆务例会，总结上周工作布置，讨论、协调本周工作安排，重大工作事项一事一议；探索馆员主、副岗任用模式，要求馆员要确定一个或多个副岗，在全面履行主岗工作职责的同时要求完成副岗工作任务，实行岗位多定、一人多责，充分发挥年轻馆员在参与图书馆管理与建设中的核心作用。

密切关注省内外先进图书馆服务创新工作动态，积极组织馆内人员参加学术培训和业务交流。先后30余人次到深圳职业技术学院、香港中文大学（深圳校区）、深圳市宝安区图书馆、暨南大学、华南师范大学等单位调研优秀经验和做法。邀请徐雁、陈亮、张智华等专家学者20余人次和知名校友项立刚、王丰斌等人来馆交流，帮助年轻馆员形成创新进取的团队文化；做好图书馆专业人员的继续教育工作，鼓励申报教科研课题，全馆共11人次参加在岗培训，馆员们在提升自身业务素质，同时也为改善图书馆专业人员的职称结构创造条件，全馆职工发表学术论文6篇，完成省图工委课题结题1项、成功申请省级拔尖人才项目1项、校级重点课题3项、省图工委课题1项。

（供稿单位：图书馆）

档案工作

【概况】 学校档案科成立于2011年，档案工作由校长分管，隶属于学校办公室。档案科配备专职档案员2人，兼职档案员30人，档案库房面积190平方米，档案办公区域35平方米。档案室存放了学校1949年至今共十一大类，9619卷，36079件的综合档案，实现了门类齐全，结构合理，管理科学，方便利用的工作目标。档案科坚持贯彻落实《高等学校档案管理办法》和《安徽省高等学校档案管理实施办法》等档案法律法规，依法治档，以学校“十三五”发展规划为依据，为学校党政管理、教学改革、科学研究、人才培养、基本建设、迎接检查等各项工作提供了重要的参考资料，充分发挥档案“记录历史、传承文明、服务学校”的重要作用。

【档案收集与征集】 2019年整理各类档案2191卷（件）。同时继续开展2019年度合同及审计档案实时归档工作，以及2019年度照片档案实时归档工作，最大可能地扩大声像档案收集的范围。

【档案编研与利用】 撰写《学校学报史编研》。这是学校第一份正式编研资料，同时作为2019年安徽省省直单位档案工作第十五协作组暨皖南片高校档案工作年会中的资料一并发放，受到了部分参会领导和学校学报编辑部领导的称赞。2019年度档案科继续热情周到地开展多种形式的档案查询利用，接待查阅利用47人次，查阅档案量4738卷（件），为巡视、审计、工程结算、征兵入伍、职称评聘等工作提供有力支持，充分发挥了档案服务学校的作用。

【制度建设】 2018年学校档案工作以《档

案法》《高等学校档案管理办法》为依据，认真贯彻执行《高等学校档案管理办法》和《安徽省高等学校档案管理实施办法》等法律法规和相关文件精神，拟写《安徽商贸职业技术学院档案安全工作应急预案》，并联合其他部门开展档案安全工作自查，到芜湖其他本科院校开展档案安全工作调研。

【业务指导】 指导财务处做好会计档案部门立卷工作。根据《高等学校档案管理办法》及《安徽省会计档案整理要求及案卷格式》的相关规定，指导财务处兼职档案员做好会计档案整理、条目录入等工作，确保财会档案的规范整理。

【档案安全管理】 档案科严格按照"九防"要求，做好档案库房安全管理、维护及检查登记工作，对档案安全设备和档案资料的保管情况进行定期和不定期的检查。

【业务交流】 2019年5月接待池州职业技术学院来访，交流档案信息化工作。2019年11月成功承办2019年安徽省省直单位档案工作第十五协作组暨皖南片高校档案工作年会。

开发档案文化产品。为展示学校档案工作成果，加强宣传，为承办好2019年安徽省省直单位档案工作第十五协作组暨皖南片高校档案工作年会，与宣传统战部合作，设计并制作了档案文化产品，发放给参会领导、专家及学校各部门兼职档案员，产品受到了一致好评。

【校史展览馆】 宣传统战部认真做好校史馆资料更新和实物充实等工作，把校史馆建设成为对师生员工进行传统教育、爱国爱校教育的重要基地。2019年，校史馆接待各级领导、来宾参观共计10场次，计100余人；接待2019级新生约4500人，让同学们全面接受了一次"知校、爱校、荣校、强校"的教育；接待校友返校参观，近20场次，计600余人。全年校史馆累计接待参观约7000人次。

（供稿单位：办公室、宣传统战部）

出版编辑工作

【概况】《安徽商贸职业技术学院学报》是经国家新闻出版总署批准，安徽省教育厅主管，安徽商贸职业技术学院主办的社会科学期刊，国内刊号为：CN 34-1242/Z，国际刊号 ISSN 1671-9255。本刊于2002年3月创刊，季刊，每季度末月下旬出版，主要刊登经济类论文，同时兼及人文和其他社会科学类论文。本刊已加入中国知网、万方数据、重庆维普等多家数据库，并已实行网络优先数字出版。本刊设有以下栏目：社科理论研究、安徽经济研究、商贸服务研究、财税金融研究、思政法律研究、文学艺术研究、徽商文化研究、职业教育研究等，提倡就这些方面提出理论上的新观点、改革上的新思路、管理上的新做法、实践中的新经验。本刊尤其欢迎商贸服务、财税金融和安徽经济发展方面的争鸣文章。

2019年，学报编辑部坚持正确的办刊方向，遵守国家有关法律、法规和规章以及学术规范和编辑出版规范，认真执行国家有关编校质量的规定，以繁荣科学研究，推动物质文明、精神文明、政治文明、学校学科建设为宗旨，加强了选题及约稿方面的工作，不断提升学报的学术水平、出版质量与社会影响。进一步明确了学报编辑部工作理念为"以论文质量为根本，以学科建设为路径，以学术发展为旨归"，年度工作重点为"通过制度建设，提高学报学术质量，扩大学报社会影响"。

【制度建设】 学报编辑部已经形成一系列制度，如《安徽商贸职业技术学院学报编审制度》《安徽商贸职业技术学院责任编辑工作职责》《安徽商贸职业技术学院学报编辑部主任工作职责》《安徽商贸职业技术学院学报组稿工作规范》《安徽商贸职业技术学院学报印刷发行工作规范》等。2019年，学报编辑部严格执行上述制度，确保了学报质量的稳步提升。

（1）严把审稿质量关，继续坚持双向匿名审稿制度，并严格执行"三审三校一通读"制度，确保学报质量。（2）编辑部工作人员都不发人情稿、关系稿。（3）继续向教授约稿，例如今年第四期，学报编辑部向安徽师范大学教授梁仁志教授约稿，其稿件的刊发，必将进一步提升学报的品位和知名度。（4）最大限度地多发基金项目文章，2019年所发基金项目稿比往年有明显的上升。(5)发扬编辑部优良传统，从收稿到印刷每个环节都认真把关，编辑部全体同志工作严谨，一丝不苟。

【刊文情况】 2019年学报共收到稿件1671篇(截至2019年12月22日)，全年4期学报共发表文章79篇，用稿率约为4.7%。在发表的79篇文章中，外稿52篇，约占66%；内稿27篇，约占34%。全年共收到教授来稿(含研究员)32篇，刊发9篇；各级基金项目来稿398篇，其中国家社科基金来稿刊发4篇；博士来稿(含在读博士和博士后)19篇，刊发7篇。

与2018年相比，学报收稿量总体上有所上升，其中教授(含研究员)、博士(含在读博士和博士后)等高职称、高学历人员来稿明显上升，各级基金项目来稿的刊发率和往年基本持平，可以看出今年所刊发的论文质量越来越高，学报在高层次作者群中的影响力越来越大。

今年刊发的内稿比例达34%，而学报总用稿率仅为4.7%，充分反映出学报立足学校、面向社会的办刊宗旨和导向。27篇内稿共标注了58项各种类别的教科研项目，上至教育部一般项目，下至本校科研项目和质量工程，为各位作者项目的顺利结项，为本校教职工的教科研工作的有序开展，做出了很大贡献。

【重要活动与事件】 2019年，我校的学报影响因子持续攀升，再创新高，复合影响因子为0.418，综合影响因子为0.137，在省内高职院校学报中居第一位，甚至超过了不少本科学报。2019年学报刊文影响力相较往年，明显提升。《上市公司财务舞弊与审计失败研究——基于康美药业案例研究》的下载数量，已高达10000次以上。《中美贸易战背景下民营企业的财务风险管理研究》《混合式教学背景下高职院校管理类课程教学模式研究》等文章，年内的被引频次就已经高达4次。

(供稿单位：学报编辑部；撰稿：汤太祥　审核：翟建华)

十一、系、部工作

经济贸易系

【概况】 经济贸易系成立于2000年，下设市场营销、电子商务、国际贸易、广告策划、经济学5个教研室。2019年开设市场营销、电子商务、国际经济与贸易、广告策划与营销、房地产经营与管理、商务数据分析与应用、国际商务（跨境电商）等7个专业。专任教师60人，外聘教师25人。专任教师中具有高级职称的14人，双师型教师占85%以上。省级教学团队3个、省级专业带头人2人，省级教学名师1人、省级教坛新秀2人。教师主参编教材110多本，公开发表论文300余篇，省级以上教科研项目数十项等。

经济贸易系现与三只松鼠、世联行、上海晓庄等20余家企业建立起良好的校企合作关系，其中省级校企合作示范基地2个。

【专业荣誉】 2019年，电子商务专业群成功入选中国特色高水平高职学校和专业建设计划建设单位中高水平专业群（A档），电子商务专业学徒制顺利通过教育部“现代学徒制”试点验收，电子商务专业获批国家创新发展行动计划骨干专业。市场营销专业为国家骨干高职建设项目重点建设专业；国际经济与贸易专业为省级特色专业；营销与策划为安徽省专业综合改革试点和院级特色专业。

【党建与管理】 以党建工作为龙头，以“三全”育人为中心，聚力培根铸魂，党总支组织全系教师认真学习贯彻习近平新时代中国特色社会主义思想和党的十九大精神，全面把握党的十九届四中全会精神和习近平总书记系列重要讲话等最新讲话精神，聚焦“不忘初心，牢记使命”主题深化学习，牢牢把握学校“双高”建设目标，以人为本，扎实推进基层党组织标准化建设，紧密结合系部实际，坚守立德树人初心，践行培根铸魂使命，聚焦“讲政治、转观念、抓改革、补短板、强作风”，着力构建“三全”育人工作大格局，全面加强全系师生的思想理论武装。

【教育教学】 我系修订完善了2019级各招生专业的人才培养方案。新申报国际商务（跨境电商）专业；完成了2017级6个专业16个班794名学生的毕业论文（设计）的指导、答辩、主审工作。完成了2017级互联网+创业大赛毕业论文替代工作。广告策划与营销专业持续开展“教学做”一体化教学改革，成立了现代学徒制“凡臣电商学院”，世联班如期开班，撰写了经济贸易系人才培养质量年度报告和企业质量报告。

我系主动与优质中职学校、密切合作的企业单位等开展合作，共同研究探索适宜成人的社会扩招教学模式。我系顺利完成了首批电子商务2个班（其中1个送教上门班）、市场营销1个班的入学工作。

我系通过各种渠道促进信息化技术在日常教学中的应用、教师信息化素养和教学能力的提升，汪贞叶、张平平、刘超在2019年职业院校技能大赛教学能力比赛中获得国赛二等奖、省赛一等奖；李仁霞、吴木林、江楠在2019年职业院校技能大赛教学能力比赛中获得国赛三等奖、省赛一等奖。

【技能竞赛】 2019年，我系在全国职业院校技能大赛教学能力比赛中获得国赛二等奖1项、三等奖1项，省赛一等奖2项；在安徽省职业院校技能大赛学生组中获省赛一等奖2项、二等奖3项；在全国职业院校iecc报关业务技能大赛中获得一等奖，在安徽省大学生国际贸易综合技能大赛中获得一等奖。此外，我系学生在安徽省电子商务三创赛、安徽省大学生服务外包创新创业大赛、“泰迪杯”数据分析职业技能大赛也取得了优异成绩。此外，我系还组织了6项校级竞赛，实现了2018级学生100%覆盖。

【科研与社会服务】 2019年，经济贸易系教师共发表论文34篇，专利11项，参与编写教材11本，获批横向课题3项，22个科研项目结项；获批省级精品线下开放课程3项、大规模在线开放课程2项、省级团体类项目2项、省级教学成果奖3项。

学校作为安徽省“1+X”网店运营推广证书制度试点工作牵头学校，组织了41所试点院校举行工作座谈会暨证书试点工作联盟会议，通过成立工作联盟，将平台搭好，履职尽责，确保“1+X”证书制度试点工作圆满完成。我系举办“1+X”网店运营推广职业技能等级证书考试动员会，精心组织培训和考务工作，以确保首次考试顺利完成。同时，我系还成功申报电子商务数据分析证书试点。

我系配合学校完成了创新发展行动计划项目验收工作，围绕建设目标，检查项目的执行情况，发掘建设过程中开展的主要活动和创新特色做法，检查项目建设取得的标志性成果、经验、成效及示范带动作用，对于项目建设存在的问题给出建议与对策，我系主持项目均顺利通过了结项验收。同时，我系主持的地方技能型高水平大学建设项目进展顺利，做好了验收结项准备。

我校参与了商务数据分析与应用专业国家教学资源库建设，我系主要负责企业资源项目建设，目前该资源库已经获得教育部立项。资源建设团队从资源定位、资源特色和技术实现等方面做了充分准备，明年将进入资源开发和运用阶段。

【师资队伍建设】 2019年，我系新进3名教师（张敏、钱亮、邹辉），1名辅导员（韦雨）；刘玉林、史一鸣两位老师博士在读；冯春林老师晋升教授职称，刘玉林老师晋升副教授职称，朱方、刘超（营销）、徐诗瑶老师晋升讲师职称，陈忠良、李仁霞、汪贞叶、江楠、虞雅雯晋升助教职称。虞昌亮被推荐申报高级双师型教师，史一鸣、张平平、刘超（房地产）、薛晨杰4位老师被推荐申报中级双师型教师。

【重要活动与事件】 2019年1月，2018年三只松鼠优秀实习生表彰大会顺利举行，对2018年在三只松鼠实习的优秀实习生进行表彰，授予“优秀实习生”“全能个人奖”“奋斗奖”“接待达人奖”“销售达成奖”等荣誉称号。

2019年3月，我系邀请悉尼科技大学博士、悦岚数据服务有限公司首席数据学博士牛力参加了“商务数据分析与应用”专业与课程建设的专题教研活动。

2019年3月，我系党总支组织全体教师党员参观芜湖市反腐倡廉教育馆，开展以“清风正气，尚德诚信”为主题的党风廉政教育活动。

2019年4月，我系多渠道开展专业调研工作。广告策划教研室组织教师团队对位于安徽合肥的金鹃传媒科技股份有限公司进行了走访调研，国际贸易教研室走访了中国对外贸易经济合作企业协会，为制定人才培养方案，了解行业发展的最新信息和人才需求的真实状况。

2019年5月，为强化“教、学、做”一体化课程改革教学实践，我系成功举办了“教学做一体化”课程改革教学实践暨2019年第十二届‘隆大杯’芜湖高教园区大学生用品展销会。

2019年5月，我系成功举办了“第六届大学生职业规划设计大赛暨创业大赛”。

2019年5月，我系党总支受邀参加澛港街道中央城社区“五心茶会”，品毛峰，话共建，以一场别开生面的“茶话会”形式共同为党建发展建桥梁、献良策。

2019年6月，张黎、程张根两位老师带领的我校参赛队参加了2019年全国高校商业精英挑战赛“智欣联创杯”国际贸易全国总决赛，获得一等奖。

2019年6月，我系组织召开了2019年市场营销类和电子商务类专业建设指导委员会会议。

2019年6月，我系第二党支部召开支部党员大会，专题学习《中国共产党党员教育管理工作条例》并研究部署学习活动

2019年6月，安徽水利水电职业技术学院管理工程学院院长陈时禄一行6人来我校经济贸

易系调研。

2019年6月,2019年跨境电子商务师资培训班(安徽站)在我校成功举办,共有来自全国39所本科、高职和中专院校的97名老师参加。

2019年6月,我校与芜湖凡臣电子商务有限责任公司共同成立的"凡臣电商学院"开班仪式。

2019年6月,"松鼠新商业学院"电商174班企业跟岗实习结训典礼暨2019年校企合作洽谈会在三只松鼠股份有限公司松鼠洗脑院成功举行。

2019年7月,系党总支组织全体教师党员赴红色教育基地——繁昌县板子矶渡江战役纪念馆,开展"追寻红色足记,坚定理想信念"主题教育活动。

2019年7月,我系志愿者前往芜湖市鸠江区沈巷镇螺百社区、八角社区和沈巷社区,进行关于普通话以及野生动物的保护等相关知识的推广等相关教学,并与沈巷社区妇联主席晏娟老师共同出席了在沈巷社区开展的交通安全及防拐卖安全宣讲公开课。

2019年7月,我系举行2019届毕业生毕业典礼。

2019年10月,我系第一党支部组织学生党员开展"净化校园,党员先行——'不忘初心,牢记使命'主题教育志愿服务活动"。

2019年11月,教育部公布《关于公布现代学徒制第二批试点验收结果和第三批试点检查情况的通知》(教职成司函〔2019〕97号),我系电子商务专业作为教育部第二批现代学徒制试点,顺利通过验收。

2019年11月,全国职业院校技能大赛教学能力比赛在湖南化工职业技术学院顺利闭幕。我系汪贞叶、张平平、刘超团队,李仁霞、吴木林、江楠团队分获国赛二等奖和三等奖。

2019年11月,我系党总支开展了因公牺牲军人家属探望活动,党总支书记秦宗槐、团总支书记王孙琳、辅导员王淑娴一行到我系刘旗同学家中进行慰问。

2019年11月,我系举办2018-2019年度先进班集体评选。

2019年11月,我系邀请芜湖市数据资源管理局建设推进科科长刘福丽来校作了题为《大数据时代下智慧城市建设探索与研究——以智慧芜湖规划与建设为例》的专题讲座。

2019年11月,我系召开各专业学生顶岗实习动员大会。

2019年12月,我系党总支召开"不忘初心牢记使命"专题民主生活会。系领导班子成员、党总支委员参加会议,学校"四个一"联系点校领导——党委书记章顺来到会指导。

2019年12月,我系围绕"双高计划"建设目标任务,开展"迎接机遇挑战、强化使命担当"大讨论。

2019年12月,我系召开"1+X"网店运营推广职业技能等级证书考试动员会。

2019年12月,我系学生第一党支部开展"2019年校级技能大赛志愿服务活动"。

工商管理系

【概况】 工商管理系有物流管理、连锁经营管理、旅游管理、酒店管理、人力资源管理和物流信息技术等6个专业,新增物流管理、物流管理(德力西)、酒店管理的社会扩招3个教学班。其中,物流管理专业为国家骨干高职院校重点建设专业、首批教育部"高水平专业群"专业,省级特色专业、省级教学改革综合试点专业,拥有中央财政支持建设的物流实训中心和两项教育部创新发展行动计划项目2项——快递生产性实训基地、物流信息技术协同创新中心;连锁经营管理专业为中央财政支持重点建设专业、首批教育部"高水平专业群"专业,省级特色专业和省级教学综合改革试点专业;旅游管理专业为省级精品专业、省级特色专业、省级教学综合改革试点专业和全国职业院校旅游类专业示范点,拥有教育部创新发展行动计划项目1项——旅游管理专业师资培训基地;酒店管理专业为地方技能型高水平大学重点建设专业、高等职业教育创新发展行动计划骨干专业;人力资源管理专业为院级优先发展专业;物流信息技术专业培养定位是物流类企业的信息系统管理岗位。2019年，工商管理系共有在校学生2834人，社会扩招招生134人，教师52人，其中专任教师34人，行政兼课10人，党团及辅导员8人。

【党建与管理】 根据学校党委的部署，继续深化“两学一做”，深入学习贯彻习近平新时代中国特色社会主义思想和十九大、十九届四中全会精神，认真开展“不忘初心 牢记使命”主题教育活动，集中整治形式主义和官僚主义、“管党治党宽松软”问题，加强落实意识形态教育和党风廉政建设、师德师风建设，校党委书记章顺来，校党委副书记、校长李忠，校党委副书记、纪委书记朱光应先后深入系部为党员和教师上党课、指导工作；通过举办“学校史 强责任”、党员进学生宿舍、“四有好老师”和“四有好学生”创建、课程思政研讨、纪念“五·四”运动100周年、庆祝建党98周年、庆祝中华人民共和国成立70周年、“不忘初心 牢记使命”网络专题培训班、红色经典诗歌朗诵演唱会、《我和我的祖国》等影片观摩、红色之旅、网络大讨论、赴芜湖市廉政教育基地参观学习活动等促进巩固教育成果，使党组织的凝聚力得到进一步增强；举办第35、36期入党积极分子培训班，培训学生153人，发展学生党员40名，转正学生党员14名。认真贯彻执行学校党政决定、决策，加强部门自身的廉政建设，落实党政联席会、“三重一大”决策、政务公开、民主生活会等制度，出台学生评优评先实施细则，推进系部党建及管理工作持续向好发展，原第一党支部、第二党支部顺利通过基层党组织党建达标验收；紧密结合“双带头人”党支部调整工作要求和系部专业特点，完成“双带头人”党支部调整工作，成立了3个教师党支部和1个学生党支部，党支部建设工作开启新的局面。在学校的年度表彰中，张素敏、曹莹、曹超轶等党员教师被评为优秀共产党员，张艳、汪晔、徐小东、孙颖苏等教师被评为先进工作者，党总支书记韩飚在学校2019年度基层党组织书记抓党的建设工作考核中获“好”等次。

“三全育人”工作得到全面推进，创新开展校友讲坛、女生讲坛、示范寝室、“我的中国年”寒假社会实践等活动，并以旅游管理专业为试点，举办迎新生校园导游大赛和民族传统文化传承与旅游教学实践活动，探索专业技能实践和课程思政元素对接的切合点；抓住清明节、纪念“五·四”运动一百周年、庆祝建党98周年、庆祝中华人民共和国成立70周年等契机，设计专题活动激发大学生爱党、爱国、爱人民的情怀；创新毕业生和迎新生工作，发布毕业生励志微视频《你行》，成功举办2009届学生毕业十周年返校活动；建立2019级新生家长微信群，搭建家校良好的沟通与育人平台，全年未出现重大安全责任事故，学生参与活动人数和获奖人数居历年最高，石向阳、赵妮、程佳慧等3人荣获国家奖学金，63人获国家励志奖学金，197人荣获校级三好学生荣誉称号，566人荣获校级奖学金，107人被评为优秀团员，30人被评为优秀团干部，6个2019级新生班级在学校新生广播操比赛中获奖，人力资源管理172班、人力资源管理182班、物流管理182班等3个班级被评为学校先进班集体，人力资源管理172班团支部、旅游管理172班团支部、物流管理181办团支部、物流管理184团支部等4个团支部被评为学校优秀团支部。细致开展学生资助工作，制定学生评优评先实施细则，走访27户贫困学生家庭，在2223名（其中社招92人，普招2131人）学生中认定困难生561名（其中社招34人，普招527人），协助国家和学校发放国家奖学金2.4万元（计3人），国家励志奖学金31.5万元（计63人），国家助学金184.6万元（计559人），校级奖学金42.9万元（计566人），学费减免4.12万元（计74人），勤工助学金1.03万元（计21人），临时困难补助费2.3万元（计17人）；各类奖、助学金共计268.8612万元，受助学生达1303人次。

加强辅导员队伍建设，继续推进初任辅导员导师工作制，试行辅导员参与专业建设工作，在学校年度评比中，吴建红、赵艳、孙希瑞、孙培英等教师荣获优秀辅导员称号，吴莉莉老师荣获“2018年安徽省优秀辅导员”荣誉称号。群团工作持续推进，分工会“党建+”活动蓬勃开展，并在学校庆祝中华人民共和国成立70周年合唱比赛中荣获二等奖；团总支积极引导学生开展各项团学活动，探索校企合作单位团建工作，系各级学生组织会桥梁纽带作用发挥明显，在学校“春之声”校园文化艺术节、阳光体育文化节、创新创业大赛等活动中，荣获30余项集体奖项，系团总支荣获“芜湖市‘五·四’红旗团总支荣誉称号。

【教育教学】 按照学校2019年最新文件要求，深入进行专业调研，依托校内外实习实训基地，继续推进人才培养模式改革，完善工学交替的人才培养模式。继续扎实日常教学工作，顺利完成2016、2017、2018、2019级四个年级各专业各班教学任务，做好2019届毕业生毕业证发放与文明离校工作，同时做好2017级学生毕业论文、毕业顶岗实习等工作。进一步夯实实习实训教学资源，深化校企合作，实现人才培养质量显著提升。引进供应链管理、酒店信息管理实训软件，新增洲际酒店集团、杭州开元森泊度假乐园、共生物流科技、盒马鲜生、永辉超市、浙江一鸣等多家实习合作企业，成立“旷视物流科技产业学院”“共生班”高级学徒班、“永辉班”高级学徒班、“洲际英才学院”。推进专业与育人融合，抓好新生入校、在校素质培育和毕业离校三个关键节点。创建新生家长微信群，创新入学教育模式，让新生走进企业接受教育，开展迎新校园导游大赛、迎新技能展示服务活动，引导新生亲近专业、认知专业，新生转专业数历年最低。指导酒店职业发展理事会、人力资源管理理事会、茶艺服务团队、宴会管家等多个学生团队开展职业素质活动。制作并发布励志视频《你行》，鼓励2019届毕业生扎实开展顶岗实习，优质完成毕业生返校工作。成功举办2009届毕业生毕业十周年返校活动，创新毕业生联谊和追踪工作。

教学成果方面，共有7门省级MOOC项目完成结项，参与国家级物流信息技术专业教学资源库，主持省级物流信息技术专业教学资源库，1门微课获得全国邮政行业评选一等奖，国家“十三五”规划教材主编参编5本。物流管理专业获批教育部“1+X”项目首批试点认证，2人获得全国“1+X”培训高级讲师，5人获得“1+X”考评员资格，顺利完成首批学员认证，计划100人，参加认证417人，考核通过307人，通过率73.62%。物流管理专业和连锁经营管理专业作为“电子商务”专业群的组成部分成功入选教育部首批“双高”专业群。

【科研与社会服务】 全系教科研项目立项9项(其中省级人文重点3项，校级重点3项，校级一般3项)，建设8项，结项18项，发表论文43篇。先后组织安徽省物流管理专业师资培训(省培和国培)、芜湖市和芜湖县的快递职业技能竞赛和员工培训、河北石家庄职业学校学生培训、校内叉车专项培训等项目，全年共计提供社会服务到账款项72.238万元。

【师资队伍建设】 2019年引进旅游管理、人力资源管理、连锁经营管理专业教师、专职辅导员各1名。共有5位老师实现职称晋升。其中，刘存、张艳晋升讲师职称，殷聿明晋升实验师职称，孙希瑞、孙培英晋升助教职称。全年组织教师各类培训学习交流80多人次。

【重要活动与事件】

1月31日，副校长郑承志深入实习企业看望连锁经营管理专业实习生。

3月8日，副校长郑承志一行赴上海花园饭店看望酒店管理专业实习生，并为校外实训基地揭牌。

3月，酒店管理专业孙希瑞、曹超轶指导学生许桐、程家慧分获得安徽省西餐服务大赛二等奖和三等奖各1项。法义滨、蒲白翎指导学生王南南、徐凡、宋文欣、赵志萍分获安徽省中餐宴会设计大赛二等奖和三等奖各1项。

4月，物流管理专业刘存、殷聿明指导的万康林、宋海、丁志祥、黄涛学生团队获安徽省职业技能竞赛物流赛项一等奖1项。旅游管理专业程质彬、张启全团队指导的万玉莹、赵妮获得安徽省导游服务大赛二等奖2项。

4月11日，物流管理专业被授予安徽省优秀物流教育机构称号。

5月，物流管理专业刘存、殷聿明指导的万康林、宋海、丁志祥、黄涛学生团队获全国职业技能竞赛物流赛项三等奖1项。

5月8日下午，校党委副书记、纪委书记朱光应以《守底线、作表率、做新时代“四有”好老师》为题给工商管理系全体党员教师上党课。

6月，物流管理专业获批教育部首批“1+X”证书制度试点。

6月19日，校党委书记章顺来以《听党话跟党走勇做新时代的奋进者、开拓者、奉献者》为题为工商管理系全体党员师生上党课。

7月1日，快递生产性实训基地、物流信息技术协同创新中心和旅游管理类专业“双师型”教师培养培训基地获得2019年教育部公布《高等职业教育创新发展行动计划(2015—2018年)》项目认定。

7月6日,隆重举办2009届学生毕业十周年返校联谊活动,130多名我系校友重返校园纪念毕业时刻。

7月11日,校党委书记章顺来带领系副主任孙颖苏、酒店管理教研室主任法义滨、教师曹超轶前往上海参加万豪基金会中国旅游教育合作项目——万礼豪程教学研讨年会。

9月1日,承办芜湖市第三届快递行业职业技能大赛。

9月30日,章鋆、张启全、蒲白翎获安徽省教师教学能力大赛二等奖。朱丹、金成龙、赵根良获安徽省教师教学能力大赛三等奖。

10月24日,物流管理专业、连锁经营管理专业作为"电子商务专业群"的组成部分,正式获批教育部中国特色高水平高职专业建设计划拟建单位。

10月26日,人力资源管理专业学生郭文豪、石向阳、江浩祥获第四届"踏瑞杯"全国高职高专人力资源管理技能大赛一等奖,朱丹、陈小云获"优秀指导教师"荣誉称号。

10月27日,物流专业学生程旭、高翔、王峰、宋纪端团队,程晓媛、吕英豪、王夜夜、朱玉龙团队分别获得2019"链战风云"全国大学生智慧供应链创新创业挑战赛(高职组)一等奖和二等奖,韩媛媛、孙培英获"优秀指导教师"荣誉称号。

11月,连锁经营管理专业学生陈广金、朱琰玲、史利吉获得"CCFA零售新星大赛"国赛二等奖,宋林、金成龙获"优秀指导教师"称号。

11月25日,物流管理专业首批"1+X"职业技能等级认证考试顺利开考。

12月12日,酒店管理专业与洲际酒店集团合作开办洲际英才培养学院。

会计系

【概况】 会计系会计专业源于1912年安徽公学商科,至今已有100多年的办学历史。有着深厚的历史积淀和文化传承,多年来,为我国经济建设输送了数以万计的优秀会计人才,毕业生曾以"一把算盘、一支笔"的办学特色享誉大江南北。1999年学院在原会计教研室基础上组建成立会计系。2014年为了专业发展的需要,学校在原会计系的基础上将会计系拆分为会计系和财务金融系,分系后,会计系保留会计、会计电算化、会计与统计核算管理等3个专业。

经过多年的建设发展和国家专业目录调整,会计系现有在校生2300余人,现设有会计、会计信息管理、审计等3个专业。其中会计专业2002年被批准为校级重点专业,2003年被批准为省级教学改革试点专业,2008年被批准为省级示范专业,2011年被学校列入国家骨干院校重点建设专业,并于2014年以"优秀"等级顺利通过教育部验收,2016年被列入安徽省地方技能型高水平大学建设项目,2018年获批安徽省高水平高职专业,在2019年公布的《高等职业教育创新发展行动计划(2015—2018年)》项目认定(教职成函〔2019〕10号)中,会计专业获得国家级骨干专业认定。会计信息管理专业设立于2017年,为学校国家骨干验收奖励资金重点资助建设专业,其前身为会计电算化专业。会计电算化专业2010年被批准为省级特色专业,2011年被列入中央财政支持高等职业学校提升专业服务产业发展能力的建设项目(教职成厅函〔2011〕71号),2013年被批准为省级专业综合改革试点专业,审计专业于2018年首次进行招生。

会计系现下设会计、会计信息化两个教研室,拥有会计和会计电算化两个省级教学团队共计80人,其中,专任教师41人,来自行业企业的兼职教师39人。在专任教师中,拥有省级教学名师3人、省级专业带头人3名、校级专业带头人2名,安徽省会计领军后备人才1人,其中,教授3名,副教授(高级讲师)7名,讲师(实验师)17名,专任教师中具有"双师素质"资格占100%,团队成员平均年龄35岁左右。

会计系在多年的专业建设历程中,围绕培养会计职业人才,不断整合课程体系,精心组织教学安排、优化资源配置，进行人才培养模式方面的创新和改革，先后总结和凝练出“精核算，善理财，能经营，懂公关”“教学做统一，岗证学一体，能力与素质并重”的应用型会计人才培养模式，并不断加以改进和完善，逐渐形成了“岗证学(赛)”“教学做”一体化的应用型会计人才培养模式。并在原有培养模式的基础上，不断探索新的人才培养模式，推动和促进会计转型改革，探索拓展了“大账房班”“中英合作班”“账道会计班”等新的办学模式，在坚持传统办学特色的基础上，坚持将新理念、新事物引进学校，创新办学模式，让学生在校园内接触最新的会计行业发展动态和国外的教学理念，从而让培养出来的学生具有时代气息和国际化视野，在未来的职业发展中能够脱颖而出。经过多年不懈努力，使得毕业生质量稳步提升，得到了用人单位的好评，会计系每年招生和就业均实现了“进口旺，出口畅”，连续多年毕业生一次性就业率在95%以上。其中，会计系2019届毕业生总数751人，就业719人，就业率达95.74%，专升本考取人数137人。

在会计职业技能大赛方面，会计系取得了骄人的成绩。自2008年以来，在安徽省举办的13次全省会计职业技能竞赛中，我校代表队获得12次第一名，13次一等奖。在全国职业院校技能大赛高职组“会计技能”赛项竞赛中，会计团队在2014～2019年共计获得“五金一银”的辉煌成绩，该赛项金牌数位居全国首位，进一步彰显了我校扎实的办学实力。

【党建与管理】 在2018年基层党组织建设验收达标基础上，系党总支总结经验、提前谋划确保2019年党建工作有序开展。一是加强基层党组织建设，深入推进基层党组织标准化建设。党总支严格坚持党政联席会议制度、民主生活会制度和其他相关制度，加强党风廉政责任制建设，严肃党内政治生活，使全体党员增强了党的组织观念。2019年底，党总支圆满完成支部改选，成立教师第一党支部、第二党支部和学生第一党支部，积极转变工作思路，开展特色党建工作。各基层党支部也严格执行“三会一课”制度，进一步学习十九大精神和习近平新时代中国特色社会主义思想理论。二是坚持开展组织生活、民主评议、专题学习、社区共建、志愿帮扶等工作。其中包括观看国家主席习近平2019年新年贺词、进社区“写春联、送祝福”、欢送杨琴老师赴金寨支教、参观芜湖市反腐倡廉教育馆、参观皖南新四军旧址、新发展的学生党员入党宣誓、观看红色影片、党建知识竞赛等特色党日活动。三是严格入党程序，完善入党资料。2019年，系党总支成功举办35、36期分党校培训班，吸收入党积极分子157名，发展学生党员50名，转正学生党员16名。

【教育教学】 教学方面，认真学习贯彻《国家职业教育改革实施方案》《高职扩招专项工作实施方案》《中国特色高水平高职学校和专业建设计划项目遴选管理办法(试行)》《关于在院校实施“学历证书+若干职业技能等级证书”制度试点方案》、教育部关于职业院校专业人才培养方案制订与实施工作的指导意见等文件精神。紧紧围绕着提升人才培养质量、建设地方技能型高水平大学的目标展开工作，依托国家产业转型升级战略和长三角区域一体化发展规划，主动适应市场对智慧化、信息化财会金融人才的需要，按照“共同服务重点领域、职业岗位高度相关、专业基础互补互通、教学资源持续共享”的原则，运用“服务产业高端”的岗位链、“协同人才培养”的能力链构建会计专业集群，申报中国特色高水平专业群。

积极响应国务院关于高职扩招百万的重大决策部署，按照“标准不降、模式多元、学制灵活”原则，会计专业首批社会扩招招收学员63人顺利入学，并有条不紊地实施了教学活动。

启动“1+X”试点工作，获批智能财税“1+X”证书试点单位，积极推行智能财税“1+X”证书制度工作试点，多次参与智能财税“1+X”证书社会评价组织北京中联集团组织的智能财税职业技能等级证书标准与教材资源建设、智能财税职业技能等级证书试点方案、智能财税职业技能等级证书融通方案等研讨会，多次组织老师参加智能财税师资培训，3人被中联公司聘为全国培训导师。面向会计系、财务金融系2017级和2018级选拔200名学生联合参加全国“1+X”智能财税职业技能等级证书的试点考核培训，实际参考学生186人。

组建成立2个2017级“互联网+会计”——账道会计订单班班共计91人，遴选了2批共计

113名同学赴芜湖市各会计师事务所、代理记账公司等校外实习单位进行为期6个月的“跟岗实习”，新增校外实习基地2家。

组织学生参加各类省级以上技能大赛，共获得一等奖5项，二等奖3项，三等奖3项。其中，选派由姚林、李海燕两位老师指导的会计技能团队代表安徽省参加全国高职院校会计技能大赛，以总分第二名的好成绩为我校第五次夺得全国职业院校技能大赛会计技能赛项一等奖，铸就了我校在该赛项“五金一银”的辉煌成绩，是目前全国唯一一所累计五次获得此赛项一等奖的高职院校。获得2019年安徽省职业院校技能大赛高职组会计技能大赛一等奖、审计技能大赛一等奖1项，三等奖1项，企业资源管理技能大赛二等奖1项，2019年安徽省大学生创新创业ERP管理大赛二等奖1项，三等奖1项；2019年安徽省大学生财会技能创新大赛（高职组）一等奖1项，二等奖1项；第二届“福思特杯”全国职业院校审计技能大赛一等奖1项，第八届“挑战杯·中国联通”安徽省大学生课外学术科技作品竞赛三等奖1项。

获批主持安徽省教学成果奖一等奖、会计教师教学创新团队、会计信息管理专业教学资源库等省级质量工程项目8项，新增省级教坛新秀1人，获批主持校级质量工程项目5项。积极推进大规模在线开放课程建设，新增获批管理会计、政府会计实务2门省级大规模在线开放课程，完成4项省级大规模在线开放课程结项，推进微课、翻转课堂建设，获得安徽省教师教学能力比赛二等奖1项，扩大教学资源的共享，实现主干课程网络化、精品化，教学方法和手段现代化、开放化，新出版教材17部，其中，国家级规划教材2部，省级规划教材2部。

会计系在2019年的教学方面还完成了创新发展行动计划骨干专业建设总结、深度推进校企合作拓展、国家十三五规划教材申报、教学科研项目申报、社会服务到账经费任务落实等工作。在日常教学方面，能严格要求，强化教学管理，积极实施月考制度，发挥专业带头人和骨干教师的带头作用，激发大家的工作热情，全年教学工作有序开展，多次受到教务处、督导室等主管部门的褒奖。

学管方面，2019年，会计系引进1名专职辅导员，现共有7名专职辅导员，分别兼任系部党建、资助、就业、心理健康教育等工作。系总支不断加强辅导员队伍建设，积极开展辅导员、思政一体化平台建设工作。4名辅导员荣获校“优秀辅导员”称号，1名辅导员荣获安徽省高校辅导员精彩主题班会大赛二等奖。

坚持党建带团建，加强团的建设，尊重团员主体，充分发挥学生自我服务、自我管理、自我教育、自我监督作用，重点做好组织建设、制度建设、阵地建设、信息化建设等工作。在院团委指导下，系团总支顺利完成第十六届学生会换届工作，并成立第一届系团总支组织。团结带领全系团员青年，以提升学生综合素质为目标，顺利完成新生报到、军训、团员教育、团支部建设、文艺活动、体育竞赛、志愿服务、社会实践等工作，并在校级比赛中多次荣获“优秀组织奖”。

认真开展奖、助学金评定工作。认定家庭经济困难学生594人（普招566人，社招28人）；评定国家助学金590人（普招564人，社招26人），发放助学金194.8万元；4名同学获安商奖学金，发放奖励8000元；获国家励志奖学金61人，发放奖励30.5万元；获国家奖学金3人，发放奖励2.4万元；615人获得优秀学生奖学金，评定“三好学生”195人，“优秀学生干部”145人。完成家庭经济困难学生走访28户，此外还通过临时困难补助、勤工俭学、学费减免等多途径资助家庭经济困难。

高度重视心理健康教育，组建心理健康教育队伍，根据“3·25”“5·25”“10·25”“12·5”工作节点开展形式多样的心理健康主题教育活动。组织学生积极参与心理健康知识培训，做最好的自己·世界微笑日活动，说出你的爱·感恩母亲节活动，21天学习打卡活动，大学生情绪管理主题讲座，户外心理素质拓展活动，心理健康主题板报/手抄报比赛等活动。在全系范围积极宣传心理健康知识，营造关注心理健康、重视心理健康的氛围，助力学生健康成长和全面发展。

【科研与社会服务工作】 不断加强科研工作，积极服务区域经济发展，全年共申报并获批安徽省教育厅人文社科重点项目2项，获批校级“三平台两基地”招标重点项目11项，校级一般项目（人文社科）11项，教师共发表论文33篇，其中，三类14篇，公开出版主编教材17本，其中国家级规划教材2部，省级规划教材2部。在社会服务方面，积极开展了会计专业技术资格、自学本科考试辅导、专升本升学辅导等各类非学历培训班辅导活动，服务人次达60000人次，为企事业单位举办学术讲座10余场，会计专业主干课程题库建设社会服务到账经费达12万元。

【师资队伍建设】 全年职称晋升副教授1人，晋升助教4人，2位教师享受校内副教授待遇，2位教师享受校内讲师待遇，教师职称结构得到优化。选派1名教师赴泰国进行“一带一路”汉文化交流，3人攻读博士学位，10余名教师到校外实习基地学习培训，2名教师担任国家级会计技能大赛的指导老师，6名教师担任省级会计技能大赛的指导老师，50多人次教师国内短期学习交流培训。选派1名教师到安徽金寨职业学校对口支教。鲁静、赵春宇、凤麟老师荣获2019年安徽省职业院校教师教学能力大赛二等奖。2018年，会计系引进1名专职辅导员，现共有7名专职辅导员，分别兼任系部党建、资助、就业、心理健康教育等工作。系总支不断加强辅导员队伍建设，积极开展辅导员、思政一体化平台建设工作。4名辅导员荣获校“优秀辅导员”称号，1名辅导员荣获安徽省高校辅导员精彩主题班会大赛二等奖。

【重要活动和事件】

1月17日，李忠校长、会计系主任王珠强、会计信息化教研室主任曹方林一行3人赴安徽金寨职业学校，慰问会计系支教老师何良启，为他送去了学校的温暖和问候。

2月16日，由会计系牵头，2019年安徽省职业技能大赛“会计技能”赛项说明会在我校顺利举行，省内30多所院校指导老师、领队及企业专家参加了本次赛项说明会。

2月21日，校党委委员、副校长郑承志，组织人事处副处长郑晓明，会计系副主任鲁学生一行三人，带着全校师生浓浓的重托，迎着革命老区的新年瑞雪将杨琴老师送达支教学校——安徽金寨职业学校，杨琴老师从何良启老师手中接过支教接力棒，正式开展为期一年的支教工作。

3月1日下午，由91名同学组成的会计系第三届“互联网+会计”订单班——2017级“安徽商贸账道会计班”顺利开班运行。北京安平融信有限公司总经理、账道公司创始人杨树军，北京账道会计管理有限公司执行总裁张梅玲，学校党委委员、副校长郑承志，教务处兼校企合作处处长汪伟出席开班典礼。

3月10日，由何亚伟老师和徐瑞老师指导，由会计系2017级王祖璇、贾璐、夏运玲、王惠、李文静5位同学组成代表队赴合肥参加2019年安徽省企业资源管理技能大赛，最终获得团体二等奖。

3月13日，山东水利职业学院经济管理系主任牟宗山一行赴我校交流学习，会计系党总支书记丁增稳、系主任王珠强、系副主任鲁学生以及相关等教师参加交流座谈会。

3月23日，由安徽省教育厅、安徽省经济和信息化厅、安徽省人力资源和社会保障厅联合主办的2019年安徽省职业院校技能大赛（高职组）“会计技能”赛项在我校成功举办，来自全省41所兄弟院校的41支代表队164名选手前来参赛。会计系代表队在此次比赛中，喜获全省第一名。

3月30日，由贾成海、弋兴飞两位老师指导，周慧媛、魏佩佩、刘敏、况紫薇、吴清、马亚楠、郑业绪、邵芸芸8人组成的两个参赛队伍赴安徽审计职业学院参加2019年安徽省职业院校技能大赛（高职组）“审计技能”大赛，经过激烈角逐，两只代表队分别获得一等奖、三等奖各一项的好成绩。

4月30日—5月5日，会计系部分骨干教师赴芜湖碧桂园封闭进行文件学习、交流，撰写材料，积极参与申报中国特色高水平高职学校和专业群，其中会计专业群，由会计专业、金融专业、会计信息管理专业、财务管理专业按照“共同服务重点领域、职业岗位高度相关、专业基础互补互通、教学资源持续共享”的原则，运用“服务产业高端”的岗位链、“协同人才培养”的能力链的组群逻辑，基于打造“智慧财金”信息化高素质技术技能型人才组建而成。

5月26日，由何秀秀、赵春宇两位老师指导的刘敏、周慧媛、况紫薇三位同学赴南京参加第二届“福思特杯”全国职业院校审计技能大赛，经过选手的沉着应战，不畏强手，最终勇夺团体一等奖。

6月1日，在由教育部、天津市人民政府、国家发展和改革委员会等35个部门(单位)联合主办、天津职业大学承办的2019年全国职业院校技能大赛高职组“会计技能”赛项中,由代自豪、刘文文、罗燕、江慧四位同学组建的代表队,在李海燕、姚琳两位老师的指导下,凭借过硬的综合素质、娴熟的专业技能,经过一天的激烈鏖战,力挫群雄,最终以第二名的好成绩荣获全国一等奖,为我校赢得了“五金一银”的美誉。

6月5日,会计系召开2019年会计类专业人才培养方案专家论证会,安徽中电兴发与鑫龙科技股份有限公司财务总监陶黎明、芜湖市新中天会计师事务所董事长李宏政、北京安平融信会计服务有限公司总经理杨树军等五位校外专家应邀参加了会议。

6月13日,山东电子职业技术学院财经金融系主任董红一行赴我校交流学习,会计系主任王珠强、财务金融系主任胡增芳、会计系副主任鲁学生、会计信息管理教研室主任曹方林、大赛指导教师姚琳等参与了接待与交流。

7月1日,教育部公布《高等职业教育创新发展行动计划(2015—2018年)》项目认定(教职成函〔2019〕10号),我校会计专业获得国家级骨干专业认定。

9月24日,校党委委员、总会计师王炜、会计系主任王珠强、夏菊子、赵春宇一行,赴北京参加智能财税“1+X”职业技能等级证书试点工作说明会。王炜作为安徽省职业院校代表,在会上作了题为“1+X”证书制度推进职业教育转型发展的主题报告,就我校的办学历史、专业特色、校企合作、产教融合、“1+X”证书制度的具体落实等内容进行了汇报,并就智能财税职业技能等级证书的试点工作给出了具体可行的实施指导意见,得到了与会专家的一致认可。

11月5日上午,山东外贸职业学院财会金融系主任卢吉强一行来会计系交流学习,系主任王珠强、副主任鲁学生、教研室主任赵春宇、曹方林参加了交流座谈会。

11月23日,由校党委委员、总会计师王炜带队,会计系主任王珠强、教师何亚伟同行,应邀赴蚌埠参加了由安徽财经大学牵头组织的2019年安徽省会计学者论坛暨安徽省会计教育协同发展中心成立大会,何亚伟投稿论文获得了二等奖并在会上做了分享交流。

12月28日,我校智能财税“1+X”职业技能等级证书顺利开考,来自会计系、财务金融系的188名同学参加了本次考试。

12月27日上午,无锡商业职业技术学院会计金融学院副院长苑梅一行赴会计系交流学习,会计系党总支书记丁增稳、会计系主任王珠强、副主任鲁学生、教研室主任赵春宇、曹方林,以及会计技能大赛指导教师参与了交流学习。

财务金融系

【概况】 财务金融系现有金融管理、投资与理财、财务管理、信用管理四个招生专业,其中金融管理专业和财务管理专业于2013年获批为“省级特色专业”、2017年均为“省级综合改革试点专业”,金融管理专业于2019年获批“国家骨干专业”,投资与理财专业于2010年获批为“校级特色专业”,信用管理专业于2017年首批招收学生,并获得当地政府部门的支持。目前设有金融管理教研室、投资管理教研室、财务管理教研室三个教研室。金融管理教学团队和财务管理教学团队均为“省级教学团队”。在校生1468人,其中金融管理专业482人,投资与理财专业296人,财务管理专业538人,信用管理专业152人。社会招生151人,其中金融管理专业61人,财务管理专业90人。

【党建与管理】 现有3个党支部,50名党员。注重对青年教师和高学历教师的引导、培养,发展1名预备党员。开办2期入党积极分子培训班,91名学生参加党校学习。优化支部设置,制定加强支部建设对策建议,并严格落实。认真做好党员民主评议工作。获评校级“优秀共产党员”2人。扎实做好思想政治工作,推广“学习强国”学习平台,推动学习平台的各项学习活动;深入开展“师德师风”专题教育活动,组织召开“师德师风”专题教育动员部署会;高度重视安全稳定工作,切实把维护学院稳定作为工作的重中之重。

【教育教学与人才培养】 教学成果方面，获批省级大规模在线开放课程(MOOC)示范项目2项；省级教学成果奖二等奖1项。教师指导学生参加各专业技能竞赛共获省级一等奖2项、二等奖4项，行业赛一等奖1项、三等奖2项。教师技能大赛获省级一等奖1项。

校企合作产教融合方面，为了紧跟现代财会类、金融类服务业的产业升级，借助国家大力发展"普惠金融""互联网金融""财务大数据"的政策导向，围绕财务管理、金融管理、投资与理财、信用管理等高水平技能型人才的职业能力特点，加强与现代财会类、金融类服务行业和企业的联系，建立了现代化校内外实训基地，成立了全校第一个混合所有制特征的二级学院"迪科金服学院"，组建了侧重于境外证券交易的"哥伦布金融量化班"，开设了主要面向上市公司财务数据采集和分析的"国泰安财务数据班"，让学生在校期间能够"学习求真务实做人之道理，提升财务金融生存之技能"。

学生工作方面，坚持以学生成人成才成功为落脚点，扎实做好各项日常管理教育和服务工作，培育学生的科研能力、创新创业能力，提升学生的综合素养。积极组织各种活动充实学生的学校生活，如第五届系部运动会、"安信TALK"杯公益演讲比赛、安全知识竞赛、"商贸杯"第八届女子篮球赛、"商贸杯"第六届乒乓球团体赛、"商贸杯"第六届羽毛球团体赛、迎新年文艺晚会等活动，充实了学生的课余生活，丰富了学生的精神世界。获校商贸杯"第八届学生女子篮球赛亚军；校"商贸杯"第六届女子乒乓球团体赛冠军；校第六届"商贸杯"羽毛球团体赛冠军。校先进班集体2个。校三好学生130人、优秀学生干部95人。全年共有2人次获国家奖学金、360人次获校级奖学金，20人次获企业奖学金。开展贫困生回访和特殊困难学生慰问，走访安庆岳西、六安霍山、霍邱、金寨等地的14名受助学生家庭；37人次获国家励志奖学金、394人次获国家助学金、51人次学费减免。加强学生就业工作，毕业467人，8人获得品学兼优毕业生称号；继续完善、拓宽学院就业专题网站；积极拓展就业市场，与3家企业建立了校企合作关系。

【科研与社会服务】 科学研究方面，获批校级及以上重点项目7项，校一般项目5项，省级优秀青年人才支持计划重点项目一项。为体现"深化教育教学改革、创新人才培养模式、促进产教融合、加强技能教学"的理念，承办了2019年安徽省B类赛事——安徽省大学生财税技能大赛(高职组)。与深圳市哥伦布数据科技有限公司、安徽迪科数金科技有限公司、浙江衡信教育科技有限公司、安徽国泰安数据科技有限公司等签订了教育培训服务合同、产学研测评合同数份，全年社会服务到账金额12余万元。

【师资队伍建设】 现有教师59名，其中校内专任教师增加到31人，校内兼课人员11人，校外兼课教师18人，校内专职辅导员4名。系部教师的学历、职称层次均有提高，今年引进2位校内专任教师，1名专职辅导员，均为硕士学历。校内专任教师中，高级职称教师10人，中级职称教师8人，持有"双师型"证书的教师17人，省级教学名师3人，省级专业带头人2人，省级教坛新秀3人。7月，余迎昕、李慧君、马静团队获得安徽省教师教学能力大赛一等奖。

【重要活动与事件】

为了提高学生专业技能水平，增强岗位实践能力、提高专业质量建设水平，在系部形成"以赛促教、以赛促学、以赛促改、以赛促创"的良好局面，1月4日举办了"银石杯"证券投资技能大赛、1月5日举办了银行业务综合技能大赛、"衡信杯"财税技能大赛。

为进一步深化产教融合、校企合作的育人机制，跟进和优化财务管理专业实践教学体系，稳步推进我校地方技能型高水平大学建设工作，1月10日，财务金融系党总支书记徐翔、主任胡增芳、财务管理教研室主任夏菊子、16级财务管理专业辅导员袁方一行深入安徽航天信息科技有限公司芜湖分公司开展考察调研并看望顶岗实习学生。

1月19日下午，财务金融系党总支书记徐翔、系主任胡增芳、金融管理教研室主任胡艳，前往安徽迪科数金科技有限公司芜湖分公司，参加迪科金服学院奖学金颁发及实习结业典礼，安徽迪科数金科技有限公司芜湖分公司总经理康维胜等企方代表也参加了此次典礼。

为了展现我系蓬勃向上、永不言败的精神

风貌，发扬“更高、更快、更强”的奥林匹克精神，3月3日上午，第五届系部运动会在学校体育场举行。

为了提高思政理论课教学效果，增强同学爱国主义意识，学习革命先烈精神，坚定理想信念，在思政理论课教师魏强、系党总支书记徐翔、系团总支书记陈立弘的带领下，信用管理181班于3月7日上午参观了王稼祥纪念园。

为了增强了党组织的凝聚力和党员的团队精神，提高植树造林和保护生态环境的意识，3月20日下午，系部全体党员在校园内开展义务植树活动。

依据《安徽商贸职业技术学院教研室工作管理办法》的要求，4月3日下午，2018年度教研室主任考核工作会在系部会议室召开，考核组由系党总支书记徐翔、主任胡增芳、副主任丁婷及随机抽取的教师代表组成，教务处教材科科长杨玉龙代表教务处到场参会，财务金融系全体老师列席参加。

为进一步深化产教融合、校企合作的育人机制，优化投资与理财专业专业的实践教学体系，稳步推进我校地方技能型高水平大学建设工作，4月27日至28日，胡艳、李慧君和李刚奔赴南京和上海两地，对往届优秀毕业生就行了走访调研。

为了提高金融风险意识，4月29日晚上，“安信TALK”杯公益演讲比赛选拔赛在砺能楼四号楼录播厅举行。

为了深入细致地宣传安全知识，5月30日晚上，系党总支举办的安全知识竞赛在笃学楼516教室举行。

为完善2019级专业人才培养方案，2019级专业人才培养方案系内讨论会、专家论证会分别于6月5日、6月11日在系部会议室举行。

为了巩固和拓展财务金融方面的基础知识和基本技能，6月5日下午，第五届“财务金融基础知识暨基本技能大赛”在砺能楼4号楼举行。

6月12日，为了更好地推动校企合作、双元育人的实践，第四批“迪科金服学院”学员42人选拔成功，第三批“哥伦布金融量化班”22名学员选拔成功。

为进一步加强沟通与交流，相互学习先进工作理念和经验，提升教学工作成效，安徽机电职业技术学院经济与贸易学院院长笪秉宏、安徽财贸职业学院茂荫学院副院长方春龙分别于6月14日、6月25日赴我系交流学习。

7月16日，教育部公布《高等职业教育创新发展行动计划（2015—2018年）》项目认定结果，我校金融管理专业获批“国家骨干专业”，成为高职专业领域的标杆。

7月上旬，经过精心选拔和组织，由余迎昕、李慧君、马静三人组成的团队获得安徽省教师教学能力大赛一等奖。

为了让学生理性的认识所学专业，信用管理专业、财务管理专业、投资与理财专业、金融管理专业分别于9月17日、9月18日开展了专业介绍，同时邀请中国人民银行芜湖中心支行李晟女士、中科大智能金融联合实验室副主任朱日全先生为全系师生做学术讲座。

11月2日，由安徽省教育厅主办、我校承办2019年安徽省大学生财税技能大赛在砺能楼四号楼举行，经过三个半小时的激烈角逐，财务管理专业组成的参赛队代表获得了团体一等奖的好成绩。

为了积极探索金融类应用人才培养新方式和校企双元育人新思路，实现专业服务产业、服务区域经济的能力，11月28日下午，由我校和安徽迪科数金科技有限公司共同主办的2019年安徽省金融类应用人才培养高峰论坛在合肥举行，《中国青年报》《中国教育报》《安徽日报》《万家热线》对此进行了报道。

为贯彻学校“迎接机遇挑战 强化使命担当”大讨论精神，推动学校“双高计划”建设，“迎接机遇挑战 强化使命担当”大讨论于12月18日下午在系部会议室召开，讨论会由系党总支书记徐翔主持，校党委委员、组织人事处处长高道友出席了本次讨论。

为了以赛促教，助力“双高”建设，2019年校级技能大赛于12月25日顺利举行。本次技能大赛包括“衡信杯”大学生财税技能竞赛决赛、“哥伦布杯”证券投资技能大赛决赛和银行业务综合技能竞赛决赛。

电子信息工程系

【概况】 电子信息工程系成立于2000年，现设有移动互联应用技术、数字媒体应用技术、云计算技术与应用、电子商务技术、电子信息工程技术、物联网应用技术、大数据技术与应用、移动应用开发等8个专业，形成了以“云智大物移”为突破的专业结构新格局。其中，国家高等职业教育创新发展行动计划骨干专业1个、协同创新中心1个；安徽省地方技能型高水平大学重点建设专业2个，省级综合改革试点专业3个，省级特色专业2个，省级精品专业1个。拥有省级计算机应用示范实验实训中心1个，省级校企合作实践教育基地2个，卓越人才教育培养基地2个，省级教学团队1个。

电信系目前拥有专兼职教师90余人，其中专任教师57人，占63.3%，长期外聘的行业企业兼职教师37人，占36.7%。专任教师中拥有省级专业带头人2名、省级“教坛新秀”4名、院级专业带头人5名。专任教师中拥副教授职称16名，98%具有硕士学位，92%的专职教师具有“双师”素质。近三年以来，累计获批教研项目29项，科研项目31项(不含辅导员专项)，授权专利61个(其中发明专利2个)。现拥有Apple IOS开发、云计算、计算机网络、图形图像处理、电子生产工艺、生产制造企业信息化CDIO等33个实验实训室，实验实训设施在同类院校中具有领先水平。

电信系先后与相关企业联合成立了安徽商贸职业技术学校-鼎捷软件信息化学校、华三(H3C)网络学校、思科网络学校、ADOBE数字艺术中心、ATA一级行业考试中心、微软课程合作院校等校内实验实训基地，将企业标准、企业项目、企业职业情境、企业工程师引入学校直接参与人才的培养。积极推行“双证书”制度，先后开展了华三网络工程师(H3CNE)、全国信息化工程师(易飞ERP应用师)、ERP工程师职业能力、微软产品认证专家(MCP)、ADOBE产品认证专家(ACP)、AUTODESK公司AUTOCAD认证、计算机程序员(中级)、计算机辅助设计绘图员(中级)、电子设备装接工(中级)等职业技能和职业资格认证工作，有力提高了学生的实践动手能力。2019年，开展“1+X”证书制度试点工作，首批培训认证已实施完毕，通过率均高于全省平均水平，其中“云计算平台运维与开发”通过率为30%，全省排名第二，全国排名第五，远高于全国平均水平(16.87%)。

【党建与管理】 2019年，电信系党总支落实全面从严治党责任，在党建工作、“三全育人”综合改革试点工作、意识形态工作、学生管理工作和教职工、学生的文体活动等方面有序开展各项工作，圆满完成了预期工作目标。

加强理论学习，强化思想政治教育。党总支支委中心组学习12次，教职工理论学习18次。分别在4月、6月、7月组织党员开展革命精神学习和继承，赴合肥渡江战役纪念馆、芜湖烈士纪念馆、黄山岩寺新四军军部旧址参观学习，传承革命精神。组织教师学习习近平总书记在学校思政课教师座谈会重要讲话精神，开展电子信息工程系教职工首届“师德师技”专题知识竞赛等活动。按照“一岗双责”的要求，总支书记、系主任与学校党政领导签订《2019年度意识形态工作责任书》，并要求党总支下属两个党支部、团总支、教研室等负责人与系党政班子签订《电子信息工程系2019年度意识形态工作责任书》，层层压实意识形态工作责任，进一步固化意识形态工作的责任机制。

多措并举，推进“三全育人”综合改革试点工作。通过实施课程寻梦工程、科研追梦工程、实践践梦工程、文化引梦工程、网络织梦工程、心理验梦工程、管理助梦工程、服务聚梦工程、资助圆梦工程、组织凝梦工程十大育人体系，开展十大“筑梦”育人工程，不断提升系部教职工全员全过程全方位育人工作水平。8月，系党总支全面总结三全育人中期成果，经省教育厅组织专家评审，获评优秀等级，在全省申报的高职高专学校中是唯一的一所。

落实全面从严治党，继续推进基层组织标准化建设。严格规范程序，将政治标准放在首位，培训入党积极分子139人，组织发展对象培训1次，发展党员48名，转正学生党员21名，教师党员培训学时均超过32学时，学生党员组织了2次专题培训。两个支部全年共召开各类学习、教育会议分别为74次和84次。系党总支荣获先进基层党组织荣誉称号，第二党支部获得学校先进基层党组织荣誉称号，1名党员被评为优秀党务工作者，4名教师党员被评为优秀共产党员。

创新组织生活，发挥党员先锋模范作用。党总支牵头在微信公众号开辟了“党员课堂”栏目。定期组织党员和学生积极分子为社区开展维修家电、少儿编程、关爱留守儿童、慰问孤寡老师等服务，2019年，党员进社区服务活动被芜湖主流媒体报道2次，“三单制”志愿服务项目应邀参加芜湖市团干培训优秀工作案例交流。

落实“一岗双责”，进一步加强党风廉政建设。根据学校全面从严治党要求，党政班子研读党风廉政建设责任书、安全稳定责任书内容，把党风廉政建设列入部门的工作会议，党政联席会议学习有关党风廉政建设的文件精神及规章制度。开展党性、党风、反腐倡廉、廉洁自律教育。认真组织全体教职工参与反腐倡廉、廉洁自律教育活动，进一步提高思想认识。

【教育教学】 持续优化专业结构与布局。结合区域经济发展和市场人才需求，电信系以地方技能型高水平大学重点建设专业人才培养模式改革为突破，在学校“十三五”教育事业发展规划框架下，逐步提炼各专业特色，动态调整在校学生规模及结构。将市场供求比例、就业质量作为设置调整专业、确定培养规模的重要依据。紧密对接安徽四大区域板块国家战略，建设适应需求、特色鲜明、效益显著的专业群，优化专业布局和功能分工，积极调整和优化现有部分专业或专业方向，加大对传统专业的改造和调整力度，努力实现专业与产业的有机对接。2019年，移动互联应用技术专业获批国家高等职业教育创新发展行动计划骨干专业，云计算应用技术获批协同创新中心。

稳步推进校企合作、产教融合。深化与现有合作企业的紧密合作，继续与安徽兄联信息技术有限公司开展深度合作，采取冠名班的形式，将企业工程师和专业教师混编组建实践教学团队，利用企业真实案例，按照企业新进员工的内训标准开展教学。第二届冠名班已完成选拔、培训工作，59学生已进入学习实践环节，选派陶健老师全程跟班管理，同时实质性参与企业实践项目。探索与新合作企业的合作途径，与安徽视趣网络科技有限公司成立“新媒体学院”，校企双方联合建立了微创业创客工作室，对学生进行创新创业培训，孵化学生科技创业项目。公司成立校企合作项目部专门负责学生和专业教师的培训和教学工作；在公司项目小组中增设学生实习工位，接纳优秀学生参与企业生产性项目；抽调公司工程师担任“新媒体学院”专业实践教师，指导学生实习实训。首届两个视趣班95名学生已全部完成选派工作，其中1个班级已进入校内跟岗实习阶段。

不断强化人才培养模式改革与专业建设工作。加强专业建设调研，连续持续更新专业招生目录，进行专业结构的优化和新专业的开发。在原有专业基础上，2019年新增设大数据基与应用专业并正式招生，已形成了具有自身特色、集电子信息、物联网、云计算、大数据、电子商务技术、移动互联、数字媒体等领域于一体的高素质技术技能型人才培养专业体系。以就业为导向、以能力培养为主线、以培养应用型人才为目标，完善修订2019级各专业人才培养方案。积极落实学生学业考核评价办法改革，实施了以大学生专利创新创业大赛成果替代毕业设计的措施，2019年大赛作品替代毕业设计的比例约20%，比上学年提高了约15个百分点；实施了学生参加校级技能大赛，用竞赛成绩替代本学期相关专业课程期末考核。第二课堂建设成效明显，共计获奖13项，其中省级7项，校级6项。获奖数量和质量较往年有较大提高。

【科研与社会服务工作】 2019年，获批省级质量工程项目11项，校级质量工程4项。其中MOOC 1项，教坛新秀2项，精品课程1项，教学研究项目3项，教学成果奖4项。

获批各级各类科研项目12项。其中省高校自然科学重点项目1项，校级平台基地项目7项，校级一般项目（自然科学）4项。累计授权专利12个，其中发明专利2项，实现了新的突破。由周正贵老师指导、余浩强等同学参与申请的实用新型专利“一种车间分拣过渡箱”已经国家知识产权局授权，该作品在第八届芜湖大学生专利创新创业大赛中，获得一等奖。

师生累计完成社会服务项目8项，为政府、企事业单位提供咨询、技术服务6项，为企事业单位员工提供培训1项。其中，新媒体学院师生承接技术服务包括趣头条、百家号、头条号等国内知名短视频平台的45个账号的日常运营维护工作，运维项目22个，校企双方获利约8.4万元，系部生产性技术服务到账额实现零突破。

【师资队伍建设】 2019年电信系1人晋升副教授专业技术职务，2人晋升讲师。新增报4名教师为“双师型”教师。目前共有高级双师型4人，中级14人，初级11人，专业教师职称结构得到持续优化。全年选派教师参加包括国培、省培项目在内的各级各类培训，累计参训项目22项、32人次；选派专业教师到企业顶岗实践，提升教师职业能力16人次，其中要求新进教师必须到企业顶岗实践1个月。

【重要活动和事件】

2月27日，我系组织承办2018年安徽省职业院校技能大赛（高职组）“信息安全管理与评估”“计算机网络应用”两个赛项。我系代表队在此次比赛中均获一等奖。

6月14日，召开了各专业建设指导委员会2019年年会。芜湖传媒集团、南京第五十五所技术开发有限公司、芜湖数安桥数据科技有限公司、安徽恒灿通信技术服务有限公司、惠国征信服务有限公司、上海标杆信息科技有限公司、德力西电气（芜湖）有限公司、亚龙智能装备集团股份有限公司、北京新大陆时代教育科技有限公司、安徽兄联信息技术有限公司等11家企业的专家应邀参会。学校总会计师王炜、教务处副处长卜天然，电信系党总支书记吴松飞、各专业带头人出席会议。会议由吴松飞主持。

6月16日，2019年全国职业院校技能大赛高职组计算机网络应用赛项在福建信息职业技术学院平潭校区圆满落幕。本届大赛共有来自全国职业院校的111支代表队、333名选手参赛，并邀请台湾东南科技大学和重庆工程职业技术学院外国留学生代表队一同参赛观摩。经过激烈角逐，由我系程才、万和彬、叶志宏三位同学组成的代表队凭借扎实的专业技能，以总分第四名的成绩勇夺团体一等奖，指导老师陈军、周洋获“优秀指导教师”称号。

6月19日，我系数字媒体应用技术专业“新媒体学院”揭牌仪式在弘商楼二楼三号会议室举行。学校副校长郑承志、学校教务处、校企合作处处长汪伟、电子信息工程系主任阮进军、电子信息工程系教研室主任及专业带头人、数字媒体技术教研室专业教师，中国凤凰网安徽执行总编辑张翔、安徽视趣网络科技有限公司董事长汪万兴、总经理夏志刚，“新媒体学院”2018级部分学生代表参加仪式。

7月4日，我系举办了移动应用开发专业人才培养交流会，来自我省开设了移动应用开发专业兄弟院校教师齐聚一堂，共同就该专业改革建设展开交流研讨。昆山富士优贸易有限公司褚道奇总监、正崴集团上海标竿信息科技有限公司高级讲师房怀安应邀参会。

9月11日，学校组织人事处来我系宣布校党委关于调整电子信息工程系党总支书记的决定：胡传山同志任电子信息工程系党总支书记；免去吴松飞同志电子信息工程系党总支书记职务。校党委副书记、纪委书记朱光应，组织人事处处长高道友，系主任阮进军及部分教师、辅导员代表参加会议。会议由高道友主持。

9月26日至9月27日，由全国工业和信息化职业教育教学指导委员会主办、厦门城市职业学院承办、东软教育科技集团协办的第十届全国职业院校计算机系主任年会在厦门隆重召开。系主任阮进军、云计算技术教研室主任芮坤坤和专业教师殷西祥受邀参加本次会议。阮进军在“高水平专业群建设”分论坛上做了“移动互联专业群建设探索与实践”主题报告，报告从专业介绍、专业建设探索与实践、建设成效三方面全面介绍了我校移动互联专业群建设的特色做法和成果，受到了参会者的一致好评。

12月1日至4日，由中国计算机学会（CCF）主办、CCF职业教育发展委员会（CCFVC）承办、海南软件职业技术学院协办的2019年度CCF职业教育大会日前在海南琼海举行。系主任阮进军、信息管理中心主任韩成勇等教师受邀参会。阮进军受邀作了题为《高职校企“双主体”育人机制探索与实践》的主题报告，报告以我校近年良好改革发展态势为背景，介绍了校企双方“双主体”在协同育人过程中进行的实践、遇见的问题、采取的对策以及取得的经验。报告观点新锐、案例丰富，受到了与会专家和同行的好评。

12月下旬，为更好地发动全系教师积极投身学校“双高计划”建设，营造“人人支持建设、个个参与建设”的浓厚氛围，组织各教研室深入开展了“迎接机遇挑战 强化使命担当”大讨论。

12月25日，举办2019年各专业学生技能大赛。本次大赛共设置虚拟现实设计与制作、移动互联网应用软件开发、云计算网络应用、物联网应用技术、PLC技术应用、移动应用创新6个项目。大赛分初赛和决赛两个环节，其中初赛已于11月18日举行，参赛规模覆盖全体学生。决赛环节共选拔了39个参赛团队（不含个人赛项）、151名学生参加。

12月26日至28日，全国首批“1+X”云计算运维与开发与web前端开发职业技能等级证书认证考试在我校开考。

在2019年全国职业院校技能大赛（高职组）的比赛项目中，我系获得团体一等奖2项，二、三等奖各1项。在2019年安徽省职业院校技能大赛（高职组）比赛项目中，我系共获得团体一等奖3项、二等奖3项、三等奖2项。教师指导学生参加安徽省“互联网+”大学生创新创业大赛获奖13项，其中省级7项。

艺术设计系

【概况】 艺术设计系是安徽商贸职业技术学院最富特色、活力和创造力的系部之一。该系成立于2003年，设景观与建筑装饰、视觉传达、数字创意三个教研室，开设艺术设计、视觉传播设计与制作、动漫设计、建筑装饰工程技术、产品设计、风景园林设计等6个专业。现有国家骨干高职院校重点建设专业1个，省级特色专业1个，安徽省地方技能型高水平大学暨高职创新发展计划重点建设专业1个，省级综合改革试点专业3个，安徽商贸职业技术学院创新平台建设专业1个，省级实验实训中心项目1项，省级大规模开放课程两项，省级精品线下课程1项。

经过多年教育教学改革，艺术设计系已构建了符合高职艺术设计教育规律和本质要求的多渠道、多层次、多学科交叉渗透、协调发展的开放式办学格局，在多年“大平台、多方向、工作室”制人才培养模式探索的基础上，推行“三站两室一坊”工学结合人才培养模式，致力于培养适应改革开放市场需求的、适应经济发展需要的复合型、高素质、创新型设计人才，目前下设教师工作室6个，办学十余年来已为社会输送了13届毕业生，就业率达97%，其中许多学生自主创业，大多数毕业生成为企业骨干、行业中的佼佼者。2019年毕业生205人，初次就业率97.56%。

【党建与管理】 艺术设计系现有教师党员24名，设立一个党总支，魏力任书记，总支委员5人。下设教师、学生两个支部。2019年，艺术设计系党总支秉承“以党建促发展，以发展强党建”的理念，以“不忘初心，牢记使命”主题教育为契机，开展“党建+”工作模式建设，提升党建工作水平，进一步发挥党在一切工作中的领导作用。围绕学校中心工作，着力打造“爱生”系部，服务学生成长成才，全面推进系部改革发展。在这一系列工作成效的基础上，总支在今年成为全省党建工作标杆院系培育创建单位，并纳入全省城市领域基层党建“领航”计划培育库。

2019年，艺术设计系党总支把常规政治学习落到实处，抓好支部建设、党校等基础党建工作，以“不忘初心，牢记使命”主题教育、基层党组织标准化建设为抓手，结合党风廉政建设、三个以案警示教育等活动，扎实推进“不忘初心，牢记使命”主题教育，高质量完成了4次专题学习讨论，查摆并整改14个问题，全年召开总支层面会议44次，支部会议15次，总支支委会23次，支部支委会32次，党小组会16次，党课、思政理论课23次，党员活动日17次。组织2次民主生活会，指导支部2次组织生活会、1次党员民主评议。

艺术设计系党总支积极领会习近平新时代中国特色社会主义思想，深入学习贯彻和落实党的十九大精神，结合工作实际，探索创新组织力提升的思路、方法和实践。经过一系列实践探索，真正做到了“一个支部就是一个三全育人战斗集体，一名教师党员就是一面教书育人旗帜，一名学生党员就是一个成长成才榜样”，以“党建”带动一切工作，将党的政治思想融入日常工作当中，形成“支部—教师—学生”为一体，“党建—育人—专业建设”共促进的“党建+”工作模式。

党总支探索“党员工作室”模式，充分发挥党员教师在教书育人、管理育人、服务育人中的模范带头作用，体现党总支的政治核心作用，将党的群众路线教育实践活动落到实处，为党员教师发挥引领作用搭建平台。系党员老师充分发挥专业优势，带领相关专业学生深入基层，投身于社会服务，助力地方发展。7月，在党员老师刘羽天指导下，成立“筑梦”社会实践青年志愿者团队，来到繁昌县平铺镇，和地方政府进行工作对接，正式开始了2019年度的“三下乡”社会实践工作，主要工作任务是协助当地开展旅游宣传设计和旅游开发策划，而这也是他们与平埠镇政府合作的第4个年头，为美丽乡村建设增添自己的一分力量。

深入开展党风廉政建设，以党风廉政建设带动师德师风建设，在全系倡导“为人师表，以德为先；凝心聚力，奋勇向前”的优良作风。总支定期开展专题研讨会，观看《叩问初心》《榜样4》等教育短片，参加2次师德师风类网络专题培训，写下心得体会，不断接受思想洗礼、提升党性觉悟；每一位党员老师都深知自身职责，除了做好教书育人，积极打造专业工作室，提升专业影响力，着力于增强专业发展潜实力。比如在2019年北京国际设计周《水墨与纹藏——国际设计特色作品展》上，党员老师刘方义的作品获优秀奖、王茵雪的作品获入选奖，我校也是全国高职类院校中唯一获奖单位。

【教育教学】 艺术设计系各专业建设立足安徽，辐射长三角地区。2019年度继续推进“三站两室一坊”工作室制教学改革，融合“3+2+1”阶段递进式教学，深化“创客化工作室”教学体系，形成了“任务驱动、项目导向”的项目化课程体系，为学生就业、创业实践提供学习平台。

常规工作开展有条不紊，制度执行力进一步加强：2019年度，艺术设计系全面完成了学校布置的各项常规教学工作任务。系部教学督导组在学校督导室、教务处的统一领导下，对系部所有授课教师从期初到期末的各项教学任务进行认真严格的检查。做好课堂教学管理、学评教、教评学、学生座谈会、外出写生、实训课程指导、毕业设计指导、毕业答辩、顶岗实习以及学生就业等常规教学工作。深化工作室制教学改革，做好外聘教师尤其是工作室导师的教学管理工作，本年度新修订了《艺术设计系工作室管理制度》，顺利完成2018级学生工作室双选工作，成功举办2019年度专业建设委员会。2019年度，艺术设计系总体教学工作管理规范、秩序井然，无重大教学事故发生。

积极推进系部基础设施建设，改善教育教学环境："创新工坊"生产性实训室建设基本完成，并获得“创新发展行动计划”项目验收通过。成功引进国家级非物质文化遗产——阜阳剪纸，建立“国家级非遗传承人——程兴红大师工作室”。产品艺术设计专业“精细木工实训室”建设完成并投入使用。艺术设计系周边景观环境改造以及系部楼层改造顺利完工并交付使用。系部展厅二次改造完成，顺利举办艺术设计系毕业作品展以及综合材料作品展。至此，系部教学楼周边环境及教学场所的设施有了质的提升，功能分区明显、空间利用率更高的教室与实训室给师生提供更加舒适的学习环境。

【科研与社会服务工作】 2019年教师在各类学术期刊上发表论文25篇，立项省级线下精品课程1项，完成了省级教学质量工程项目结项4项，完成学校“三平台两基地”重点项目结项5项，完成校级教研项目结项1项，立项校级教学质量项目3项。通过教科研成果转化，申报并获批实用新型专利12余项，取得外观专利27项。

2019年艺术设计系紧紧围绕服务地方经济产业发展的目标，积极提升社会服务能力，建立校企合作长效机制，建成了具有系部特色、适应区域经济与社会发展需求的科研创新与社会服务体系。2019年全年艺术设计系工作室共完成社会服务30余项，到校账户金额200余万元。为芜湖市委政法委设计制作的《反邪教宣传漫画手册》获得安徽省委政法委高度评价，选送至中央政法委网站上刊登。承接南陵县长乐村长乐鳄米的品牌包装设计及营销策划，作为安徽省高校助力脱贫攻坚的典型案例在上海新国际博览会展中心举办全国农博会上展出。为南京溧水区山北史家美丽乡村规划方案设计及施工图编制设计、乌飞塘美丽乡村规划方案设计及施工图编制设计助力了当地新农村建设，获得了当地一致好评，社会声誉得到进一步提高。

【师资队伍建设】 2019年度，艺术设计系组织教师分批次前往同济大学创意设计学院、苏州工艺美术职业学院、南京艺术学院、合肥工业大学、安徽建筑大学、安徽工业大学等省内外高校进行交流学习20余次，并对上海普象工业设计有限公司、蚌埠魔猴三维科技有限公司、安徽数动文化传媒有限公司、安徽云沃现代农业开发有限责任公司、国家级非物质文化遗产“界首彩陶”“阜阳剪纸”等地进行了实地考察。5名教师取得“国际商业美术设计师”认证证书、9名教师参加了由“2019年世界技能大赛”精雕木工项目银牌获得者吴晋卿在我系举办的精细木工制作项目培训、2名教师参加了2019年全国大学生广告艺术大赛安徽赛区指导教师培训班、3人参加了教指委平面视觉专门委员会会议及文化创意职业教育论坛、3人参加了工业部举办的高校数字艺术大赛培训、10人参加了学校教科研项目申报培训班、15余人次完成了寒暑假企业顶岗实习工作、3名教师参加国家艺术基金项目培训。

【重要活动与事件】

1月5日，艺术设计系举办校级职业技能大赛。

1月8日，系内两位教师与来自泰国的13名短期文化交流学生进行了《中华剪纸》艺术交流活动。

3月5日，安徽信息工程学院艺术设计学院院长董毅、副院长叶克军等一行5人来系调研。

3月6日，系党总支组织全体教师前往芜湖市反腐倡廉教育馆开展廉政文化主题教育活动。

3月13日，系第一、第二党支部分别召开了2018年度组织生活会。

3月14日，以刘方义老师工作室为核心的入党积极分子学生获邀参加“榜样的力量”公益海报邀请展。

3月14日，系党总支书记魏力为全系教师做“2019年国务院政府工作报告”学习辅导主题党课。

3月22日，艺术设计系全体教师和学生代表在校园景观湖畔开展“3·25善爱我”主题植树活动。

3月28日，上海商学院教务处、艺术设计学院一行来系调研交流，校教务处处长汪伟、艺术设计系副主任吴昊及景观与装饰设计教研室主任曾先国等参与交流。

4月27日，我校获全国大学生广告艺术大赛安徽赛区“优秀组织单位”，我系孙湛老师获“优秀指导教师”和“优秀组织工作者”。

4月30日前后，我系各专业按照学校统一部署，深入企业进行深度产教融合调研。

4—5月，艺术设计系党总支以纪念“五四运动”100周年、中华人民共和国成立70周年及中华传统文化、心理健康为主题举办一系列教育活动。

5月9日，艺术设计系、校实验实训中心一行赴黄山黟县屏山村、宏村写生基地检查教育实践工作。

5月10日，系党总支以“学习红色文化，弘扬革命精神”为主题，前往皖南革命基地开展主题党日活动。

5月13日，安徽中澳科技职业学院信息艺术系一行七人来系调研。

5月15日，系党总支启动师德师风专题学习活动，在一个月的建设月中，系统学习《高等学校教师职业道德规范》、高校教师的师德禁行行为“红七条”和《新时代高校教师职业行为十项准则》等内容。

5月18日，艺术设计系副主任吴昊携风景园林设计专业相关教师赴安徽云沃现代农业开发有限责任公司进行调研，并举行了校外实习实训基地初步合作意向签约仪式。

3—5月，系党总支围绕“五个一”的心理健康活动规划，举办了艺术设计系大学生心理健康教育系列活动。

6月2日，湖南大学校长助理、博导朱和平教授以及安徽工程大学艺术学院党委书记黄凯、院长陆峰教授一行来我系进行考察交流，学校副校长郑承志教授、艺术设计系副主任吴昊等热情接待。

6月12日，艺术设计系召开2019年艺术设计类专业建设指导委员会会议，多名校外专家、工作室导师和系全体教师参加。

6月13日，系副主任吴昊、产品设计专业负责人张军赴界首市考察国家级非物质文化遗产“界首彩陶”“阜阳剪纸”等项目，并就引遗入校等问题进行初步沟通。

6月13日，国家艺术基金项目《徽州历史文化名村、名镇和特色小镇创意设计人才培养》大师班来艺术设计系考察交流。

6月19日，学校党委副书记、纪委书记朱光应受邀来系，为全系教师讲授“认真学习党章，强化党员意识”的专题党课。

6月21日，艺术设计系视觉传播设计与制作专业作品获中国大学生计算机设计大赛省赛一等奖、二等奖。

7月初，艺术设计系党总支围绕“全省党员干部党史教育日活动”要求，组织开展了“纪念‘七一’，铭记历史”党史主题教育系列活动。

7月初，艺术设计系师生组建的“筑梦”志愿者团队与鸠江区二坝镇、繁昌县平铺镇对接，运用自己专业技能，为当地乡村振兴提供技术和智力支持。

7月6日，艺术设计系2019届毕业典礼举办，学校党委副书记、纪委书记朱光应以及系党政领导班子和全体教师参加。

9月15-16日，艺术设计系迎来2019级310位新生。

9月25日，艺术设计系党团总支和学生会举办“中华人民共和国成立70周年特别活动——祝福祖国，共绘梦想”。

10月23日，艺术设计系召开外聘教师教学管理工作会议。

10月23日系党总支召开“不忘初心，牢记使命”主题教育专题调研报告会。

10月31日，艺术设计系举办安徽省美术模拟联考活动。

11月2日-4日，系副主任吴昊、视觉传达教研室陈雪影、孙湛受邀参加教育部职业院校艺术设计类专业教学指导委员会平面视觉专门委员会成立会议，陈雪影被聘为该委员会委员。

11月6日，系党总支书记为全系教师作“不忘初心，牢记使命”专题党课。

11月14日，美国布莱诺大学校长安妮·斯克莱德、名誉校长爱德华·施耐德、校董事会主席彼得·米勒来系参观调研。

11月19日，系2019级动漫设计专业、产品设计专业的82名学生在陈诚、张军和李阳三位专业教师带领下，赴黄山写生基地进行为期12天的写生研学活动。

11月29日，校党委委员、总会计师王炜与艺术设计系师生在系二楼会议室，通过座谈会的形式进行意见征集。

12月4日，芜湖市委政法委副书记王学军、协调科科长王军、芜湖阜阳商会副会长姜龙就政校合作成立芜湖市反邪教文创中心来校商谈，校党委书记章顺来，校党委副书记、校长李忠，校党委委员、总会计师王炜，艺术设计系副主任吴昊接待了王学军一行。

12月18日，系党总支开展“迎接机遇挑战，强化使命担当”大讨论，校党委委员、总会计师王炜到会指导。

人文外语系

【概况】 安徽商贸职业技术学院人文外语系成立于2014年6月，是在学校国家骨干院校立项建设单位通过教育部、财政部验收获得优秀等次后，新成立的最年轻的又充满活力的教学系部。它是由学校综合系部党总支、外语系、基础教学部、政法教学部所属的专业教研室和部分公共课教研室整合而成。

人文外语系现有文秘、法学、商务英语3个专业教研室，公共英语、数学等2个公共课教研室。有商务英语、文秘、法律事务等3个专业。商务英语专业成立于2001年，现为省级特色专业；文秘专业成立于1997年，现为省级综合改革试点专业；法律事务专业成立于2002年，现为省级特色专业。目前，在校生970人。

人文外语系承担了全校公共英语、经济法、应用文写作、经济应用数学、高等数学等全校性的公共必修课和多门公共选修课的课程教学任务，承担了4个专业的专业人才培养任务，承担了全校大学英语四六级、英语A/B级、秘书考证、普通话培训与测试等多项考证的组织工作，承担了英语口语大赛、秘书大赛、文秘速录专业技能大赛、数学建模比赛等多项赛事，承担了谦心国学社、法学会、英语协会等多个学生社团的指导工作。

人文外语系现有校内专兼任教师65人，其中副教授以上职称23人，高级职称占比36%；具有硕士学位的教师57人，占比88%；博士3人，其中在读博士1人；另有来自企事业单位一线岗位的外聘教师30人。

人文外语系注重学生综合素质的培养，注重学生学历的提升，鼓励学有余力的学生通过自学考试或"专升本"取得本科学历；重视学生实践能力的提升，与芜湖市中级人民法院、中创汇文(北京)科技有限公司、艾斯通商务咨询有限公司等多家政府机关、企事业单位建立了密切的合作关系，共同培养高素质技术技能人才。

近年来，学生获得全国大学生数学建模比赛一等奖、全国职业院校技能大赛文秘速录赛项团体一等奖、全国大学生英语竞赛一等奖等诸多赛项，主持文秘专业国家教学资源库等一大批教研、科研项目，培养的人才受到用人单位的好评。

【党建与管理】 人文外语系现有3个党支部，40名中共党员。人文外语系党总支坚持以习近平新时代中国特色社会主义思想为指导，深入贯彻落实党的十九大精神，紧紧围绕立德树人这一根本任务，坚持党的教育方针，紧紧围绕学院工作重点，积极开展党建和思想政治教育工作。

1.党建工作

(1)加强理论学习。严格贯彻学院政治学习制度，落实院党委"两学一做"方案，扎实推进习近平新时代中国特色社会主义思想和党的十九大精神学习宣传贯彻。认真落实"严规矩、强监督、转作风"专项行动，积极开展"不忘初心 牢记使命"主题教育活动。2019年11月顺利完成教师党支部书记"双带头人"的改选工作。全年共组织政治学习18次，系中心组学习12次。系班子成员集中学习都超过56学时。

2.继续巩固基层党组织标准化建设成果。在2018年基层党组织标准化建设达标基础上，进一步规范党内组织生活，推进"两学一做"学习教育常态化制度化，加强党支部建设，严肃党的组织生活，落实"三会一课"等基本制度。按时开展党员活动日活动，赴繁昌板子矶渡江战役纪念馆等革命老区接受红色传统教育。

3.持续推进全面从严治党工作。认真落实《中共安徽商贸职业技术学院委员会关于进一步推进全面从严治党的实施意见》，积极贯彻学院党委党风廉政建设要求，积极配合省委巡视组、"不忘初心、牢记使命"主题教育组的工作，按时按质开展相关活动。

4.加强意识形态管理。全面贯彻落实中央、安徽省、安徽商贸职业技术学院关于加强意识形态工作决策部署，牢牢掌握意识形态工作的领导权、主动权、话语权，认真落实意识形态领导责任。加强课堂教育教学管理，加强本支部、部门网络文化建设和舆论引导。

5.加强党员发展及教育。2019年，系党总支认真执行《中国共产党发展党员工作细则》，扎实做好发展党员工作。2019年全系共发展学生党员22人、转正学生党员12人、教师党员1人。完成第35、36期党校工作。按规定完成教师和学生党员的教育工作，超额完成班子成员和支部书记56学时、普通党员32学时的学习任务。

2.思想政治教育与管理工作

(1)严格日常管理，坚持周一行政例会制度、学生工作例会制度、学生管理值班制度以及各班的辅导员例会制度等，实现2019年度人文外语系未发生任何群体性学生事件。

(2)注重系部活动品牌化建设。结合人文外语系的特点，开展了"法制宣传月""经典诗文朗诵会""冬季健身月"等。继续开展晨读、"优秀团支部"评选等系部传统特色活动，特别是晨读活动已连续开展了五年，并向全校推广。

(3)积极组织参加学院举办的各项文体活动。人文外语系学生夺得学院广播操比赛获4个一等奖、2个二等奖。此外，还获得全国大学生英语竞赛三等奖、安徽省"互联网+创业"比赛铜奖、校十佳班集体等各类荣誉几十项。

(4)做好学生资助工作。人文外语系17级、

18级、19级共认定困难生困难生255人，含建档立卡79人。国家助学金255人。国家励志奖学金33人。国家奖学金2人，纬纶助学金4人。为了了解资助对象家庭的真实情况，宣传相关资助政策，体现学校人文关怀，从7月至10月，走访了12名贫困学生家庭，圆满完成走访任务。

(5)做好学生就业创业工作。有针对性地开展与大学生就业问题有关的学习交流、竞赛、讲座、培训等活动，鼓励并组织广大学生积极参与征兵、公务员选聘、特岗等就业渠道。人文外语系2019年应征入伍5人，超额完成应征任务。

(6)加强学生思想政治教育。系部获评校“优秀班集体”1个、“优秀团支部”2个。

【教育教学】

1.专业建设方面，法学专业与安徽省芜湖市法信公证处签约，延续校企合作办学之路，首次与非法院单位芜湖市法信公证处签约，共同培养公证辅助人才。商务英语专业与芜湖多家跨境电商公司筹建跨境电商工作室。文秘专业参加全国传媒职业技术教育联盟理事会并当选联盟理事单位，成为全国高校秘书事务所联盟成员之一。李忠校长主持的文秘专业国家教学资源库建设获得国家立项，王锦坤主持的文秘专业省级教学资源库建设获得立项。

2.教学过程管理方面，完善教学督导机制，进一步完善专业教研室主任负责制，召开专业建设指导委员会暨人才培养方案论证会，做好各专业人才培养方案的制订、修改和完善工作；完成各专业19版人才培养方案的修订；组织系部公开课观摩活动共计2次；实施命题人、教研室、系部三级检查，有效控制了全院命题AB卷重复率和阅卷错误率；召开教评教和学评教座谈会4次。

3.教学成果方面，教师获安徽省第四届青年教师教学竞赛理科组一等奖1项，安徽省高等职业院校教学能力大赛课堂教学二等奖2项、三等奖1项。指导学生获国赛一等奖2项，省级一等奖2项、二等奖6项、三等奖1项。具体如下：全国大学生数学建模竞赛，获得全国一等奖1项，安徽省一等奖、二等奖各1项。全国大学生英语竞赛，获得国赛一等奖1项。

安徽省级技能大赛，英语口语(非专业组)一等奖，英语口语(专业组)二等奖。安徽省第十四届“讯飞杯”全省大学生诗文朗诵比赛，107所高校(本科专科混合)329件作品选出40件进入决赛，学校首次获得省二等奖。

4.教学实践方面，加强“双师型”教师队伍建设；鼓励青年教师到相关实训基地或企业挂职锻炼；加强对顶岗实习指导管理；创新毕业设计的形式，继续将创业创新项目与毕业论文挂钩，继续将职业技能竞赛与毕业论文挂钩，促使学生获得更多的成长机会和能力发展空间。此外，继续在2019级3个专业中开展自考本科教育，2016级有34人全部通过本科自学考试。另外，有50名学生以优异成绩通过专升本考试。专升本、自学考试共84人，占2016级总人数的29%。

【教科研与社会服务工作】 教研成果，省级教学成果奖一等奖1项；省级质量工程立项4项，校级1项；编写教材13人次；科研成果，科研项目立项18项，发表学术论文近40余篇，有9篇论文获奖；十余位教师参加高规格学术会议。社会服务，举办2次普通话考证培训，顺利完成普通话3829人次的测试任务；成功完成每年2次的英语AB级与四六级共计14444人次的测试任务(包括社会考生299人次)。

【师资队伍建设】 师资队伍建设，获聘副教授1人，讲师1人，新进教师3人。人才服务工作，为新进教师配备教学指导老师；发挥系部督导教学作用，提高青年教师教学水平。条件保障，利用省级学科建设项目、质量工程等平台经费，增设研究项目；做好职称评审以及相关后续工作。工作效能，坚持制度先行，强化工作规程，严格实行签到制度；大力提升系部高效服务能力，实施行政管理人员每周例会制度，校领导联系系部制度。

【教指委工作】 作为教育部职业教育教学指导委员会副主任单位、文秘专委会主任单位，李忠校长为教指委副主任、文秘专委会主任，王锦坤为文秘专委会秘书长，文秘专委会秘书处设立在人文外语系。因此，2019年在时刻关注全国文秘专业发展的同时，也做好了各项服务工作。

2019年3月，李忠、王锦坤参加了在珠海举办的广东省首届秘书大赛暨第二届泛大湾区文秘专业建设论坛。

2019年3月，主办了全国高校秘书事务所联盟暨文秘专业建设论坛成立秘书事务所联盟。

2019年4月，前往北京参加文秘专业国家教学标准验收会议。

2019年7月，协助广东科学技术职业学院组织开展2019年文秘专业教师课程培训。

2019年7月，中国代表队24名选手在第52届国际信息处理大赛上，获得7金7银4铜的优异成绩，有一半的队员是在我校集训的，余翔同学代表中国代表队参赛。

2019年7月，参加在沈阳举办的教职委工作会议。

2019年11月，文秘专业国家教学资源库（编号为2019-65）立项，国家职业教育文秘专业教学资源库建设正式启动。

2019年12月，参加在广东外语艺术职业学院举办的全国高校秘书事务所联盟第二次论坛。全国高校秘书事务所联盟第二次全国高校论坛在广州举行。阿坝师范学院、安徽职业技术学院等15所高校加入全国高校秘书事务所联盟，至此，共有30所高校及3家企业加入该联盟。

2019年12月上海，参加在上海举行的文秘专业中高职贯通一体化建设专题会议。

【重要活动和事件】

1月18日，人文外语系圆满完成国外学生来华短期交流项目汉语入门课程六天的教学任务，并完成课程期末考核。

1月21日，人文外语系党总支在砺能楼4号楼513教室举行党员活动日暨素质拓展活动，人文外语系全体党员和教师代表参加了本次活动，活动由徐长勇和田芳主持。

1月23日，人文外语系在系会议室召开2018年度工作总结大会，人文外语系全体教职工参加了会议。

1月23日，人文外语系党总支组织召开2018年度领导班子民主生活会，以“强化创新理论武装，树牢‘四个意识’，坚定‘四个自信’，坚决做到‘两个维护’，勇于担当作为，以求真务实作风坚决把党中央决策部署落到实处”为主题，联系思想、工作、生活和作风实际，进行了自我检查、党性分析，开展批评和自我批评。系党总支领导班子全体成员参加了会议，会议由系党总支书记朱吉玉主持。

1月24日，人文外语系2018年度基层党支部书记述职评议考核工作会议在系会议室召开，系总支委员、党支部书记参加了会议。会议由系党总支书记朱吉玉主持。

2月20日，人文外语系党总支组织开展“学习强国”学习平台推广使用工作，督促支部党员安装“学习强国”学习平台，指导支部党员积极参与学习平台上的各项学习活动，确保支部党员学习全覆盖、实践全覆盖。

2月22日，人文外语系召开分类招生研讨会。与会人员对2019年的招生宣传工作展开了讨论。会议强调，招生宣传工作是系部的一件大事，要组建专业的宣传队伍，做好宣传。

2月23日，我校“七五”普法讲师团成员周平带领我校弋江法律扶弱中心部分大学生志愿者来到芜湖市镜湖区公共法律服务中心所在地的镜湖区棠梅社区开展“庆新春 送法进社区”活动。

3月6日，校党委书记章顺来同志到所在的人文外语系第一党支部参加2018年度组织生活会和民主评议党员会议。全体党员学习了《中国共产党支部工作条例》《中共教育部党组关于高校党组织“对标争先”建设计划的实施意见》等5份相关文件并明确了会议的主题。章顺来同志和全体党员一起接受了学习教育，并随后听取了支部委员会2018年度述职报告，了解会前征求意见情况、查摆问题情况以及支委集体研究提出的整改措施。

3月6日，人文外语系第二党支部召开了2018年度组织生活会和民主评议党员会议。支部全体党员参加了本次会议，会议由吴杰主持。

3月8日，文昌秘书事务所在人文外语系会议室召开2019年换届大会，出席会议的有人文外语系主任王锦坤、文秘教研室主任钱立静、文昌秘书事务所所长刘飞及秘书事务所全体成员。

3月13日，校党委副书记、校长李忠率人文外语系教师到无为市人民法院看望我校毕业生和毕业顶岗实习学生，并与无为县人民法院院长孙晨等法院领导、我校学生代表进行调研座谈。

3月15—16日，首届广东省秘书职业技能大赛暨“泛大湾区文秘专业建设”论坛在广东科学技术职业学院举行，校党委副书记、校长李忠应邀担任该赛项仲裁组组长，人文外语系主任王锦坤等应邀出席该活动。

3月20日，人文外语系党总支全体党员在党总支书记朱吉玉、主任王锦坤带领下来到学校“爱琴海”西边开展植树活动，校党委书记章顺来作为第一支部成员也参加了植树活动，党员同志通力合作为美化校园和保护环境贡献自己的微薄之力。

3月22—23日，全国高校秘书事务所联盟成立大会暨文秘专业建设论坛在我校召开。教育部职业院校教育类专业教学指导委员会文秘专委会专家、联盟成员代表及我校文秘专业负责人、教师近80人参加了大会。

4月3日，人文外语系圆满完成2018年度教研室主任考核及教师寒暑假企业实践进修考核工作。

4月9日，人文外语系副主任刘知国、商务英语教研室主任程张根、专业教师史薇、汪雅雪一行深入合肥冬宝进出口贸易有限公司海外部芜湖分公司开展考察调研并看望顶岗实习学生。

4月17日，人文外语系主任王锦坤，法学教研室石必亮、胡朝晖，赴池州学院管理与法学院进行调研。

4月17日，人文外语系于系部会议室召开英语口语大赛经验总结会议。会议由人文外语系副主任刘知国主持，参赛选手以及相关指导教师出席了本次会议。

4月21日，人文外语系党总支按照和社区“共建共驻”的协议要求，接受南瑞沐春园社区党组织邀请，由系党总支书记朱吉玉老师给社区全体党员上一次党课。

4月24日，学校首届文昌秘书节在砺能楼多功能演播厅开幕。人文外语系党总支书记朱吉玉、副主任刘知国，特邀嘉宾天源迪科集团迪科数金芜湖分公司副总经理康维胜出席了本次开幕式，人文外语系文秘教研室主任钱立静及部分教师、文秘专业学生代表参加了开幕式。

5月2日，我系团总支喜获2018年度“芜湖市五四红旗团支部”称号。

5月8日，人文外语系党总支组织两个支部的全体教师党员在图书馆参观《立鸿鹄志，做奋斗者——纪念五四运动100周年》图文展。

5月15日，深圳晶硕达科技有限公司（芜湖分公司）经理安梅受邀来我校做“跨境电商业务员的职业规划”专题讲座。人文外语系副主任刘知国、商务英语教研室全体教师以及商务英语专业2017两个班级同学共计120余人现场聆听。

5月15日，学校第三届“英语活动月”拉开序幕。人文外语系党总支书记朱吉玉、系主任王锦坤、副主任刘知国、特邀嘉宾深圳市晶硕达科技有限公司芜湖分公司经理安梅女士及其助理出席了开幕式。公共英语教研室主任龙志勇、商务英语教研室主任程张根等全体外语教师和商务英语专业2017级学生参加了开幕式。

5月18日，第十四届“讯飞杯”全省大学生诗文朗诵比赛决赛在安徽师范大学落下帷幕，由人文外语系郑晓明、张磊两位老师指导的法律事务172班陈冉同学，凭借朗诵巴金的经典名篇《我的心》在全部本、专科高校中荣获二等奖。全省这次共有本、专科学校106支队伍300多个节目参赛，经过初赛，共有29个节目进入决赛，这次获奖是我校在该项赛事取得的历史最好成绩。

5月23—24日，为了借鉴其他优秀高职院校外语教学的相关经验，人文外语系副主任刘知国老师带领公共英语教研室主任龙志勇老师和商务英语教研室骨干教师张磊老师一行三人赴无锡职业技术学院进行调研，受到该校外语和旅游学院院长助理徐优明老师和相关教研室主任的热情接待。

5月30日，人文外语系文秘专业举行“学评教”座谈会，学校党委副书记、校长李忠，人文外语系主任王锦坤、文秘专业教师及学生代表参加了会议。座谈会由文秘专业教研室主任钱立静主持。

6月3日，弋江区人民法院在我校砺能楼4-201室教学法庭（芜湖市弋江区人民法院第十法庭）公开审理一起民间借贷纠纷案件，该案件由民一庭肖迹法官主审，原、被告及双方代理律师到庭参加诉讼，我校法律事务专业100余名学生及部分法学教研室老师、当事人家属旁听了案件审理。

6月5日，在大学生活动中心隆重举办“诵经典诗文，抒家国情怀——第五届经典诗文朗诵会”。朗诵会由人文外语系、教务处、宣传统战部、团委四部门联合承办。校党委书记章顺来，党委委员、副校长郑承志，党委委员高道友、郑伟、汪正法等同师生代表一起观看了演出。

6月12日，安徽商贸职业技术学院2019年教育大类专业建设指导委员会会议在人文外语系会议室召开，参加大会的有校外专家奇瑞地产公司综合管理部部长张成俊、安徽瑞远柳工机械设备有限公司总经理方建升、芜湖索泰进出口贸易有限公司总经理周平翠、合肥东宝进出口贸易有限公司经理钱官鲜，学校教务处处长汪伟、人文外语系党总支书记朱吉玉、文秘教研室主任钱立静、商务英语教研室主任程张根及相关教研室部分教师。大会由人文外语系副主任刘知国主持。

6月19日，人文外语系党总支在朱吉玉书记的带领下开展党员活动日主题实践活动，组织党员老师来到繁昌县爱国主义教育基地——板子矶渡江战役第一船登陆点参观，接受革命传统教育，弘扬革命精神。

6月20日，2019年纬纶奖助学金签约及颁奖仪式在砺能4栋102室隆重召开。安徽纬纶律师事务所合伙人、安徽省法学会会员程莉丽，纬纶律师事务所的创始人之一、高级合伙人张必训，纬纶律师事务所财务陶伟，学校学生处处长郑伟、人文外语系法律教研室主任石必亮以及2018级法律专业全体学生共同参加本次仪式。仪式由人文外语系党总支书记朱吉玉主持。

6月21日，教育部职业院校教育类专业教学指导委员会文秘专委会2019年主任办公会在安徽商贸职业技术学院召开，本次会议采用网络视频形式进行。参加人员为文秘专委会各主任、副主任单位，分别是教育部教育类教指委副主任、学校党委副书记、校长李忠，上海信息管理学校书记、校长唐纪瑛，兰州职业技术学院校长宋贤钧，泰山职业技术学院党委副书记、副校长马培安，荆州职业技术学院经济管理学院院长周君明，现代职业教育研究院副院长崔华楠，文秘专委会秘书长、人文外语系主任王锦坤。会议由李忠主持。

7月6日，人文外语系在砺能楼4号楼302教室举行2019届毕业生典礼，学校党委副书记校长李忠、人文外语系党总支书记朱吉玉、主任王锦坤、副主任刘知国、毕业班辅导员、全体教师及200余名毕业生出席了典礼，典礼由王锦坤主持。

9月15日，人文外语系于砺能楼210举办了2019级学生家长座谈会。系党总支书记朱吉玉、团总支书记符牛、新生家长代表参加会议。

9月12日，芜湖市弋江区人民法院在我校砺能4号楼教学法庭（芜湖市弋江区人民法院第十法庭）对一起行政诉讼案件进行了公开开庭审理。该案为一起房屋拆迁行政管理纠纷案件，由弋江区人民法院审判委员会专职委员程叙强法官主审，我校人文外语系法学教研室教师周平、许鹏作为兼职律师代理该案当事人出庭应诉。弋江区人社局、城管局、应急管理局等区直机关工作人员，辖区内澛港、马塘、南瑞等街道办事处工作人员，我校法律事务专业学生以及部分法学教研室教师共110余人旁听庭审。

10月9日，人文外语系党总支组织党员观看为中华人民共和国成立70周年献礼的电影《我和我的祖国》，学校党委书记章顺来以普通党员身份出席活动，人文外语系全体党员参加活动。

10月13日，芜湖翻译协会三十周年庆典隆重举行。我校人文外语系副主任刘知国作为协会理事，带领本系三位协会会员陈静、何燕、张心宇老师参加庆典活动。

10月18—19日，全国传媒职业技术教育联盟理事会第二次全体会议在南宁职业技术学院举行，我校当选联盟理事单位，系文秘教研室主任钱立静等应邀参会。

10月20日，人文外语系“不忘初心、牢记使命”主题教育学生代表调研座谈会在系会议室举行。系党总支书记朱吉玉，系党总支副书记、主任王锦坤与来自全系各班的20名学生代表座谈，倾听同学们的心声，解答同学们提出的学习、生活、成长等方面的问题和困惑。

10月20日，第十届“外研社杯”全国高等职业院校英语写作大赛安徽赛区决赛在安徽电子信息职业技术学院举行。我校商务英语172班叶孟军参加专业组决赛，旅游管理182班徐文慧和会计信息183班圣莉参加非专业组决赛。

11月1日，人文外语系副主任刘知国、法学教研室主任石必亮、周平老师等一行4人到无为县人民法院调研交流实习生工作情况。无为县法院政治部仰主任热情接待了刘知国一行，双方进行了座谈交流。

11月1日，人文外语系第三十六期分党校开班仪式在砺能楼四302教室举行。人文外语系第36期分党校班主任田芳、第35期优秀学员代表陈燕红同学以及第36期分党校全体学员参加了此次开班仪式。

11月6日，人文外语系在校学术报告厅举办“2018—2019学年优秀团支部”评选活动。人文外语系党总支书记朱吉玉、校团委书记孙握瑜、系副主任刘知国、教务处教研科科长陈辉、体育教学部体育活动中心主任杨庆家、校保卫处张雷等担任比赛评委，2018级各个团支部现场汇报，系辅导员及部分学生代表观看。

11月6日，人文外语系党总支书记朱吉玉在系会议室讲“不忘初心，牢记使命”主题教育党课，系全体教师党员参加。

11月，从全国大学生数学建模组委会传来捷报，我校代表队荣获2019全国大学生数学建模竞赛一等奖。这是我校继2018年荣获“Matlab创新奖”后连续第二年取得全国大学生数学建模竞赛一等奖。目前我校累计斩获4个全国一等奖，在同类高校中名列前茅。

11月8日，我校与安徽省芜湖市法信公证处共建专业实践基地暨教育培训基地签约揭牌仪式在我校录播室隆重举行。我校党委副书记、纪委书记朱光应、校企合作处副处长卜天然、人文外语系副主任刘知国、人文外语系法律事务专业带头人周平，芜湖市法信公证处副主任王斌、公证一部部长邱彦以及法学教研室部分教师代表，法律事务191班、192班学生共同参加了签约揭牌仪式。仪式由周平主持。

11月，根据教育部职业教育与成人教育司《关于公布2019年第二批职业教育专业教学资源库立项建设项目名单的通知》，浙江金融职业学院、安徽商贸职业技术学院、河南经贸职业学院联合主持的“文秘专业教学资源库”（编号2019-65）获批国家职业教育2019年第二批立项建设资源库项目，实现了我校主持国家级职业教育专业教学资源库项目的“零”的突破。

11月14日，人文外语系党总支在大学生活动中心举行“庆祝建国70周年经典诗文朗诵大赛”决赛。16支队伍从24支队伍中脱颖而出参加了本次决赛。本次大赛的举办，旨在缅怀老一辈无产阶级革命先烈，弘扬中华优秀传统文化，培养“四个意识”、坚定“四个自信”、坚持“两个维护”，进一步增强全体学生，特别是学生党员、发展对象和积极分子热爱祖国的真挚情感，引导和激励全系广大师生传承红色基因，夯实系部文化软实力。

11月27日，为弘扬红色革命文化和优秀传统文化，进一步推进“不忘初心，牢记使命”主题教育走深走实，人文外语系党总支组织全体师生党员赴芜湖市博物馆参观“渡江第一船暨芜湖解放七十周年主题展”。

11月30日，是2019年国家统一法律职业资格考试放榜的日子，我校喜迎12位法律事务专业毕业校友通过法考喜讯，这是继2018年13名毕业生通过法考之后的又一重大成绩。全校师生，特别是法律事务专业的师生倍感兴奋和鼓舞。

目前，作为全国最早公开发行的秘书类杂志，同时也是全国最具影响力，最具专业性、理论性和指导性特色的秘书类杂志之一，《秘书之友》在2019年第10期的封面内页上，报道了安徽商贸职业技术学院文秘专业的发展成果。

11月29日，文秘专业教学资源库建设启动会暨第一次建设工作研讨会在浙江杭州举行。浙江金融职业学院党委书记周建松，教育部职业院校教育类专业教学指导委员会副主任、文秘专委会主任、校党委副书记、校长李忠，浙江金融职业学院校长郑亚莉、纪委书记张江琳，河南经贸职业学院副校长成光琳等多所院校的领导出席会议；文秘专业资源库参建院校子项目负责人、课程负责人、专业带头人、教研室主任、专业教师30余人参加了会议。

12月4日，在学校国旗台前开展“晨读宪法原文”党员活动，校党委书记章顺来，校党委副书记、纪委书记朱光应、校党委委员、宣传统战部部长汤飚出席，系党总支书朱吉玉、系副主任刘知国以及系党总支全体党员、法律事务专业全体学生共同参加。

12月5日，人文外语系召开了“不忘初心、牢记使命”专题民主生活会，会议紧扣学习贯彻习近平新时代中国特色社会思想主线，按照“四个对照”“四个找一找”的要求，盘点收获、检视问题、深刻剖析。系领导班子成员、党总支委员参加会议，学校党委副书记、纪委书记朱光应作为“四个一联系点”校级领导到会指导。会议由系党总支书记朱吉玉主持。

12月7日，芜湖翻译协会2019年度第四次理事会在外服大楼会议室顺利召开。会议由刘进会长主持，我校作为理事单位首次参会。在这场主题为“回顾2019，展望2020”的会议上，与会人员首先听取了会长对译协在2019年所做工作和主要业绩的汇报，详细了解了译协2020年年会的各项筹备工作，接着就2020年的工作计划展开了热烈讨论并初步商定实施方案。

12月18日，人文外语系召开“双高计划”建设学习研讨会，人文外语系全体教师参加，校党委委员、宣传统战部部长汤飚出席会议并发言。会议由系党总支书记朱吉玉主持。

12月25日，由人文外语系举办的“筑梦新时代 携手新征程”为主题的元旦联欢晚会在大学生活动中心炫目起航。人文外语系党总书记朱吉玉、校团委书记孙握瑜、系副主任刘知国出席晚会，人文外语系辅导员、老师和各学生组织负责人与人文外语系同学们欢聚一堂，共同观看了晚会。本次晚会还利用安商贸人文外语系学生QQ公众号平台进行同步直播，往届毕业生、其他系部同学都能在网上观看晚会直播。

12月26日，芜湖市法学会第四次全员代表大会召开。会上审议通过了市法学会第三届理事会工作报告，选举产生了市法学会第四届理事会。市委常委、政法委书记何友旺当选为新一届芜湖市法学会会长，我校人文外语系法学教研室周平、石必亮、赵宇峰应邀参加代表大会。

体育教学部

【概况】 体育教学部于2014年9月成立，目前专任教师9人，行政兼课教师6人；具有副教授以上职称8人，中级职称4人，助教3人。现有室外运动场地：标准田径场1片、足球场1片、篮球场12片、排球场2片，网球场4片；室内体育馆一座，含3片篮球场，2片排球场，6片羽毛球场，武术教室2个，乒乓球教室2个，健美操教室3个，啦啦操、体育舞蹈教室各1个。共开设田径、篮球、排球、足球、武术、健美操、啦啦操、体育舞蹈、乒乓球、羽毛球、网球、大学生拓展训练等十二个选项课程。

截至2019年体育部先后完成和申报省级课题7项，校级课题10余项，申报成功精品课程一项，获得省级教学成果一等奖一项，发表论文90余篇。每年开展学生阳光体育文化节系列活动30多项，参加学生8 000余人。体育教学部还积极参加安徽省、芜湖市全运会和省教育厅举办的各项赛事，取得多项优异成绩。

【党建与管理】 按照党委的统一安排，制定2019年工作计划。全年组织开展支部大会10次；支委会13次；党小组会议10次(11份党小组合并)；支委为支部党员上党课2次；组织开展党员活动日活动12次。以党员活动日为载体，积极开展支部活动：支部在重阳节当天带着生活慰问品，看望体育部退休老党员；组织支部党员参加义务为学生服务活动；组织党员集体观看《榜样4》交流心得体会活动；观看爱国主义宣传影片等不同形式的党日活动，进一步增强支部的凝聚力和战斗力。按照学校“不忘初心、牢记使命”主题教育活动实施方案的要求，支部召开了学习动员会，制定了活动开展计划并积极实施。其中组织党员进行主题教育学习7次；开展读书交流研讨活动3次；党支部书记讲党课1次、交流学习体会1次；观看爱国教育影片、资料片4次；开展主题党日活动3次；组织党员参加志愿服务活动1次。认真开展“不忘初心、牢记使命”专题组织生活会暨民主评议党员活动。进一步健全制度，新制定了部门意识形态领域相关制度。认真落实“三会一课”制度、党费收缴和公示制度、党员学习制度等，以规范的制度管理，促进提高党内生活质量，加强党支部组织建设。全年在学校和系部网站发表党建新闻12次，对支部各项活动的开展进行及时的宣传和报道。

【教育教学】承担学校公共体育课程教学。今年首次开始在一、二年级中开始实行体育俱乐部模式教学。主要开设的项目有田径、篮球、排球、足球、武术、健美操、啦啦操、体育舞蹈、乒乓球、羽毛球、网球、大学生拓展训练等十二个选项课程；全年共进行2次期初、2次期中、2次期末教学检查，2次体育公开课教学；体育部教学督导组共对7人次进行听看课，完成学年教师教学综合测评工作；聘用校外11名教师担任部分体育课程的教学任务。完成三个年级共一万一千多名学生的体质健康测试任务。12月份，体育部第三次接受教育厅专家组到我院进行学生体质健康数据复核的检查，复核期间获得专家组对我校体测工作的高度认可。

【科研与社会服务】 寒、暑假体育场馆实行免费对外开放。

【师资队伍建设】 目前体育教学部有专任教师9人，行政兼课教师6人；具有副教授以上职称8人，中级职称4人，助教3人；具有硕士学位9人，研究生学历2人；高级双师型教师3名，中级双师型教师8名。

【重要活动与事件】

3月7日下午，学校召开2019年体育工作会议。体委会委员和各系部团总支书记参加了会议，党委委员、副校长、体育运动委员会副主任郑承志出席了会议。

3月25日第八届“商贸杯”学生女子篮球赛开赛，学校七个系部分别组队参赛，经过7轮次21场比赛的激烈角逐，最终，工商管理系荣获冠军，财务金融系、会计系分获亚军、季军。

4月8日校 第八届“商贸杯”学生男子排球赛在校体育馆开赛，七个教学系部分别组队参赛。比赛采用七轮单循环赛制，经过二十多场紧张激烈角逐，最终工商管理系获得冠军，人文外语系、电子信息工程系分获亚军、季军。

4月18日上午，学校第十七届体育运动会暨第十届阳光体育文化节开幕式隆重举行。本届运动会赛程为期两天，共设田径、技能等3个大项40多个比赛项目，产生1000余个名次，参加表演、竞赛的人数近5000人。

5月6日第六届“商贸杯”学生男、女子乒乓球团体赛在体育馆举行，校七个系部分别组队参赛，历经半个月七轮42场的激烈角逐。最终男子团体桂冠为艺术设计系摘得，电子信息工程系和经济贸易系分别获得男子团体亚军和季军；女子团体冠军由财务金融系获得，电子信息工程系和会计系分别获得亚军和季军。

5月15—20日由关进国老师率队参加的第七届中国大学生阳光体育羽毛球比赛，在广西桂林师范高等专科学校举行，比赛获得女子团体第五名，混合双打第五名，杨晨和周远远同学获得优秀运动员称号，学校羽毛球代表队获得体育道德风尚奖称号。

10月13—18日由石先彬、杨庆家老师率队参加的安徽省大学生田径运动会在安徽财经大学举行。我校田径队获得乙组六枚奖牌，并以83分的总成绩夺得男女团体、女子团体第五名，并获得本次比赛道德风尚奖。

10月14日第十四届“商贸杯”女子排球赛在校体育馆开赛，本次比赛共七支代表队参赛，历时七天的紧张赛程，经过七轮21场比赛激烈角逐，最终经济贸易系荣获第一名、人文外语系、电子信息工程系分获第二名和第三名。

10月29日，省体质测试专家组一行莅临我校开展《国家学生体质健康标准》数据测试抽查工作。

11月1日，学校第十五届“商贸杯”学生男子篮球赛近日在学院体育馆举行。本次比赛共七支代表队参赛，经过七轮21场比赛的角逐，最终经济贸易系荣获冠军，工商管理系、电子信息工程系分获亚军、季军。

11月4—12日第六届“商贸杯”学生羽毛球团体赛于在校体育馆举行。经过7轮21场比赛的角逐，最终财务金融系荣获团体冠军，经济贸易系、电子信息工程系分获亚军、季军。

11月中旬，由李亚华、赵小平率队参加的2019年安徽省大学生足球联赛在安徽师范大学落下帷幕，我校足球队最终夺得乙组比赛的季军。

11月20日，学校举行2019级新生广播体操比赛暨第十届阳光体育文化节闭幕式。

11月27日至12月3日，由黄家宏老师率队参加的2019年安徽省大学生乒乓球比赛在淮南师范学院举行。最终获得女子乙组团体亚军，女双冠军，女单第五名，混双第四名、第七名的好成绩。我校还获“体育道德风尚奖”，彭舒萱和孙静婉获“优秀运动员”称号。

12月14日由关进国、杨庆家老师率队参加的安徽省大学生体育联赛羽毛球比赛在安徽大学体育馆落下帷幕。我校代表队取得女子单打亚军，男子团体第四名，女子团体第五名，女子双打第五名以及体育道德风尚奖。

思想政治理论课教学部

【概况】 思想政治理论课教学部(以下简称思政部)是在学校党委、行政直接领导下的独立的二级教学与科研机构，它的前身是2000年6月成立的政法教学部。系部下设思想道德修养与法律基础、毛泽东思想和中国特色社会主义理论体系概论和心理健康教育三个教研室，主要承担全校的思想政治理论课教学和科研工作以及心理健康教育工作。

【党建与管理】 思政部党支部现有党员教师15名，支委三人分别是支部书记杨卫宏，组织委员兼纪检委员王宏伟，宣传委员翟淼。支部紧紧围绕年初工作计划开展各项工作：(1)强化师德师风建设和政治理论学习，常抓不懈，常抓常新。集中开展党史专题学习、习近平总书记在学校思想政治理论课教师座谈会上的重要讲话精神学习、“不忘初心、牢记使命”主题学习、“习近平关于教育的重要论述”的专题学习以及“十九届四中全会精神”党课学习，做到政治理论学习与业务学习两结合、两促进。(2)严格按照《安徽省普通高等学校基层党组织建设标准》要求加强支部党建工作，支部党建工作进一步规范化、制度化。(3)根据《安徽商贸职业技术学院党风廉政建设责任制实施细则》的要求，认真落实《党风廉政建设责任书》，扎实开展党风廉政建设。认真开展集中整治形式主义官僚主义专项行动，推深做实“以案示警、以案为戒、以案促改”警示教育。(4)加强组织建设，定期召开支委会、支部大会和党小组会议，按时开展党课教育，规范党员组织生活。(5)按照学院党委要求，根据支部计划，圆满完成“不忘初心、牢记使命”主题教育。(6)将支部党建活动与思政课实践教学及思政课教师实践研修紧密结合，发挥党建对队伍建设和业务发展的引领带动作用。

【教育教学】 系部坚持目标和任务导向，认真开展以下各项工作：

1.系部持续开展《思想道德修养与法律基础》《毛泽东思想和中国特色社会主义理论体系概论》《形势与政策》和《心理健康教育》课程的集体备课，将教学内容专题化，各门课程的教学体系进一步优化。

2.圆满完成了两个高等职业教育创新发展实施行动计划项目——《思想道德修养与法律基础》精品在线开放课程和思想政治教育质量测评的建设任务并顺利结项。其中《思想道德修养与法律基础》精品在线开放课程项目建设成果：课程标准、单元教学设计、教学讲义、教学课件以及教学视频等形成该门课程的教学资源库，为开展2019年社会扩招人员《思想道德修养与法律基础》课程线上教学奠定了基础。

3.完成了安徽省高等教育振兴计划高校思想政治教育综合改革计划项目——《概论课名师工作室》和《形势与政策课名师工作室》项目建设并通过结项验收。

4.继续推动“辅导员工作与思政理论课教学一体化合作平台”建设。系部配合学生工作处对我校大学生思想政治现状开展调研。辅导员踊跃参与思政部组织的思政理论课课内实践、《基础》课课程考核等教学活动，思政课教师与辅导员两支队伍相互交流、相互支持、相互促进。

5.进一步严格日常教学管理。系部高标准执行学校各项教学管理规章制度，认真做好期初、期中以及期末教学检查工作，认真组织开展教师教学测评，细致安排各门课程命卷、阅卷以及成绩统计工作，高质量完成《思想道德修养与法律基础》《毛泽东思想和中国特色社会主义理论体系概论》《形势与政策》《心理健康教育》以及自考助学公选课的教学任务。全年未发生一起教学事故。思政理论课成为学校最受学生欢迎的课程之一，思政理论课教师在学生中广受好评。

【科研与社会服务】

强化广大教师的教科研意识，分别邀请安徽师范大学高正礼、路丙辉、张正光教授等来学校开展学术讲座，指导青年教师开展教学和科学研究。系部通过组建科研团队积极申报各类教科研项目，获得省级立项7项，其中实现了我校思政理论课省级教学成果奖零的突破。1名教师通过激烈竞争成功申报副教授职称。系部教师积极申报学校质量工程项目和其他科研项目，立项数量较往年有大幅增加。顺利完成了王宏伟老师的《概论课名师工作室》和朱景平老师的《形势与政策课名师工作室》项目建设并通过结项验收。

【师资队伍建设】

我校现有思政理论课专兼职教师32人，其中专任教师15人，副教授以上职称8人，占到25%；取得硕士以上学位28人，占到90%；40岁以下青年教师22人，占到了61%。系部通过"请进来，走出去"的方式积极开展教师的学习培训与对外交流，2019年安排40人次以上教师参加各级各类学习培训，为新进教师安排导师，严格落实教师相互听课制度。选派一名教师参加首届全国高校思想政治理论课教学展示活动并荣获二等奖，一位老师指导学生参加第二届全国高校大学生讲思政课公开课展示活动并荣获优秀奖（安徽三名选手进入全国比赛），组织一名教师参加安徽省首届高校思想政治理论课教学展示暨教师说课比赛并荣获一等奖，指导一名教师参加安徽省第四届普通高校青年教师教学竞赛并荣获三等奖，组织两位老师参加2019年学校信息化教学大赛，通过以赛促教，进一步提升了青年教师的教学能力。

【重要活动与事件】

3月—5月，为庆祝中华人民共和国成立七十周年，进一步深化我校思政理论课实践教学改革，在2018级学生中举办了"壮丽70年 奋进新时代"——讲好中国故事比赛（第三季）暨思政理论课课内实践教学成果展示活动。

6月，实施"马克思主义经典原著研读"工程。继续组织召开马克思主义经典原著研读会，主题为"文本耕犁与学理阐释——《论坚持推动构建人类命运共同体》的学习与分享"，夯实思政理论课教师理论基础。

7月，翟淼指导学生参加第二届全国高校大学生讲思政课公开课展示活动荣获优秀奖（安徽三名选手）。

7月，组织思政课专兼职教师赴东北大学开展暑期社会实践研修活动。

9月，谢婧老师荣获首届高校思想政治理论课教学展示安徽省一等奖和全国二等奖，实现了我校思政课教师国家级教学奖项零的突破。

9月，在教务处的支持下，组织安排全体校领导以及思政部教师在2019级新生中开展了"开学第一课——党的初心与使命"专题思政课宣讲活动。

10月—12月，为庆祝中华人民共和国成立70周年，组织2019级学生开展第三季"我来开讲——壮丽七十年 奋进新时代"大学生讲思政课比赛暨思政课课内实践教学成果展示活动，分别以班级为单位举办了选拔赛，以系部为单位举办了初赛，在初赛基础上开展了复赛和决赛。

（供稿单位：各系、部）

十二、大事记

安徽商贸职业技术学院2019年大事记

1月

8日　“国外学生来华短期文化交流项目”顺利开班
　　学校举行2019“一带一路”人才培养论坛
16日　芜湖市人社局来校检查验收创业模拟实训工作
24日　中国共产党安徽商贸职业技术学院第四届党委第一次全体会议顺利召开

2月

21日　我校学生赴泰短期文化交流活动顺利开展

3月

18日　我校教职工在安徽省教科文卫体工会系统职工乒乓球选拔赛决赛中获得佳绩
20日　校长李忠应邀担任广东省秘书职业技能大赛仲裁组组长
25日　全国高校秘书事务所联盟成立大会在我校召开
　　2019年安徽省职业院校技能大赛(高职组)三大赛项在我校举办

4月

15日　我校被授予安徽省优秀物流教育机构称号
22日　我校荣获全国商贸职业教育集团“突出贡献单位”称号
24日　协会牵线搭台 校企人才对接——安徽报关协会校企洽谈会在我校召开
25日　弋江区退役士官岗前培训班结业典礼暨区校继续教育战略合作协议签约仪式在我校顺利进行
30日　我校代表队在“安徽省2019年大学生国际贸易综合技能大赛”中喜获佳绩

5月

2日　我校团委喜获2018年度“全国五四红旗团委”称号
5日　我校成为新华社中国青年媒体矩阵首批会员工作室
10日　我校代表队荣获全国职业院校技能大赛高职组“物联网技术应用”赛项一等奖
13日　我校吴莉莉老师荣获“2018年度全省高校优秀辅导员”称号
27日　我校代表队荣获2019年“福思特杯”全国职业院校审计技能大赛一等奖

6月

4日　我校第五次夺得全国职业院校技能大赛会计技能赛项一等奖
5日　我校徐敏同学荣获2018年度“安徽省优秀大学生”“2018年度安徽省大学生年度人物提名奖”称号
　　我校在“第五届安徽省职业教育校企合作典型案例征集和主题征文”活动中取得优异成绩

6日　我校代表队在2019年全国高校商业精英挑战赛“智欣联创杯”国际贸易竞赛中荣获一等奖

12日　学校党委副书记、纪委书记朱光应一行赴泰国交流访问

19日　我校代表队荣获全国职业院校技能大赛高职组“计算机网络应用”赛项一等奖

21日　校企合作促发展产教融合育人才——我校与安徽视趣网络科技有限公司成立“新媒体学院”

我校代表队荣获2019年中国大学生计算机设计大赛安徽省赛一等奖

23日　我校成功举办2019年跨境电子商务师资培训班（安徽站）

25日　书香安商捷报频传——我校在安徽省高校第五届书香江淮互联网阅读活动中再获佳绩

我校与芜湖凡臣电子商务有限责任公司共同成立“凡臣电商学院”

29日　我校代表团圆满完成美国布莱诺大学访学研修任务

7月

1日　教育厅专家组来我校开展来华留学生教育备案实地诊断工作

6日　省委教育工委考核组莅临我校反馈2018年度综合考核情况

11日　学校举行《安徽商贸职业技术学院年鉴（2017）》首发式

14日　我校教师在安徽省第四届普通高校青年教师教学竞赛中取得佳绩

28日　校长李忠参加教育部职业院校教育类专业教学指导委员会工作会议

8月

13日　学校获评“高职发展标杆校”和“技能大赛标杆校”殊荣

5日　我校顺利开展2019年英国博尔顿大学夏令营活动

9月

9日　我校在首届“图书馆杯全民英语口语风采展示活动”中喜获佳绩

18日　省委第二巡视组巡视安徽商贸职业技术学院党委工作动员会召开

23日　我校教师在安徽省首届高校思想政治理论课教学展示暨教师说课比赛中荣获一等奖

学校召开“不忘初心、牢记使命”主题教育部署会

26日　学校召开党委中心组第九次扩大学习会暨全面从严治党、全面从严治校专题研讨

10月

1日　学校参加会计类专业智能财税“1+X”职业技能等级证书试点工作说明会

9日　我校在2019年安徽省高等职业院校教学能力大赛中喜获佳绩

11日　“第二期国外学生来华短期文化交流项目”顺利开班

23日　我校在“我和我的祖国 我和我的馆”全省征文活动中喜获佳绩

24日　泰科技集团主席一行来我校交流访问

28日　我校学生在安徽省第十四届大学生职业生涯规划大赛暨创业大赛中获佳绩

31日　李忠校长参加服务长三角一体化校校协同创新中心签约仪式

11月

1日　我校顺利通过教育部第二批现代学徒制试点验收

5日　我校成功举办2019年安徽省大学生财税技能竞赛

我校在首届安徽省高职高专院校信息素养大赛中喜获佳绩

11日　我校在2019年全国大学生数学建模竞赛中再创佳绩

14日　我校主持国家级职业教育专业教学资源库项目实现“零”的突破

18日　美国布莱诺大学校长安妮·斯科莱德一行访问我校

19日　我校代表队蝉联“衡信杯”全国税务技能大赛总决赛团体一等奖

20日　我校成功承办安徽省省直单位档案工作第十五协作组暨皖南片高校档案工作2019年年会

21日　我校组织召开安徽省“1+X”网店运营推广证书制度试点工作座谈会

26日　我校在第六届安徽省高校教师就业指导课程教学大赛决赛中荣获金奖

28日　我校学生顺利赴泰交流并做文化分享活动

29日　我校教师在2019年全国职业院校技能大赛教学能力比赛中喜获佳绩

12月

3日　我校学子在第八届芜湖大学生专利创新创业大赛中再获佳绩

19日　日本龙马学院理事长佐竹新市一行访问我校

20日　我校辅导员叶苗苗荣获2019年安徽省高校辅导员精彩主题班会大赛决赛二等奖

23日　我校顺利完成2019年中职教师素质提升计划国家级培训任务

（供稿单位：办公室）

十三、附录

2019年度教职工名单

2019年度在职教职工名单

序　号	部　门	姓　名	性　别
1	书记院长室	章顺来	男
2	书记院长室	李　忠	男
3	书记院长室	朱光应	男
4	书记院长室	郑承志	男
5	书记院长室	王　炜	男
6	办公室	刘　宝	男
7	办公室	朱文杰	男
8	办公室	徐　琍	女
9	办公室	叶　兴	男
10	办公室	陶绍兴	男
11	办公室	杨　钺	男
12	办公室	杨剑云	男
13	办公室	崔　玫	女
14	办公室	杨　楠	女
15	办公室	李明君	女
16	组织人事处	高道友	男
17	组织人事处	郑晓明	男
18	组织人事处	孙　标	男
19	组织人事处	杨　丽	女
20	组织人事处	江　芳	女
21	组织人事处	汪　悦	女
22	组织人事处	张雪梅	女
23	宣传(统战)部	汤　飚	男
24	宣传(统战)部	曹　影	女
25	教务处	汪　伟	男
26	教务处	黄义兵	男

续 表

序 号	部 门	姓 名	性 别
27	教务处	杨玉龙	男
28	教务处	胡计虎	男
29	教务处	陈 辉	男
30	教务处	梅海峰	男
31	教务处	李春秋	男
32	教务处	朱静怡	女
33	教务处	何 军	男
34	教务处	陶星宇	女
35	教务处	杜 卉	女
36	实验实训中心(校企合作处)	卜天然	男
37	实验实训中心(校企合作处)	吕立新	男
38	实验实训中心(校企合作处)	王从辉	男
39	实验实训中心(校企合作处)	张 波	男
40	实验实训中心(校企合作处)	黄 飞	男
41	实验实训中心(校企合作处)	陈 刚	男
42	实验实训中心(校企合作处)	李 路	男
43	实验实训中心(校企合作处)	陈 平	女
44	实验实训中心(校企合作处)	朱建帮	男
45	实验实训中心(校企合作处)	赵子洲	男
46	督导室	俞木传	男
47	继续教育学院	马 创	男
48	继续教育学院	疏 靖	男
49	继续教育学院	赵 磊	男
50	继续教育学院	李正义	男
51	继续教育学院	朱永民	女
52	继续教育学院	董梦晔	女
53	图书馆	季学芳	女
54	图书馆	袁西鹏	男
55	图书馆	程振鹏	男
56	图书馆	马建国	男
57	图书馆	王 露	女
58	图书馆	胡跃宗	男
59	图书馆	程卫东	男
60	图书馆	高 健	男
61	图书馆	邓国家	男
62	图书馆	林逸芳	女
63	图书馆	郭新武	男

续 表

序 号	部 门	姓 名	性 别
64	图书馆	李业芳	女
65	图书馆	徐玉珍	女
66	图书馆	石 斌	女
67	图书馆	宋亚萍	女
68	图书馆	刘亚平	女
69	学生工作处(部)	郑 伟	男
70	学生工作处(部)	计宏亮	男
71	学生工作处(部)	沈 静	女
72	学生工作处(部)	虞昌亮	男
73	学生工作处(部)	章立毅	男
74	学生工作处(部)	余莎莎	女
75	学生工作处(部)	罗 佳	女
76	学生工作处(部)	孙计红	女
77	招生就业处	张 强	男
78	招生就业处	鲁 楠	男
79	招生就业处	詹海朋	男
80	招生就业处	王海生	男
81	招生就业处	卫 平	女
82	工 会	杨克玉	女
83	工 会	魏 强	男
84	工 会	黄家宏	男
85	团 委	孙握瑜	男
86	团 委	周 赟	男
87	团 委	王倩倩	女
88	团 委	卢 菊	女
89	纪委办公室(监察审计处)	吴松飞	男
90	纪委办公室(监察审计处)	王 奇	男
91	纪委办公室(监察审计处)	王 睿	男
92	后勤管理处	汪正法	男
93	后勤管理处	关进国	男
94	后勤管理处	祝 剑	男
95	后勤管理处	戴永进	男
96	后勤管理处	姜少涛	男
97	后勤管理处	毛天赐	男
98	后勤管理处	涂云杰	男
99	保卫处	徐明友	男
100	保卫处	孔 剑	男

续　表

序　号	部　门	姓　名	性　别
101	保卫处	张　雷	男
102	保卫处	王飞鹏	男
103	保卫处	俞　兵	男
104	校医院	鲍广德	男
105	校医院	刘汉生	男
106	校医院	牛　琳	女
107	校医院	凌代喜	男
108	校医院	朱　琳	女
109	财务处	杨　欣	男
110	财务处	洪　敏	女
111	财务处	李金传	男
112	财务处	曹红梅	女
113	财务处	徐芳芳	女
114	财务处	荣　华	女
115	财务处	浦毓文	男
116	财务处	余　潇	男
117	科研处	翟建华	女
118	科研处	陈晓燕	女
119	科研处	刘玉林	男
120	学报编辑部	汤太祥	男
121	信息管理中心	韩成勇	男
122	信息管理中心	张　利	男
123	国有资产管理办公室	赵海东	男
124	国有资产管理办公室	荣菊琴	女
125	会计系	丁增稳	男
126	会计系	王珠强	女
127	会计系	鲁学生	男
128	会计系	程　慧	女
129	会计系	曹方林	男
130	会计系	赵春宇	男
131	会计系	李海燕	女
132	会计系	贾成海	男
133	会计系	谢　伟	男
134	会计系	曹玉敏	男
135	会计系	陶克三	男
136	会计系	牛永芹	女
137	会计系	王　婷	女

续 表

序 号	部 门	姓 名	性 别
138	会计系	徐 婧	女
139	会计系	林 晶	女
140	会计系	苏任刚	男
141	会计系	何良启	男
142	会计系	杨 琴	女
143	会计系	程四明	男
144	会计系	陈丹文	女
145	会计系	吕能芳	女
146	会计系	凤 麟	女
147	会计系	王 敏	女
148	会计系	叶苗苗	女
149	会计系	郑兴东	男
150	会计系	程 硕	男
151	会计系	鲁 静	女
152	会计系	张春想	女
153	会计系	姚 琳	女
154	会计系	何秀秀	女
155	会计系	何亚伟	男
156	会计系	汤 倩	女
157	会计系	张 梅	女
158	会计系	吴清华	女
159	会计系	弋兴飞	男
160	会计系	徐 瑞	男
161	会计系	苏曹驄	男
162	会计系	张之君	女
163	会计系	钟鼎丞	女
164	会计系	杨承承	女
165	会计系	方徐梦	女
166	会计系	杨 军	男
167	会计系	姜 晨	男
168	会计系	潘 乐	女
169	财务金融系	徐 翔	男
170	财务金融系	胡增芳	男
171	财务金融系	丁 婷	女
172	财务金融系	陈立弘	男
173	财务金融系	许骅严	男
174	财务金融系	李 刚	男

续 表

序　号	部　门	姓　名	性　别
175	财务金融系	汪玉桥	男
176	财务金融系	胡　艳	女
177	财务金融系	徐　红	女
178	财务金融系	王守龙	男
179	财务金融系	颛孙艳	女
180	财务金融系	夏菊子	女
181	财务金融系	李慧君	女
182	财务金融系	刘银楼	男
183	财务金融系	戴　昕	女
184	财务金融系	许贤丽	女
185	财务金融系	景　刚	男
186	财务金融系	姚　毅	男
187	财务金融系	陈云磊	女
188	财务金融系	袁　方	女
189	财务金融系	耿　玥	女
190	财务金融系	马　静	女
191	财务金融系	余迎昕	女
192	财务金融系	夏佳佳	女
193	财务金融系	尹　健	女
194	财务金融系	陶　然	男
195	财务金融系	刘　璐	女
196	财务金融系	吴雪萍	女
197	财务金融系	娄婧璇	女
198	财务金融系	阚辰骁	男
199	财务金融系	盛红有	男
200	财务金融系	徐玲玲	女
201	财务金融系	葛杨生	男
202	财务金融系	李文祥	男
203	财务金融系	蒋武	男
204	经济贸易系	秦宗槐	男
205	经济贸易系	夏名首	男
206	经济贸易系	汪圣佑	男
207	经济贸易系	刘　超	男
208	经济贸易系	吴木林	男
209	经济贸易系	姜　涛	男
210	经济贸易系	何兴旺	男
211	经济贸易系	冯春林	男

续 表

序 号	部 门	姓 名	性 别
212	经济贸易系	黄 丽	女
213	经济贸易系	杨雪青	女
214	经济贸易系	汪 琪	女
215	经济贸易系	孙礼辉	男
216	经济贸易系	唐文菊	女
217	经济贸易系	张 黎	女
218	经济贸易系	戴 艳	女
219	经济贸易系	王召义	男
220	经济贸易系	孙 晔	女
221	经济贸易系	段文忠	男
222	经济贸易系	黄泽良	男
223	经济贸易系	陈大文	男
224	经济贸易系	张京洲	男
225	经济贸易系	赵宝山	男
226	经济贸易系	王光跃	男
227	经济贸易系	王孙琳	女
228	经济贸易系	刘 名	男
229	经济贸易系	朱 方	女
230	经济贸易系	鲍珊珊	女
231	经济贸易系	刘 松	男
232	经济贸易系	刘超(2012)	男
233	经济贸易系	束 宇	男
234	经济贸易系	史一鸣	女
235	经济贸易系	郑 歆	女
236	经济贸易系	何 丹	女
237	经济贸易系	孙建辉	男
238	经济贸易系	张平平	女
239	经济贸易系	王 伟	男
240	经济贸易系	朱芬华	女
241	经济贸易系	赵志芳	女
242	经济贸易系	杨成兵	男
243	经济贸易系	徐诗瑶	女
244	经济贸易系	薛晨杰	女
245	经济贸易系	刘超(2015)	男
246	经济贸易系	任园园	女
247	经济贸易系	凌 洁	女
248	经济贸易系	彭光磊	男

续 表

序　号	部　门	姓　名	性　别
249	经济贸易系	陈忠良	男
250	经济贸易系	梁月锋	男
251	经济贸易系	薛瑞昌	男
252	经济贸易系	徐　影	女
253	经济贸易系	汪贞叶	女
254	经济贸易系	李仁霞	女
255	经济贸易系	江　楠	女
256	经济贸易系	虞雅雯	女
257	经济贸易系	束　静	女
258	经济贸易系	刘山虎	男
259	经济贸易系	王淑娴	女
260	经济贸易系	邹　辉	男
261	经济贸易系	张　敏	女
262	经济贸易系	钱　亮	男
263	经济贸易系	韦　雨	女
264	工商管理系	韩　飚	男
265	工商管理系	孙颖荪	女
266	工商管理系	李　剑	男
267	工商管理系	齐莉莉	女
268	工商管理系	汪　晔	男
269	工商管理系	宋　林	男
270	工商管理系	郭　伟	女
271	工商管理系	关堂春	女
272	工商管理系	张启全	男
273	工商管理系	程　祯	男
274	工商管理系	胡以一	女
275	工商管理系	韩媛媛	女
276	工商管理系	李　瑾	女
277	工商管理系	赵根良	男
278	工商管理系	陈小云	女
279	工商管理系	曹　莹	女
280	工商管理系	陆　娟	女
281	工商管理系	法义滨	男
282	工商管理系	金成龙	男
283	工商管理系	殷聿明	男
284	工商管理系	吴竞鸿	男
285	工商管理系	翟勇洪	男

续 表

序 号	部 门	姓 名	性 别
286	工商管理系	曹超铁	男
287	工商管理系	刘 存	女
288	工商管理系	徐小东	男
289	工商管理系	李 欣	女
290	工商管理系	谢妍捷	女
291	工商管理系	吴莉莉	女
292	工商管理系	张 艳	女
293	工商管理系	程质彬	男
294	工商管理系	刘慧娟	女
295	工商管理系	张素敏	女
296	工商管理系	朱 丹	女
297	工商管理系	黄 亮	女
298	工商管理系	孙 莉	女
299	工商管理系	蒲白翎	女
300	工商管理系	章 鋆	女
301	工商管理系	吴建红	女
302	工商管理系	孙培英	女
303	工商管理系	孙希瑞	女
304	工商管理系	丁 鹏	男
305	工商管理系	刘学玲	女
306	工商管理系	赵 奎	男
307	工商管理系	吴 帅	男
308	工商管理系	章庆林	男
309	电子信息工程系	胡传山	男
310	电子信息工程系	阮进军	男
311	电子信息工程系	周正贵	男
312	电子信息工程系	张 毓	女
313	电子信息工程系	王 卓	男
314	电子信息工程系	王松林	男
315	电子信息工程系	王 睿	女
316	电子信息工程系	唐云龙	男
317	电子信息工程系	颜莉莉	女
318	电子信息工程系	刘 斌	男
319	电子信息工程系	秦晓安	男
320	电子信息工程系	方 生	男
321	电子信息工程系	王 岭	男
322	电子信息工程系	樊妍妍	女

续 表

序 号	部 门	姓 名	性 别
323	电子信息工程系	陈 军	男
324	电子信息工程系	吴莹莹	女
325	电子信息工程系	芮坤坤	男
326	电子信息工程系	赵思琪	女
327	电子信息工程系	许美珏	男
328	电子信息工程系	赵晓伟	男
329	电子信息工程系	李素梅	女
330	电子信息工程系	侯秀丽	女
331	电子信息工程系	姚平芳	男
332	电子信息工程系	王彩霞	女
333	电子信息工程系	涂 铁	男
334	电子信息工程系	李 庆	男
335	电子信息工程系	汤义好	男
336	电子信息工程系	周艳丽	女
337	电子信息工程系	朱丽进	女
338	电子信息工程系	殷西祥	男
339	电子信息工程系	秦体德	男
340	电子信息工程系	王保敏	男
341	电子信息工程系	罗青青	女
342	电子信息工程系	朱先远	男
343	电子信息工程系	汪 强	男
344	电子信息工程系	汪小芳	女
345	电子信息工程系	何 麒	男
346	电子信息工程系	杨 帆	男
347	电子信息工程系	江 宏	男
348	电子信息工程系	夏 莹	女
349	电子信息工程系	许明星	男
350	电子信息工程系	潘洪志	男
351	电子信息工程系	舒 升	男
352	电子信息工程系	陶 健	男
353	电子信息工程系	冯 涛	男
354	电子信息工程系	孙艀尧	男
355	电子信息工程系	路贺龙	男
356	电子信息工程系	王婷婷	女
357	电子信息工程系	赵 宁	女
358	电子信息工程系	黄杜娟	女
359	电子信息工程系	张 豪	男

续 表

序号	部门	姓名	性别
360	电子信息工程系	史贝贝	女
361	人文外语系	朱吉玉	男
362	人文外语系	王锦坤	男
363	人文外语系	刘知国	男
364	人文外语系	符　牛	男
365	人文外语系	钱立静	男
366	人文外语系	龙志勇	男
367	人文外语系	周　平	男
368	人文外语系	叶迎春	女
369	人文外语系	秦晓梅	女
370	人文外语系	董　熠	女
371	人文外语系	朱　俊	男
372	人文外语系	刘育江	男
373	人文外语系	吴思佳	女
374	人文外语系	童　玉	女
375	人文外语系	石必亮	男
376	人文外语系	季　敏	女
377	人文外语系	胡朝晖	男
378	人文外语系	安中业	男
379	人文外语系	方　向	男
380	人文外语系	许　鹏	男
381	人文外语系	贾昌凤	女
382	人文外语系	张　甦	女
383	人文外语系	史　薇	女
384	人文外语系	尤　璐	女
385	人文外语系	陈　静	女
386	人文外语系	张　磊	男
387	人文外语系	朱　珩	女
388	人文外语系	周亚琼	女
389	人文外语系	黄婷婷	女
390	人文外语系	赵　谦	男
391	人文外语系	秦雅琼	女
392	人文外语系	韩　娟	女
393	人文外语系	徐长勇	男
394	人文外语系	汪明珠	女
395	人文外语系	童　亮	男
396	人文外语系	何　燕	女

续 表

序 号	部 门	姓 名	性 别
397	人文外语系	曹 琳	女
398	人文外语系	程张根	男
399	人文外语系	李金霞	女
400	人文外语系	张心宇	女
401	人文外语系	许太梅	女
402	人文外语系	田 芳	女
403	人文外语系	吴 杰	男
404	人文外语系	洪 媛	女
405	人文外语系	赵宇峰	男
406	人文外语系	刘 飞	男
407	人文外语系	宋 薇	女
408	人文外语系	汪雅雪	女
409	人文外语系	汪 注	男
410	人文外语系	钱梦雨	女
411	人文外语系	李 佳	男
412	人文外语系	何茂鑫	男
413	人文外语系	蒋 敏	女
414	人文外语系	曹莉莉	女
415	艺术设计系	魏 力	男
416	艺术设计系	吴 昊	男
417	艺术设计系	陈 诚	男
418	艺术设计系	孙 湛	男
419	艺术设计系	曾先国	男
420	艺术设计系	王 艳	女
421	艺术设计系	孙 峰	男
422	艺术设计系	张 翀	男
423	艺术设计系	王茵雪	女
424	艺术设计系	陈雪影	女
425	艺术设计系	牛 牛	女
426	艺术设计系	郑 兴	男
427	艺术设计系	王 超	男
428	艺术设计系	吴永康	男
429	艺术设计系	洪 波	男
430	艺术设计系	周文娟	女
431	艺术设计系	程志永	男
432	艺术设计系	刘方义	男
433	艺术设计系	朱 文	女

续　表

序　号	部　门	姓　名	性　别
434	艺术设计系	刘羽天	男
435	艺术设计系	魏菲娅	女
436	艺术设计系	张　莉	女
437	艺术设计系	杨兴胜	男
438	艺术设计系	张　军	男
439	艺术设计系	洪　凤	女
440	艺术设计系	梁雪纯	女
441	艺术设计系	李　阳	男
442	艺术设计系	练　艺	女
443	思想理论课教学部	杨卫宏	男
444	思想理论课教学部	王宏伟	男
445	思想理论课教学部	翟　淼	女
446	思想理论课教学部	朱景平	男
447	思想理论课教学部	王民强	女
448	思想理论课教学部	张　敏	女
449	思想理论课教学部	朱中原	男
450	思想理论课教学部	蒋巧红	女
451	思想理论课教学部	林霁月	女
452	思想理论课教学部	陈灵雯	女
453	思想理论课教学部	谢　婧	女
454	思想理论课教学部	高理想	女
455	思想理论课教学部	王　培	男
456	思想理论课教学部	张　欣	女
457	思想理论课教学部	夏正慧	女
458	体育教学部	魏建和	男
459	体育教学部	周震宇	男
460	体育教学部	杨庆家	男
461	体育教学部	陈　琦	男
462	体育教学部	潘尚莲	女
463	体育教学部	陆邦慧	女
464	体育教学部	石先彬	男
465	体育教学部	赵小平	男
466	体育教学部	张文英	女
467	体育教学部	秦定学	男
468	体育教学部	李亚华	男
469	体育教学部	陈　辰	女

2019年度劳务派遣、合同制工作人员名单

序　号	部　门	姓　名	性　别
1	校医院	王永凤	女
2	继续教育学院	季学琴	女
3	学报编辑部	汪书霞	女
4	体育教学部	秦枣花	女
5	教务处	朱吉梅	女
6	后勤与资产管理处	王永年	男
7	实验实训中心(校企合作处)	李业桂	女
8	图书馆	倪　宏	女
9	实验实训中心(校企合作处)	赵　艳	女
10	后勤与资产管理处	许　耀	男
11	保卫处	马庆国	男
12	教务处	梁晓华	男
13	校医院	江　欣	女
14	校医院	张琴琴	女
15	图书馆	李晨宇	女
16	艺术设计系	俞　婕	女
17	后勤与资产管理处	晋毓武	男
18	校医院	吴　璇	女
19	图书馆	王明凤	女
20	后勤与资产管理处	陈　勇	男
21	保卫处	朱秀珍	女
22	实验实训中心(校企合作处)	孙文敏	女
23	校医院	管大妹	女
24	后勤与资产管理处	钱万勇	男
25	办公室	刘小权	男
26	图书馆	邵璐璐	女
27	图书馆	顾荣华	男
28	办公室	黄　飞	男
29	后勤与资产管理处	薛明玥	女
30	后勤与资产管理处	海　迪	女
31	后勤与资产管理处	陈　玮	女
32	后勤与资产管理处	钟晓芹	女
33	校医院	熊　瑛	女
34	校医院	桂　静	女
35	艺术设计系	汪级顺	男
36	实验实训中心(校企合作处)	吴易江	男
37	后勤与资产管理处	刘宏民	男

续 表

序 号	部 门	姓 名	性 别
38	艺术设计系	俞明杰	男
39	教务处	许鹏超	男
40	艺术设计系	雷 霈	女
41	实验实训中心(校企合作处)	周 洋	男
42	后勤与资产管理处	胡才勇	男
43	办公室	俞成承	女
44	校医院	秦 芸	女
45	财务处	陈 飞	男
46	学生工作处(部)	宋 林	女
47	宣传(统战)部	杨 兵	男
48	财务处	杨珊珊	女
49	实验实训中心(校企合作处)	程 才	男
50	实验实训中心(校企合作处)	宋晨晨	男
51	保卫处	徐永强	男
52	财务处	张昊蕴	男
53	国有资产管理办公室	杨 林	女
54	图书馆	许孝兰	女
55	图书馆	刘伯山	男

2019年度离退休人员名单

序 号	姓 名	性 别
1	王 兆	男
2	邵明浩	男
3	马焕娟	女
4	孙淑贞	女
5	张筱仲	男
6	汪灿如	女
7	徐守信	男
8	陶永贤	女
9	石 敬	男
10	王仁潮	男
11	杨万盛	男
12	程方金	男
13	张华春	女
14	顾克恭	男
15	尹正己	女
16	曹猷木	男
17	唐尚瑞	男

续　表

序　号	姓　名	性　别
18	程振龙	男
19	汪宗敬	男
20	刘礼珍	女
21	薛国舫	男
22	王兴社	女
23	韩玲炳	女
24	梁尚贵	男
25	陈春华	女
26	韩菊英	女
27	陶运英	女
28	查贵莲	女
29	黄家珍	男
30	陶永良	女
31	丁德才	男
32	孔金水	男
33	汪　敏	女
34	龙达云	男
35	姚礼萍	女
36	姚永明	男
37	何秀莲	女
38	王芳华	男
39	寇鲁颖	女
40	高祖龙	男
41	周彬琳	女
42	陶和平	男
43	姚国友	男
44	郑春兰	女
45	聂蛇娣	女
46	郑光贵	男
47	袁厚娟	女
48	王季玲	女
49	童强民	男
50	李　萍	女
51	鲍景喜	女
52	龚平延	女
53	黄秀兰	女
54	何浩然	男

续 表

序 号	姓 名	性 别
55	汤静芳	女
56	喻照喜	男
57	庞开山	男
58	汪永太	男
59	盛桐生	女
60	程善明	男
61	胡德树	男
62	杨文兰	女
63	曹先海	男
64	毛一峰	男
65	江 健	男
66	朱昌霖	男
67	庄怀应	男
68	武志红	女
69	邵广成	男
70	姚珑珑	女
71	刘幼平	男
72	周其华	男

(供稿单位:组织人事处)